T
TUDIKEXUEXUEKEDULIXING
JIXUEKETIXIYANJIUKUANGJIA

土地科学
学科独立性及学科体系研究框架

冯广京◎著

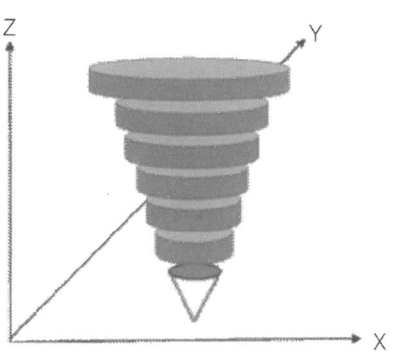

中国社会科学出版社

图书在版编目（CIP）数据

土地科学学科独立性及学科体系研究框架/冯广京著. —北京：中国社会科学出版社，2015.12
ISBN 978-7-5161-7432-6

Ⅰ.①土… Ⅱ.①冯… Ⅲ.①土地—科学研究—中国 Ⅳ.①F321.1

中国版本图书馆 CIP 数据核字（2015）第 309468 号

出 版 人	赵剑英
责任编辑	王　曦
责任校对	周晓东
责任印制	戴　宽
出　　版	中国社会科学出版社
社　　址	北京鼓楼西大街甲 158 号
邮　　编	100720
网　　址	http://www.csspw.cn
发 行 部	010-84083685
门 市 部	010-84029450
经　　销	新华书店及其他书店
印刷装订	三河市君旺印务有限公司
版　　次	2015 年 12 月第 1 版
印　　次	2015 年 12 月第 1 次印刷
开　　本	710×1000　1/16
印　　张	14.5
插　　页	2
字　　数	256 千字
印　　数	1—1200 册
定　　价	56.00 元

凡购买中国社会科学出版社图书，如有质量问题请与本社营销中心联系调换
电话：010-84083683
版权所有　侵权必究

目 录

序 .... 王万茂 1
前言 1

第一章 导论 1
 第一节 研究背景 3
 第二节 研究内容 9
 第三节 研究思路和方法 10
 第四节 本书研究路线 11
 第五节 主要研究创新 12

第二章 独立学科的规定性及土地科学学科独立性假说 25
 第一节 学科的概念和标准 27
  一 学科 27
  二 划分学科的标准 29
 第二节 独立学科的概念和标准 32
  一 独立学科 32
  二 独立学科的标准 32
 第三节 学科体系、研究域、主体域 33
  一 学科体系 33
  二 学科研究域 33
  三 学科主体域 34
 第四节 土地科学学科独立性假说 37

第三章　土地科学学科独立核心理论
　　——土地权籍理论 …………………………………… 39

第一节　土地科学学科独立核心理论的概念 …………………… 41
第二节　土地科学学科独立核心理论的研究标准 ……………… 42
第三节　土地科学学科视角下的"土地"系统 ………………… 42
第四节　土地科学学科的三个核心理论 ………………………… 46
第五节　土地权籍理论是土地科学学科独立核心理论 ………… 51
　一　土地系统中的特殊矛盾性是有关土地权籍的矛盾 ……… 51
　二　土地权籍理论是土地科学学科独立核心理论 …………… 54
第六节　土地权籍理论的核心是地籍学 ………………………… 56

第四章　土地科学学科研究域
　　——3层3环的三维空间研究域 ……………………… 59

第一节　土地科学学科研究域之惑 ……………………………… 61
第二节　土地科学学科研究域内部结构的理论分析 …………… 63
第三节　土地科学学科研究域
　　——3层3环的三维空间研究域 ……………………… 70
　一　学科关系研究思路 ………………………………………… 70
　二　三维空间研究域的合理性 ………………………………… 72
　三　三维空间研究域的时空关系 ……………………………… 73
　四　三维空间研究域的扩张性 ………………………………… 75
　五　核心理论轴在三维空间研究域中的时空关系 …………… 76
　六　3层3环的三维空间研究域 ……………………………… 77
　七　空间研究域不可替代性的分析 …………………………… 78
第四节　土地科学学科空间研究域释疑 ………………………… 79
　一　有关土地科学学科与其他相关学科的交叉问题 ………… 79
　二　有关土地科学学科研究域不可替代性的问题 …………… 81
　三　有关土地科学学科不能被替代的核心理论在空间
　　　映射关系中不可覆盖的问题 …………………………… 82
　四　有关土地科学学科体系本质属性和构成的关系问题 …… 83
　五　有关土地科学学科研究域的扩张问题 …………………… 84

第五章 土地科学学科独特研究角度
——"人、地、权"三位一体 … 89

第一节 研究角度的重要性 … 91

第二节 土地科学学科的独特研究角度
  ——"人、地、权"三位一体 … 94

第三节 "人、地、权"三位一体视角的进一步讨论 … 97
  一 以土地利用规划学为例，讨论土地科学学科"人、地、权"三位一体的研究角度 … 98
  二 以土地资源学为例，讨论土地科学学科"人、地、权"三位一体的研究角度 … 99

第六章 土地科学的演进
——过去、现在和未来 … 101

第一节 一个理论分析模型 … 103

第二节 土地的学问——地籍的产生 … 107

第三节 土地科学的发生：一门原生的学科 … 111

第四节 土地科学的演进和发展趋势 … 116

第七章 我国现代土地科学学科的产生与演进
——我国原创学科 … 123

第一节 为什么说土地科学学科是我国的原创学科 … 125

第二节 我国现代土地科学学科的发展阶段梳理 … 127

第三节 我国现代土地科学学科早期形成基础 … 142

第四节 我国现代土地科学学科形成基础 … 143

第八章 土地科学学科体系研究框架及思路 … 147

第一节 土地科学学科建设的社会需求 … 149
  一 系统研究解决土地问题是促进社会经济可持续发展的必然选择 … 149
  二 系统研究解决土地问题迫切需要推进土地科学学科建设 … 150

第二节　土地科学学科体系建构原则 …………………… 151
　一　建构土地科学学科体系，须体现土地科学学科的
　　　本质特征和核心内容 ……………………………… 151
　二　建构土地科学学科体系，须建立学科体系基本问题的
　　　逻辑关系 …………………………………………… 152
第三节　土地科学学科体系基本问题的讨论 …………… 153
　一　学科研究对象 …………………………………… 153
　二　学科逻辑起点 …………………………………… 155
　三　学科内涵 ………………………………………… 156
　四　学科特点 ………………………………………… 157
　五　学科属性 ………………………………………… 159
　六　学科核心理论 …………………………………… 160
　七　学科支撑理论和支撑技术 ……………………… 162
　八　学科体系 ………………………………………… 163
　九　学科研究范式 …………………………………… 166
第四节　一个不得不讨论的问题
　　　——土地科学学科的名称 ……………………… 171
　一　问题的提出 ……………………………………… 171
　二　"土地科学"名称的讨论 ……………………… 174
　三　学科门类下的"土地科学"和教学科目下的"土地
　　　科学"应加以区别 ……………………………… 175
　四　土地科学不是更名的问题，而是应当准确定位的
　　　问题 ………………………………………………… 175
　五　有关学科升级更名的两个案例的讨论 ………… 176
第五节　土地科学学科建设研究的方向和路径 ………… 181
　一　当前土地科学学科建设研究中的三个突出矛盾 … 181
　二　土地科学学科建设的三个关键问题 …………… 183
　三　土地科学学科建设研究的两个问题 …………… 184
　四　土地科学学科建设研究的方向和路径 ………… 185

第九章　结语 …………………………………………… 187
　第一节　土地科学学科独立性研究方法总结 ………… 189

第二节　土地科学学科独立性四个维度的研究结果 …………… 191
　　一　土地科学具有不可替代的学科核心理论 ………………… 191
　　二　土地科学具有不可替代的学科研究域 …………………… 191
　　三　土地科学具有独特的学科研究角度 ……………………… 193
　　四　土地科学是一门原生科学发展起来的交叉学科 ………… 193
第三节　土地科学学科体系研究框架总结 ………………………… 194
　　一　建构土地科学学科体系的原则 …………………………… 194
　　二　推进土地科学进入学科分类国标和教学科目目录的
　　　　工作 …………………………………………………………… 194
　　三　学科体系研究框架 ………………………………………… 194
第四节　土地科学学科独立性研究结论 …………………………… 195

附录 ……………………………………………………………………… 197

第一节　写给严金明教授关于研究学科范式的电子邮件 ………… 199
第二节　写给林坚教授关于土地权籍核心理论研究和学科
　　　　体系研究四维空间的电子邮件 …………………………… 200

参考文献 ……………………………………………………………… 201

序

——为《土地科学学科独立性及学科体系研究框架》一书而作

值此冯广京研究员的著作——《土地科学学科独立性及学科体系研究框架》一书正式出版之际，应作者之邀欣然为之作序，期望这部著作的问世能引起社会各界尤其是土地科学界同仁的关注，推动土地科学学科建设向前发展。

虽然20世纪30年代和20世纪50年代中国政府先后向德国和苏联派遣留学生，专攻土地整理专业。这两批留学生回国之后为中国的地政学科和土地科学学科的建设做了大量的工作，但真正意义上的中国土地科学学科建设，始于1980年中国土地学会成立之后，从此开始了中国土地科学学科建设漫长而艰巨的征程。自1980年起至2008年，我有幸参与和主持中国土地科学学科建设研究工作，回眸三十年，历历在目，感慨万千。

中国土地学会于1980年成立之时将建设本土化的土地科学作为其第一要务。1985年正式提出土地科学学科建设的具体方案，并计划要在未来10年内建成具有中国特色的土地科学学科体系。之后中国土地学会连续多年甚至一年多次就学科建设问题召开研讨会，学术气氛异常活跃。由于当时一线土地科学学者的专业背景和知识结构较为一致，又采用同一范式开展研究，所以，在土地概念、土地科学的名称、研究对象、学科属性、学科体系、主导学科和分支学科以及学科体系构建思路等学科建设的核心问题上基本取得了共识。与此同时，他们在加强土地管理，建立城乡土地统一管理机构，尽快颁布土地法等学术研究热点和中国土地实际问题的解决路径上的看法也基本相同，土地科学学术界的这种状况一直持续到20世纪末。

30年来，随着土地管理实践的丰富和发展，国家对土地问题重要性的认识逐步提高，多学科的介入和理念的更新，原有土地科学学科建设已取得的成果面临一次又一次的挑战和调整。现在回想起来，早在1986年随着《中华人民共和国土地管理法》的颁布和国家土地管理局的成立，土地管理问题的重要性提高到历史上空前的高度，土地科学学科建设研究方向经历了第一次调整，强化了土地管理的内容。1998年，土地科学学科建设研究方向经历了第二次调整，"土地规划与利用"（工学）和"土地管理"（经济学）两个专业合并为"土地资源管理"专业，设为管理学门类公共管理一级学科之下的二级学科，研究生学位专业目录也做了相应调整。学科研究重点和热点都集中到土地制度和土地政策的研究上，淡化和弱化了对土地利用组织、地籍学和土地工程技术的研究，几乎所有院校都取消了土地科学学科中最具特征的"地籍学"和"地籍管理"课程的教学，使土地科学学者们失去了专业话语权，培养的学生们不再具备不可替代的专业实践能力。而2009年和2011年两次土地科学升级连续遇挫，使得土地科学学科建设方向面临着严峻挑战和第三次调整，土地科学学术界在关于学科名称、学科建设的研究方向和路径等重大核心问题的认识上，也发生了严重分歧。冯广京研究员的著作《土地科学学科独立性及学科体系研究框架》的问世，非常及时，将对土地科学学科建设产生巨大的推动作用和深远影响。

我有幸在其付梓之前阅读全书，收获颇丰，感慨良多，总体感觉是过去曾惑而未决的、具有争议的问题在这本著作中都得到了深化、扩展和证实。

我认为，这本著作中所阐述的多项研究成果都具有创新性和挑战性，但在以下三方面具有更重大的创新性：

1. 在土地科学是一门独立学科的论证方面

作者从其界定的土地概念和土地科学产生与演变切入，选用了"人、地、权"三位一体独特的研究视角，全面论述土地科学学科具有独立的核心理论和独立的研究域，在此基础上，系统地论证了土地科学的独立性和科学属性。作者在论证土地科学是一门独立学科时，抓住其要害即是否具有独特的且不可替代的核心理论和研究域。土地科学是一门研究土地的科学，但它与有关研究土地的其他学科的独特性，就在于采用不同的切入点和研究方法，从"人、地、权"三位一体的系统角度来研究土地问题，在此研究视角下，"地"是关于区位的"地"，是关于"权"的"地"和关于确定"权"给"人"的"地"，也就是在地籍学中俗称的"宗地"，在这里作者把土地科学的研究对象表述得精准到位，把土地权利与土地利用两者加以有机结合形成整体的研究领域，更加突显出土地科学在上述领域中的协调和组织的功能。正是这一点，没有任何一门学科能够代替土地科学所承担的研究任务和解决土地问题的能力。

作者以其特定的土地概念和内涵，认识到"地"不是一般概念的"地"，其中最重要的特征是赋"权"的"地"，这就引申出土地权籍理论是土地科学学科不可或缺且不可替代的核心理论，正如作为其基础学科的地籍学是研究土地产权、界址、数量、质量和用途的基本要素的变化规律的一门学科，其研究对象和研究内容是无法被其他学科所替代的，是土地科学核心理论中稳定的不变和学术特质所在。在此基础上，由土地权籍理论、土地租价理论和土地可持续利用理论三者共同构成了土地科学学科的核心理论体系，从而进一步论证了土地科学的独立性和不可替代性。

关于土地科学学科的独立的研究域，作者指出土地科学学科的存在系由土地权籍基础研究层、土地租价制约研究层和土地利用主导研究层与核心交叉区、稳定交叉区和不稳定交叉区共同形成的，这3层3环的三维空间研究域在本质上是一个有关土地生产力、土地生产关系和土地权籍制度共同作用构成的人地关系权籍时空系统。最重要的是作者在研究分析土地科学与相关科学形成多层次交叉的关系时，论证并指出了相关学科唯独未与土地权籍基础研究层核心区域形成交叉的事实，突显出土地权籍理论的不可替代性。基于科学学理论，作者首次辩证地证明了土地科学是一门独立的学科，具备了独立学科的本质属性和特殊规定性，论点鲜明，论据充分，具有说服力，妥善地解决了多年以来土地科学学科建设的一大难题。

2. 在土地科学学科建设研究框架的构建方面

作者从系统研究土地科学学科建设的基本问题入手，寻找土地科学学科建设研究的逻辑主线，并以其为纲提出学科研究对象、逻辑起点、学科内涵、学科属性、核心理论、关键技术、研究范式以及研究方向和路径等主要内容，尤其是作者明确指出土地科学学科建设研究的方向、路径以及需处理的两个关系和要解决的三个关键问题，在理论层面和操作层面上为当前学科建设中存在问题的解决路径指明了可行方向，并对未来学科体系建设具有深远的影响。这个研究框架立足于土地科学全学科研究与建设，着眼于构建体现土地科学学科地位的生存平台，拓展了学科研究的视野和领域，突破了长期以来认为土地科学不可能也不应该研究全部土地问题的思维定式，必将引领土地科学学科研究进入一个新的时期。这里应当强调指出的是关于研究范式，这是过去30多年学科建设研究中未曾涉及的内容。研究范式的建立是科学形成的重要标志,这种"范式"成为在特定领域中的科学家们共同遵循的一些原则与思考方法。科学研究是具有相同的研究范式的一群人的活动,这群人就是科学研究上的共同体成员。学科建设研究是科学共同体成员共同关心的重大核心问题。过去30多年学科建设研究实践充分证明,科学共同体成员的研究范式对于开展学科建设研究至关重要。近年来正是因为存在着一线学者具有不同研究范式、专业背景和知识结构上的差异,导致在针对学科建设问题讨论时,各自观点和看法无法形成交集。针对这种情况,本项研究设计中,作者抓住了学科建设研究的要害,把研究范式作为学科建设研究的基础和前提,只有这样才能保证后续内容研究的顺利进行,充分地体现了作者敏锐的洞察力和高度智慧,填补了土地科学学科建设研究中关于范式的空白。

作者没有回避一个十分敏感且不得不讨论的问题即"土地科学"名称问题,并指出学科划分和学科(专业)设置是学科体系建设的重要环节,但两者之间存在区别,不是一个层面的概念,前者采用学术标准,后者则考虑管理的需要,在学科门类下和教学科目下的"土地科学"应当严加区别,在此基础上,作者进一步指出当前的问题不是"土地科学"更名的问题,而是应当准确定位的问题,并以两个学科升级案例作为佐证。这些观点颇具见地,分析入木三分,为妥善处理学科划分与专业设置之间关系提供了重要的参考。

3. 关于土地科学学科体系的建立方面

学科是科学发展不断分化和整合而形成的,学科制度是学科的规范体系及其物质体现。有的学科是科学分化产生的,有的则是两门或两门以上学科整合生成的,特别是综合性学科和交叉学科。基于科学学理论,作者在系统阐述现代土地科学的产生、演进与发展的基础上,指出学科体系的两个概念,包括学科的内在逻辑结构与理论框架和学科内多个分支学科的构成整体。认为土地科学是一门横跨自然科学、社会科学和技术科学的综合交叉学科。土地科学的重要特征是其交叉性。作者有力地证明了除地籍等之外,土地科学学科体系中分支学科是由具有不同科学属性的相关学科多重交叉形成的,在其中独立性与交叉性并存,充分反映了土地科学不同于一般学科的学术特质,同时也足以说明现代社会中不同学科的研究对象既具有相对独立性又有很强的关联性。土地问题是多门学科共同关注、共同探讨和共同研究的问题,不同之处在于不同学科的切入点和所用方法的不同,为土科学三维空间研究域中具有不同属性的学科的整合奠定了基础。

关于土地科学中分支学科的设立,作者认为一级学科为土地科学,二级学科为土地资源资产学、土地管理学、土地工程学和土地信息学,三级学科包括土地类型学、土地生态学、土地经济学、地籍学、土地调查学等17个分支学科,这对于设置有关专业的高等院校安排教学计划和课程设置具有一定的参考价值,也为土地科学分支学科建设指明了方向。

关于交叉形成的分支学科的归属问题,这是土地科学学科体系建设中的又一难题。正如作者指出的,这些交叉学科经过符合土地科学学科研究范式的改进,融入了土地科学学科的特征,理所当然地成为土地科学学科体系中独立的分支学科。但在实践上,要真正使其成为正式成员,尚有待于土地科学升级的实现,有待于土地科学大学科生存平台的建立,因为任何一门分支学科都在寻求自身的生存与发展。

土地科学学科建设研究,是一项极为复杂的系统工程。要求研究者不仅全面系统地了解和理解最近30多年所积累的研究成果,而且要站在新的高度展望未来,准确地把握未来学科建设的发展方向。作者圆满地完成了这项研究,呈现给大家的就是反映这项研究成果的学术专著,这其中决定性因素是作者所拥有的历史使命感和对学科建设的责任心、开拓进取的创新精神、坚忍不拔的顽强毅力、勤奋刻苦的治学态度、不为名利的奉献精神。借此机会,我向作者表示崇高的敬意和衷心的感谢,同时期望中国土地科学学术界同仁,共同携手、努力撰写中国土地科学学科建设的新篇章。由于土地科学学科建设研究涉及众多问题,不可能也不应当要求一本著作解决土地科学学科建设的全部问题,肯定有些问题尚需继续深入研究和完善论证,如土地科学学科的研究对象、土地科学学科属性的偏序性以及土地科学学科体系完善等。但总体来讲,这本著作的内容系统完整、论证有据、结构合理、材料翔实、行文通达,是一本具有志向高远和开拓创新精神的、关于土地科学学科建设的学术专著,对于未来土地科学学科研究与建设具有重要的学术价值和深远的历史意义。

王万茂

中国土地学会原副理事长兼学术工作委员会主任

中国土地学会顾问、南京农业大学土地管理学院教授、博导

2015年11月28日于南京钟山

前 言

（一）

笔者关注土地科学学科研究，始于 2002 年 3 月参加在南京召开的中国土地学会学术工作委员会会议①，那一年的 1 月笔者开始担任《中国土地科学》期刊的副主编和编辑部主任。

参加南京召开的那次会议，当时有两个明显的感觉，一个是有关土地科学学科的研究存在着很大的分歧，另一个是很多人还讲不清楚坚持自己观点的道理。

所以那次会议中间与新任中国土地学会副理事长和学术工作委员会主任委员的王万茂先生讨论时，笔者建议应该尽快研究，拿出一个土地科学学科体系的"基本框架"，"把对土地科学学科建设的注意力集中到学科体系的框架上，夯实土地学科建设的基石"②。这一想法后来也成为笔者在土地科学学科研究中一直坚持的思路。

之后不久，王万茂先生应笔者之约撰写了《论土地科学学科体系》③一文，被笔者推荐发表在 2002 年 10 月出版的第 5 期《中国土地科学》上。这篇文章是老一代土地学家从科学学层面研究土地科学学科的代表性成果，具有非常重要的研究价值。王万茂先生的这篇文章及其学术思想对笔者后来的研究和工作影响都很大。

然而，从那时起，直到 2013 年底至 2015 年 6 月笔者组织开展"土地

---

① 冯广京：《关注学科体系建设》，《中国土地科学》2002 年第 4 期。
② 同上。
③ 王万茂：《论土地科学学科体系》，《中国土地科学》2002 年第 5 期。

科学学科体系研究与建设"研究项目[①]时，笔者发现土地科学界实际上仍然没有完成从科学学层面对土地科学学科的系统研究和描述。这让笔者十分诧异和疑惑，因为土地科学自1980年由我国的科学家们提出以来[②]，至今已发展了35年，而王万茂先生发表《论土地科学学科体系》也已有12年多，在这么长的时间里，土地科学界为什么没有完成这项研究工作呢？这使笔者产生了一种尝试完成这项研究工作的冲动。

但是当笔者动手开展这项研究工作时，才理解土地科学界为什么在过去三十多年的时间里始终没能完成这项研究工作的原因了。长期以来，由于受到土地科学研究认识论和方法论的局限，从科学学层面研究和描述土地科学学科，存在着很多难以逾越的未知领域和难以克服的瓶颈问题。也许正是这个原因，当王万茂先生在阅读完本书的初稿时，直接建议笔者将其调整为《土地科学导论》。但是由于这本书主要为研究土地科学学科独立性而作，所以考虑再三，笔者没有再做调整修改。希望如果还有机会的话，留待以后再写。而朱道林教授则在笔者初步完成土地科学学科独立性研究时，更建议笔者写一本有关土地科学学的书，甚至连书名都给笔者想好了：《土地科学学》。

从科学学层面研究和描述土地科学学科的困难和挑战，一方面曾多次让笔者陷入困境而放弃研究和撰写工作，一方面又反复刺激笔者试图完成从科学学层面研究和描述土地科学的欲望。

完成科学学层面研究和描述土地科学学科的任务，有多少未知领域和瓶颈问题呢？我把它留给本书的读者们。同样的，从科学学层面上怎样研究和描述土地科学呢？我也把它留给本书的读者们。因为这本书就是专门研究并回答这个问题的，如果不能读完这本书，很多问题都无从谈起。

（二）

土地是与人类最早发生联系的自然资源，有趣的是它既是人类生存之基和财富之源，又是对人类生存和发展最早形成制约的限制因素，因此人

---

① 冯广京等：《中国土地科学学科建设研究》，中国社会科学出版社2015年版，第9—13页。

② 王万茂：《论土地科学学科体系》，《中国土地科学》2002年第5期。

类有关土地利用的知识和学问出现的时间相对较早。

在本书研究的基础上，笔者把人类有关土地利用的知识和学问分为两大类，第一类是研究有关直接将土地作为"材料"如何通过施加人类活动来提高土地生产力的知识和学问，第二类是研究有关将"人地关系"作为一个整体系统如何通过调整人与土地的关系保障并促进人类有序和有效利用土地从而间接提高土地生产力的知识和学问。这种分类也得到了有关研究的支持。笔者在校对本书书稿时，查阅了《土地大辞典》有关"土地利用"的解释，其中也将土地利用分为了两类，即"土地利用包括土地的生产性利用和非生产性利用。土地生产性利用，亦称直接利用，是把土地作为主要生产资料、劳动对象，以生产生物产品或矿物为主要目的的利用。土地的非生产性利用，亦称间接利用，主要利用土地的空间和承载力，作为各种建（构）筑物的基地、场所、不以生产生物物品为主要目的的利用"[①]。可以看出，这种分类和笔者在本书中的分类既有相同点，又有不同点，但本质是一样的，因此本书仍然按照笔者的分类方法讨论。

人类有关土地利用的第一类的知识和学问主要是通过直接作用于土地的方式来提高人类利用土地的程度和质量，因此其作用较为直接和明显，受人类的关注程度较高、发展速度较快，比如建筑学、农学等；而第二类的知识和学问则主要是通过调整"人地关系"作用于"人地关系系统"而间接提高人类利用土地活动质量的知识和学问，基本上属于上层建筑的范畴，其作用相对间接和隐蔽，同时又具有相对长和深的影响作用，因此一方面伴随人类利用土地活动而出现的时间较早，一方面又处于比较稳定和发展较慢的状态。而土地科学正是这种第二类的知识和学问。这既是土地科学伴随人类利用土地活动很早就出现了保障和促进人类有序与有效利用土地活动的知识和学问——地籍的原因，也是土地科学长期发展弱于第一类直接利用土地的知识和学问的原因，又是土地科学不同于第一类知识和学问而能始终独立存在和发展的原因，如果没有这一特殊重要性也就没有土地科学的发生和发展了。

从土地科学学科的视角看，相较而言，到目前为止，土地对人类的施惠基本上是接近线性的，但土地对人类的限制并不是线性的，而是螺旋状的，且时隐时现，结果在一些情况下，有关土地利用中的"人地关系"

---

① 马克伟主编：《土地大辞典》，长春出版社1991年版，第846页。

问题并没有让人们在实际生活和社会生产的实践中感受到太大的直接压力，但它却是实实在在地影响着人们的生活和生产活动。这一现象使得人类在土地科学学科视角下的有关土地的知识和学问——地籍出现得很早，距今已有数千年的历史①。但它又让人类有关土地科学学科视角下其他的有关土地利用的知识和学问长期处于"够用就好"的状态。这种状态持续了很长的时间。

这种状态能持续多久呢？这是一个比较有意思的问题。笔者想，它应该主要取决于一些时间窗。这些时间窗由人类在"人地关系"达到某些临界点时来逐一开启。人类每打开一扇窗户，就会获得一个更大的发展空间，可以维持一段稳定的发展时间。因此，人类有关利用土地活动的第二类知识的发展才呈现出一种螺旋状的发展状态。当所有的窗户都被打开时，就是现代土地科学出现之时。非常幸运的是，1980年现代土地科学的最后一扇窗户在我国被打开了，土地科学学科开始创立。

土地科学学科从有关地籍的角度看，具有悠久的历史积淀，但从学科整体角度看，又只有30多年的发展历史，这使得土地科学学科成为一门既年轻又古老的学科，形成了特殊的历史纵深和学科的发展跨度，由此也引出了许多矛盾的现象和问题。

（三）

笔者在本书的研究中强调，土地科学学科视角下的"土地"是一个特殊的土地系统，完全不同于其他学科视角下的"土地系统"。否则，土地科学学科一定不是一个独立学科，也不可能发生和继续发展。

有关研究土地的每一门独立学科，都有充分体现其学科特殊性的土地系统概念，但此前唯独土地科学学科例外。

很长时间以来，土地科学学科并没有提出明确的能够体现自己学科特殊性的土地系统概念。到目前为止，土地科学学科所使用和定义的"土地"概念还主要是地理学（并不止于地理学）的土地系统概念，其核心是土地是地球上自然形成的一个具有一定高度和深度的陆地表层空间，其

---

① 谭峻、林增杰：《地籍管理》（第五版），中国人民大学出版社2011年版，第1页。

上凝聚了人类的劳动。这一概念决定了地理学（也不止于地理学）把研究土地的自然形成过程和机理、景观和空间，以及人在其中的作用和关系作为自己的主要研究方向。土地科学学科的主要研究方向是什么呢？可以肯定地说，一定不是地理学（不止于地理学）的研究方向。否则，只要地理学（和已有的研究土地的学科）就足够了，完全不会也不应该出现和发展土地科学学科了。但是，已有的理论研究和社会实践都已证明，土地科学学科对于人类开展土地利用活动而言是不可或缺的，而且还表现出了强大的生命力。因此，土地科学学科视角下的土地系统一定不是现在使用的地理学或者其他相关学科视角下的土地系统。

地理学和其他相关学科视角下的土地系统概念只体现了地理学和其他相关学科自身的特征，并没有体现土地科学学科的特殊性。我们知道，土地科学学科从研究对象到学科体系的构建都是由其定义的土地系统概念所展开和决定的，但土地科学界竟然长期将地理学（不止于地理学）视角下的土地系统概念作为自己学科视角下的土地系统概念，这不是很奇怪吗？

由地理学或其他相关学科的土地系统概念出发去构建土地科学学科体系，不仅使土地科学学科总是带有某些其他相关学科的相似性，而且导致土地科学学科丧失了自己学科的独特主导语言和主导理论，从而丧失了自己学科的"相对独立性"。同时，随着近些年来老一代土地科学研究者逐渐自然退出和多学科研究者的逐渐进入，使得土地科学学科也逐渐出现了一种倾向，即一部分人越来越倾向于把土地科学学科的研究重心转向其他一些相关学科的研究领域（比如试图将土地科学向上面提到的第一类有关土地利用的知识和学问转化），而越来越弱化土地科学学科自己的学科独特性（比如逐渐弱化土地科学是基于"人、地、权"三位一体的视角研究"人地关系"及其之上的"人与人开展土地利用活动关系"的第二类有关土地的知识和学问的特性），结果不仅导致土地科学界有越来越多的人产生了土地科学学科发展方向上的迷茫，也使得科学界的人们更难以认识土地科学的学科独立性了。

土地科学学科视角下的"土地系统"的概念应当是什么样的呢？笔者在本书的研究讨论中，提出了土地科学学科的"土地系统"的概念，指出土地科学学科是一门不同于其他研究"人地关系"的学科，它是一个基于土地权籍理论视角下的有关"人与地"及其之上的"人与人开展土地利用活动关系"的土地系统，即它是一个有关人类基于土地权籍理论可以设置并行使土地权籍的地球表层空间系统（包括内陆水域、海岛和沿海滩涂）。简单说，它是一个有关"人、地、权"关系的土地权籍时空系统，可以简称为"人地关系权籍时空系统"。

土地科学学科视角下的土地系统，完全不同于地理学和其他学科视角下的土地系统，充分体现了土地科学学科的本质属性和特殊性，没有第二个学科有这样的视角，更重要的是这一视角是人类开展土地利用活动不可或缺的视角！也是土地科学学科发生和发展的前提和基础！

土地科学学科视角下的土地系统，既是自然属性的土地系统，也是社会属性、经济属性、法律属性的土地系统；既包含土地生产力的问题，也包括土地生产关系和土地权籍制度的问题。但是，土地科学并不是单一研究这一系统中的某一个方面的知识和学问，而是研究这一系统间各因素的关系最优化的知识和学问。研究这样的一个土地系统，不仅需要自然科学的知识，也需要社会科学的知识，而且还需要技术科学的知识。这又使得土地科学学科成为一门涉及自然科学、社会科学和技术科学领域的复杂的系统交叉学科。但应当特别注意的是，土地科学本质上是属于调整"人地关系"及其之上的"人与人开展土地利用活动的关系"的学科，所以无论是自然科学的、社会科学的，还是技术科学的手段都是为调整这种关系而展开的，本质上还是有关土地利用的第二类的知识和学问，而不是第一类的知识和学问，即它并不是以土地为"材料"通过施加人类活动而直接提高土地生产力的知识和学问。这对于认识和把握土地科学学科的独立性至关重要。

（四）

本书共分9章：第一章导论，主要介绍了开展土地科学学科独立性及学科体系研究的背景、研究思路和研究方法，介绍了这项研究的主要创新成果。第二章，主要介绍了有关独立学科的基本概念和标准，以及本书研究使用的一些基本概念，提出了研究土地科学学科独立性的两个假说。第三章，主要研究讨论了土地科学学科独立核心理论的问题，提出了土地权籍理论是土地科学学科不可被替代的核心理论，分析提出土地权籍理论和土地租价理论、土地可持续利用理论构成了具有时空关系的核心理论轴，它们构成了土地科学学科的逻辑关系和理论框架，形成了较为完善的区别于其他学科的理论体系。这一章还讨论了土地科学学科视角下的土地概念，提出了"人地关系权籍时空系统"的定义。第四章，主要研究讨论了土地科学学科研究域的问题，提出土地科学学科是一个在纵向上由权籍基础研究层、租价制约研究层和地用主导研究层；在横向上由核心交叉区、稳定交叉区和不稳定交叉区；核心是由土地权籍理论、土地租价理论和土地可持续利用理论组成的核心理论轴耦合构成的三维空间域，构成了明显区别于其他学科的研究域，从而解开了有关土地科学学科研究域的许多疑难问题。第五章，主要研究讨论了土地科学学科的特殊研究角度，提出了研究学科关系具有四个维度的概念，并指出"人、地、权"三位一体研究人地关系的角度是土地科学学科明显区别于其他学科的独有角度，揭示了土地科学学科的本质特征。第六章，主要讨论了土地科学学科的发生、演进及未来的发展空间，研究指出了土地科学学科研究域在四维时空中形成了一个敞口向上的三维学科发展时空锥；提出了土地科学学科是一门原生学科的观点，在人类的发展历史中发生的时间较早，但扩张得较慢；指出现代土地科学是由于其特殊的内生扩张性，逐步扩张起来的有关土地生产力、土地生产关系和以土地权籍制度为核心的土地制度的系统科学，其研究域的内生扩张性源于人类不断提升土地生产力的需求，土地科学学科研究域的主动扩张会持续到或者人类不再需要提高土地生产力，或者提升土地生产力不再有任何制约因素时。第七章，主要研究讨论了我国现代土地科学学科的产生及其产生基础，提出了我国土地科学学科发展的划分阶段，研究论证了土地科学学科是我国一门原创学科的观点。第八章，主要研究讨论了土地科学学科理论和建设的社会需求、土地科学学科体系建构原则、土地科学学科体系基本问题、土地科学学科体系逻辑结构和理论框架、土地科学学科名称和土地科学学科建设研究的方向和路径，指出系统研究解决土地问题是促进我国社会经济可持续发展的必然选择，而系统研究解决土地问题迫切需要推进土地科学学科建设；提出了土地科学学科体系建构的框架；针对当前土地科学学科建设存在的三个突出问题，提出了推进土地科学学科建设的方向和路径的建议。第九章，主要在总结前几章对土地科学学科体系和演进发展的研究基础上，分析、梳理了土地科学学科的本质属性，提出了土地科学学科是一门科学学意义上的独立学科的研究结论。附录部分，主要收录了书中涉及的笔者与有关专家讨论某些重要问题的两封电子邮件。

在本书研究过程中，笔者得到了王万茂先生、韩桐魁先生、陆红生先生的鼓励和指教，得到了林坚教授、朱道林教授、严金明教授、欧名豪教授、黄贤金教授、吴次芳教授、鲍海君教授、杨庆媛教授和涂建军教授的帮助和支持，也得到了"土地科学学科体系研究和建设"项目组多位专家的支持，借此机会一并致谢。

感谢丰雷教授、藏波博士和李靖宜硕士及时为笔者到中国人民大学和北京大学图书馆复印了一些已经脱销的参考书目。

感谢国土资源部土地利用司郑凌志司长和人教司张绍杰副司长对笔者研究工作的支持。

感谢中国社会科学出版社的王曦编辑为本书的出版所付出的辛勤努力。

感谢裕兄提供的参考文献并与笔者开展的一些讨论，感谢华姐给予的帮助和关爱，感谢骏和庆从万里之外寄来的书以及有关的讨论。

（五）

坦白地说，本书的研究和撰写工作具有很大的挑战性，这是笔者始料未及的。

其中的许多挑战都曾迫使笔者多次放下这项研究工作，但是比较幸运的是，笔者很快意识到了本书的研究和撰写工作对于土地科学学科而言，将是一项具有重要意义的创新性研究工作，也是土地科学学科迫在眉睫急需完成的工作。非常庆幸，几经反复，终于完成了本书的研究和撰写工作。

本书从科学学层面上研究取得的重要成果和研究提出的系统观点，很多都是以前没有提出和发现的，还有一些是以前提出但一直没有回答和解决的，笔者非常幸运，在本书的研究和撰写中发现、提出并解决了这些问题。比如土地科学学科具有独立的学科核心理论（土地权籍理论）和具有时空关系的核心理论轴（土地权籍理论、土地租价理论和土地可持续利用理论），构成了土地科学学科的理论框架和逻辑结构；土地科学具有一个四维时空中的三维空间研究域，形成了一个在时间维度上敞口向上的三维学科发展时空锥，具有由内向外、由下向上的内生扩张性，而在其空间研究域的内部又形成了一个3层3环的复杂结构，构成了其研究域的独立性；土地科学具有区别于其他学科的属于自己学科的特殊的"土地"系统，即土地科学学科视角下的土地是人类基于土地权籍理论基础上能够设立并行使土地权籍的地球表层空间系统（人地关系权籍时空系统），因此形成了土地科学学科所特有的"人、地、权"三位一体的研究土地利用的特殊研究角度；土地科学是一个关于土地生产力、土地生产关系和土地权籍制度的系统综合交叉学科，但它并不是将土地作为"材料"通过施加人类作用直接提高土地生产力的学科，而是将"人、地、权"关系视为一个有机的系统，通过施加人类作用，调整"人地关系"及其之上的"人与人开展土地利用活动的关系"，来间接提高土地生产力的学科；等等。

由于本书开展的科学学研究及其取得的很多有价值的成果，使得本书成为第一本基于科学学层面初步完成了系统研究土地科学学科独立性和系统描述土地科学学科的研究专著。因此，这项研究也被很多了解本书研究梗概的学者们评价为是一项具有里程碑意义的研究①。这使笔者感到很大欣慰和幸运的同时，也受到了很大的鼓励和支持，从而促使笔者开展并最终完成了本书的研究撰写工作。

笔者深信，从科学学层面完成土地科学学科独立性研究之时，一定就是土地科学成为真正学科之日。这本书的研究和出版证明了土地科学是一门具有科学学意义上的独立学科，希望它能够加速那一天的到来。

---

① 南京农业大学王万茂先生2014年12月8日在中国土地学会年会学术工作委员会上听取笔者所做的研究汇报后当即指出："这项研究是土地科学学科的一项里程碑式的研究！"
北京大学林坚教授2015年1月18日致信笔者："土地科学学科能作为一个独立的学科存在，……若能成功，这是中国对世界的贡献。"
中国地质大学吴克宁教授2015年1月22日致信笔者："内心感到您为中国土地科学的发展付出了巨大的心血、做出了重要的贡献！……是土地学科建设与发展历史上的一个里程碑！"
中国人民大学严金明教授2015年1月24日在"土地科学学科体系研究与建设"项目成果汇报会上指出："这项成果代表了当代土地科学学科研究的最高水平！"
中国农业大学朱道林教授2015年1月24日晚上致信笔者："从学科建设的角度，您做了一件功垂千古的大事！"
西南大学杨庆媛和涂建军教授2015年1月24日晚致电笔者："这项研究给土地科学的发展指明了方向，是一项重大贡献。"

谨以本书

献给我的父母，这本书是您们生命的一种延续！

献给我的夫人，这本书凝聚了您的智慧和深爱！

献给我的家人，这本书也包含了您们的支持和鼓励！

冯广京

2015 年 11 月 9 日于北京冠英园

第一章 导论

第一节　研究背景

土地科学学科自1980年中国土地学会成立后提出至今，已经走过了35年的路程。作为一门由中国人提出并逐步建设发展起来的新兴学科[①][②]，令人鼓舞的同时，也存在着些许尴尬和遗憾。虽然经过几代人的不懈努力，自新中国成立以来，开设土地科学相关学科的高校由最初的四五所，已经发展到目前的上百所。据吴克宁的统计[③]，至2014年，中国已有65所高校招收土地资源管理本科生，90所高校具有土地资源管理硕士授权点，17所高校具有土地资源管理博士授权点。与此同时，土地科学学科相关的科研和生产单位也从很少的几家，已经发展到目前的数量众多的单位；土地资源管理行政部门从中央到乡镇已成为中国社会治理的重要部门。但是，时至今日，土地科学学科仍然存在着两个制约其进一步发展的关键问题。第一个问题是，土地科学学科界内外还没有能够完成准确描述已经存在着的土地科学学科是一门什么样学科的任务，导致有关土地科学学科的内涵和性质的描述多种多样；第二个问题是，土地科学学科界内外也仍然没有能够科学地回答土地科学应当是一门什么样学科的问题，导致有关土地科学学科建设和发展的方向与路径的选择面临多重冲突。这两个问题的出现，不仅迟滞了土地科学学科的进一步发展完善，也阻碍了人们对土地科学学科的认知，导致人们难以形成对土地科学学科独立性的认同，从而使很多人认为土地科学学科并不是一门学科的"知识体系"而只是一种行业的"工作体系"。这种情况带来的直接后果就是，尽管三十多年来土地科学学科科研、教育事业在我国得到了长足发展，我国社会经济改革和发展的实践也迫切需要土地科学学科理论和技术创新发展的支撑，但是土地科学学科却始终难以在我国的科研、教育体系中找到独立学

---

① 冯广京：《土地科学学科独立性研究——兼论土地科学学科体系研究思路与框架》，《中国土地科学》2015年第1期。
② 本书第七章。
③ 冯广京等：《中国土地科学学科建设研究》，中国社会科学出版社2015年版，第281页。

科的立足点。

翻开我国现在正在实施的最新版的有关科学学科分类与代码的国家标准——《中华人民共和国学科分类与代码国家标准（GB/T 13745 - 2009)》），不仅在一级学科门类中找不到土地科学学科的分类代码，而且在其他各级学科中也看不到土地科学学科的身影。仔细寻找，也只有被列在"经济学"一级学科门类下"农业经济学"二级学科之下的三级学科"土地经济学"和被列在"城市经济学"二级学科之下的三级学科"城市土地经济学"似乎与土地科学学科有关（实际上，即使把这里的"土地经济学"当作土地科学中的土地经济学来看的话，它也只是土地科学学科体系下的一门二级学科而已，"城市土地经济学"则更是"土地经济学"中的一个分支而已）；而我国教育部有关各类学科的最新教学科目目录中，也只有土地科学学科的二级学科"土地资源管理"和"土地资源学"，被分别列在"公共管理"学科和"农业资源与环境"学科之下①。很显然，无论是《中华人民共和国学科分类与代码国家标准（GB/T 13745 - 2009)》中的土地经济学和城市土地经济学，还是教育部教学科目中的土地资源管理学和土地资源学，都无法全面反映和包括土地科学学科的内容和内涵：第一，土地经济学、城市土地经济学、土地资源管理学和土地资源学都仅仅是土地科学学科理论体系中的一个组成部分，既不能反映土地科学学科的全部内容，也不能反映土地科学学科的核心内容。第二，将土地经济学列到农业经济学之下，其一，若这里的"土地经济学"是指土地科学学科中的土地经济学，则明显是对土地经济学研究范畴和内涵的误读、误解；其二，若这里的"土地经济学"不是指土地科学学科中的土地经济学，也同样是对现代土地经济学研究范畴和内涵的误读、误解。同样的道理，在城市经济学下单列的城市土地经济学也不能代替土地经济学。第三，将土地资源管理列到公共管理学科之下，明显是将主要研究资源利用管理属性的土地资源管理与主要研究社会管理属性的公共管理相混淆，是对土地科学学科本质属性的误读、误解。第四，将土地资源学列到农业资源与环境学科之下，明显是一种本末倒置的认识，农业资源与环境学只是土地资源学研究的一部分内容，而土地资源学的研究范畴远远超出了农业资源与环境学的研究范畴。笔者认为，导致这一结果的内在原因主

---

① 朱道林、谢保鹏：《论土地科学与相关学科的关系》，《中国土地科学》2015年第2期。

要就在于前述土地科学学科建设和发展存在的两个关键问题。认识到这一点，也就能够理解并解释为什么在我国会出现土地科学学科地位与社会经济发展需求相悖的窘况了。

我国的土地问题，因为人地矛盾的特殊性和土地在国家社会经济改革与发展中的特殊重要的基础地位，早已形成了一个由政府集中统一研究、治理的领域，形成了自上而下的土地资源开发利用和管理、土地资产市场运行和管理、土地法律制度建设和依法监管、土地科学理论和技术方法"产、学、研"系统研究与创新的体系。这一体系在伴随并促进我国数十年的社会经济改革和发展的过程中逐步形成和发展，其形成和发展不仅过去得到了土地科学学科理论研究和技术创新的引导和支撑①，而且基于我国未来社会经济深化改革和进一步发展的需要，特别是土地资源利用和管理的实践需求，其未来的发展更需要系统并创新的土地科学学科理论和技术的支撑②。这正是土地科学学科在世界范围内首先在我国由"后台"走向"前台"、由"隐学"走向"显学"的原因③，也是几十年来土地科学学科在我国得到长足发展的原因。

然而，我国的国家学科分类与代码标准和教育部教学科目目录对当下中国的科研和教育领域的影响非常大，以至于像申请国家重大研究项目支持、参评国家重大科技奖项、高校设置相关专业、图书和期刊分类、遴选中国科学院院士和中国工程院院士、申请评审职称等，都与国家学科分类和教学科目目录有关。土地科学学科及其科教人员都深受其影响。比如，由于没有土地科学学科分类支撑，多年来，土地科学学科界无一专家以土地科学学科领域专家的身份入选中国科学院和中国工程院院士。许多土地科学学科专家不得不采取"曲线申请"的方式，参加其他学科领域的院士申请。再比如，每年申报评选国家自然科学和社会科学基金资助项目，由于没有土地科学学科分类，一方面土地科学学科研究人员需要参加其他学科项目的申请评审，导致一方面土地科学学科研究项目的申请又由很多

---

① 1980年中国土地学会成立后，提出了建立中国土地科学及其学科体系，不断提出并开展了改变原来城乡土地分散管理方式、实行城乡土地统一管理方式的研究和建议，为1986年我国成立原国家土地管理局实行城乡土地统一管理的改革做了大量理论准备。这一发展历程反映了土地科学学科理论研究引导、促进并支持土地管理实践发展的事实。

② 见本书第八章。

③ 冯广京：《土地科学学科独立性研究——兼论土地科学学科体系研究思路与框架》，《中国土地科学》2015年第1期。

其他学科的专家评审，其科学性、合理性存在先天不足。又比如，笔者2015年在西部某城市调研时了解到，由于没有土地科学学科分类支撑，土地科技人员仍然只能参加农业科技专业技术职称的评审。同样的，由于没有土地科学学科分类的支撑，《中国土地科学》等土地科学学科的学术期刊在我国各大图书馆、期刊检索系统、期刊评价机构中的归属，都让土地科学学科科教人员无所适从。尽管土地科学学科是一门涉及自然科学、社会科学和技术科学的综合学科，但是按照《中华人民共和国学科分类与代码国家标准（GB/T 13745-2009）》分类，土地科学学科的期刊却都被上述图书馆系统、期刊检索系统和期刊评价机构归类于社会科学属性的"经济学"之下的"农业经济学"，大量的土地科学学科的研究成果论文，在选择文献分类标识码时，至今仍然只能张冠李戴，明明是土地科学学科研究成果的论文却找不到与之对应的文献标识码，或者只能把土地资源利用、土地利用规划、土地整治工程、土地信息工程等土地科学学科中有关自然科学和技术科学方面的研究成果论文标识为土地经济学的标识码，或者标识为其他相关学科的标识码，结果既不可思议，也给土地科学学科研究文献的保存、查询、学习、使用造成了严重的混乱，甚至还会在一定程度上影响土地科学学科研究创新成果的社会价值。

  面对这种情况，从1998年开始至今，土地科学学科界研究人员持续不断地开展了土地科学学科建设研究，努力推动将土地科学学科列入国家学科分类与代码国家标准和教育部教学科目目录中的工作。然而，由于一方面受土地科学学科发展时间较短和学科理论研究与技术创新发展的局限，对土地科学学科本质属性的研究，难以从土地科学学科内部产生认识论和方法论的突破，人们对土地科学学科独立性的研究难以深化，导致人们对土地科学学科独立性的认知困难；另一方面受土地科学学科是我国原创学科而无国际经验参考借鉴的影响，对土地科学学科"知识体系"的研究，又难以从我国土地科学学科外部产生突破性的推动力，人们对土地科学学科"知识体系"的研究难以一蹴而就，引致人们对土地科学学科"知识体系"的认同不足。这两个方面的不足，共同导致了科学界难以形成对土地科学学科"知识体系"的基本认识和认同，使得土地科学学科界连续多次推动将土地科学学科列入我国学科分类与代码国家标准和教育部教学科目目录的努力都未能取得成功。特别是在2011—

2013年有关教育部教学科目目录调整工作中，争取将土地科学学科列入教育部教学科目目录的再次努力仍然未能取得成功，进一步引发了土地科学学科界的新一轮讨论和反思，使得这一讨论从最初由少数研究人员讨论土地科学学科属性和学科名称的科学性开始①，逐步演化发展到一部分研究者明确提出土地科学学科地位升级困难的主要原因是由于其学科属性不准确和学科名称不科学②的结论，在前述土地科学学科建设研究存在两个关键不足的背景下，导致了将有关土地科学学科建设的研究逐渐引入到讨论有关土地科学学科名称的狭仄空间之中，并由此形成了观点迥异的讨论。

有关土地科学学科属性和名称的讨论，本质上反映了人们对土地科学学科本质属性认知的困难以及对土地科学学科是不是一门科学学意义上的独立学科的疑惑。有关科学学科分类标准的研究③已经指出，一门学科之所以成为学科并不取决于其属于自然科学还是社会科学或者是技术科学的属性，也不取决于其名称，而主要取决于其相对于其他学科是否具有学科的不可替代性，即学科的独立性。通过深入研究并把握土地科学学科的本质属性，有助于研究并认识土地科学学科的独立性。然而，很多研究者在研究土地科学学科属性的过程中，受制于认识论和方法论的局限，无法突破土地科学学科研究中的一些瓶颈问题，比如如何研究认识土地科学学科的跨学科属性、土地科学学科与相关学科交叉的本质、土地科学学科区别于其他相关学科的特殊性、土地科学学科的演进与发展等问题，从而使得人们难以从科学学意义上研究并解释土地科学学科的独立性。因此，一些研究者选择了"务实和理性"的思路，试图采取一种"改变"土地科学学科属性的"巧"法"突围"，以达到能够使土地科学学科尽快进入我国教育部有关教学科目目录的目标。但是，这种忽视甚至绕开土地科学学科独立性的研究，试图通过改变学科属性和名称而达到学科升级目标的方法，对于土地科学学科的建设和发展而言，犹如削足适

---

① 卞正富：《土地科学与工程技术学科及其在国民经济中的作用》，《中国土地科学》1999年第1期。

② 吴次芳：《土地科学学科建设若干基本问题的反思与探讨》，《中国土地科学》2014年第2期。

③ 中华人民共和国国家质量监督检验总局、中国国家标准化管理委员会：《中华人民共和国学科分类与代码国家标准（GB/T 13745－2009）》，2009年5月6日发布，IV。

履,本末倒置,不仅可能欲速难达,而且还可能影响土地科学学科的可持续发展。

有关土地科学属性和名称的讨论,实际上也反映了脱离学科构建的核心问题——土地科学学科独立性研究的一种自然结果。自土地科学学科在我国创立以来,土地科学学科界长期没有意识到研究学科独立性的必要性和重要性,因而长期没有开展土地科学学科独立性的研究,一直没有从科学学意义上回答土地科学学科是不是和为什么是一门独立学科的问题,人们对土地科学学科的很多认识来自于对土地利用和管理实践以及对社会经济发展贡献的表象的总结和升华上,在科学学意义上尚未形成有关土地科学学科独立性的系统和本质的认识,难以科学地解释土地科学学科中的诸多矛盾现象,退而求变、变中取巧,就成了这种情景下的一种"理性"选择。

土地科学学科独立性的研究缺失,主要原因在于还没有形成土地科学学科的系统认识论和方法论,无法形成研究土地科学学科独立性的科学方法,难以形成系统研究土地科学学科的科学认识和研究平台,从而导致难以深刻认识土地科学学科的本质属性和本质特征。而土地科学学科又是一门新兴的综合性交叉学科,相当长时间以来,土地科学学科内部的研究人员很多来自于其他不同的学科,有着不同的专业背景和研究思维范式,数十年的专业训练和研究、教学工作的经验,很容易使人们在主观上保留原有学科的印记,结果不仅使得有关土地科学学科建设研究的讨论很容易出现分歧,而且还使得有关土地科学学科建设研究讨论中出现的分歧较难协调。站在每一种观点的角度看,每一种观点都有其合理性,但是站在土地科学学科的整个系统角度看,每一种观点又都存在很多的局限性,结果主观主义盛行成为土地科学学科建设研究中的一种特殊现象。

上述问题的出现,集中反映了土地科学学科建设研究的核心问题和主要矛盾,即土地科学是一门什么样的学科、是不是一门科学学意义上的独立学科以及应当如何研究土地科学学科的独立性?

笔者正是基于这样的背景和思考,从研究梳理土地科学学科体系基本问题入手[①],以构建土地科学学科建设研究和学科体系研究系统平台为

---

① 冯广京等:《中国土地科学学科建设研究》,中国社会科学出版社2015年版,第60—74页。

手段①，以研究土地科学学科独立性为突破口②，研究揭示土地科学学科的本质内涵和本质属性，研究分析土地科学学科的独立性，研究构建土地科学学科"相对独立的知识体系"③，从而为土地科学学科进一步发展和学科升级奠定理论和技术基础。

第二节 研究内容

有关土地科学学科建设的研究，是建立在土地科学学科是一门什么样的学科以及是不是一门独立学科的基础之上的。因此，土地科学学科建设研究的核心问题和主要内容是围绕土地科学学科本质属性和学科独立性而展开的，并由独立学科的规定性所决定。

《中华人民共和国学科分类与代码国家标准（GB/T 13745-2009）》将学科定义为："学科是相对独立的知识体系"。并进一步指出，"相对"、"独立"和"知识体系"三个概念是定义学科的基础。"'相对'强调了学科分类具有不同的角度和侧面，'独立'则使某个具体学科不可被其他学科所替代，'知识体系'使'学科'区别于具体的'业务体系'或'产品'。"④

根据《中华人民共和国学科分类与代码国家标准（GB/T 13745-2009）》的规定性，土地科学学科独立性研究和学科体系研究的内容主要包括三个方面：

第一，研究回答土地科学学科是一门什么样的学科，是否具有独特的研究角度和侧面，从而能够相对区别于其他相关学科。

第二，研究回答土地科学学科是否具有不可被其他学科所替代的特殊性，这种不可被其他学科所替代的特殊性是由什么构成，从而能够独立于"学科之林"。

---

① 见本书第四章。

② 冯广京：《土地科学学科独立性研究——兼论土地科学学科体系研究思路与框架》，《中国土地科学》2015年第1期。

③ 中华人民共和国国家质量监督检验总局、中国国家标准化管理委员会：《中华人民共和国学科分类与代码国家标准（GB/T 13745-2009）》，2009年5月6日发布，IV。

④ 同上。

第三，研究回答土地科学学科是否具有独立学科必须具有的"相对独立的知识体系"，从而能区别于具体的"业务体系"。

上面的三个问题，从科学学层面决定了土地科学学科是不是一门科学学意义上的独立学科。这一点，对于土地科学学科的可持续发展以及在我国乃至世界范围内学科地位的确立与提升具有至关重要的意义。

第三节 研究思路和方法

基于上面的讨论，土地科学学科独立性及学科体系研究是基于科学学意义上开展的学科基础理论研究，即基于《中华人民共和国学科分类与代码国家标准（GB/T 13745-2009）》对于学科的规定性而开展的土地科学学科基础理论的研究。研究的总体思路是：

第一，研究分析土地科学学科独立性的问题。决定土地科学学科独立性的问题，有两个关键问题，一个是土地科学学科有没有独立的学科核心理论，如果有独立的学科核心理论，围绕其学科独立核心理论是否构建了相对完整的土地科学学科的"知识体系"，从而形成能够区别于其他学科的"相对独立的知识体系"；另一个是土地科学学科有没有特殊的学科研究对象并由学科研究对象引出的学科特殊研究域[①]，如果土地科学学科有一个特殊的研究域不仅构成了土地科学学科独立性的必要条件，也构成了土地科学学科核心理论的充要条件，并能够证明土地科学学科具备"独立的知识体系"的必要性。因此，首先要回答的问题是，土地科学学科有没有独立的核心理论和特殊的研究域。

第二，研究分析土地科学学科与其他相关学科的关系问题。土地科学学科能不能成为独立学科，不仅要从其学科独立性的角度考虑，还要考虑其与其他相关学科的区别性和互补性，这种区别性和互补性决定了是否应当建立一门独立的土地科学学科的必要性，即土地科学学科具有一种特殊重要的研究角度，使得土地科学学科对于研究解决土地问题是独一无二且不可或缺的，缺少土地科学学科的研究角度，就难以科学、系统地研究解决这个领域的问题。因此，需要通过研究土地科学学科与

---

① 见本书第33页。

其他相关学科的关系，回答土地科学学科有没有这样的一种特殊的研究角度，从而使土地科学学科成为研究解决土地问题的一门不可或缺的"知识体系"。实际上，这一问题又是土地科学学科能够成为独立学科的基础。

第三，研究分析土地科学学科的起源问题。从学科科学分类的角度研究，独立学科不是由上级学科派生出来的，也不是由相关学科推演而成的。土地科学是一门交叉学科，其交叉的产生和本质反映了土地科学学科的发展脉络、本质属性，以及未来的发展空间。因此，需要研究回答土地科学学科是如何产生的、它是一门研究解决什么问题的学科。

第四，研究分析土地科学学科体系基本问题。学科体系基本问题主要包括学科研究对象、学科逻辑起点、学科内涵、学科特点、学科属性、学科核心理论、学科支撑理论和技术、学科体系、学科研究范式等。独立学科应当能够清晰、科学描述和规范这些基本问题，并与学科"独立的知识体系"具有科学的逻辑关系，共同构成土地科学学科的完整学科体系。因此，需要研究明晰土地科学学科体系的基本问题。

按照上面的思路，系统研究回答上述四个问题，也就基本回答了土地科学学科是一门什么样的学科以及能不能成为一门独立学科的问题。

第四节 本书研究路线

根据本章第三节提出的研究思路和方法，依据《中华人民共和国学科分类与代码国家标准（GB/T 13745-2009）》关于独立学科的规定性，笔者研究制定了具体的研究路线（见图1-1）。

首先，分别从土地科学学科核心理论、学科研究域、学科产生方面，研究回答土地科学学科是一门什么样的学科以及土地科学学科独立性的问题；然后，在研究土地科学学科独立性的基础上，研究讨论土地科学学科体系的基本问题，讨论提出土地科学学科分类体系和教学科目体系的研究框架；最后，结合土地科学学科独立性研究、土地科学学科体系框架研究和土地科学学科发展实践研究的成果，讨论提出进一步推进土地科学学科建设研究的重点方向。

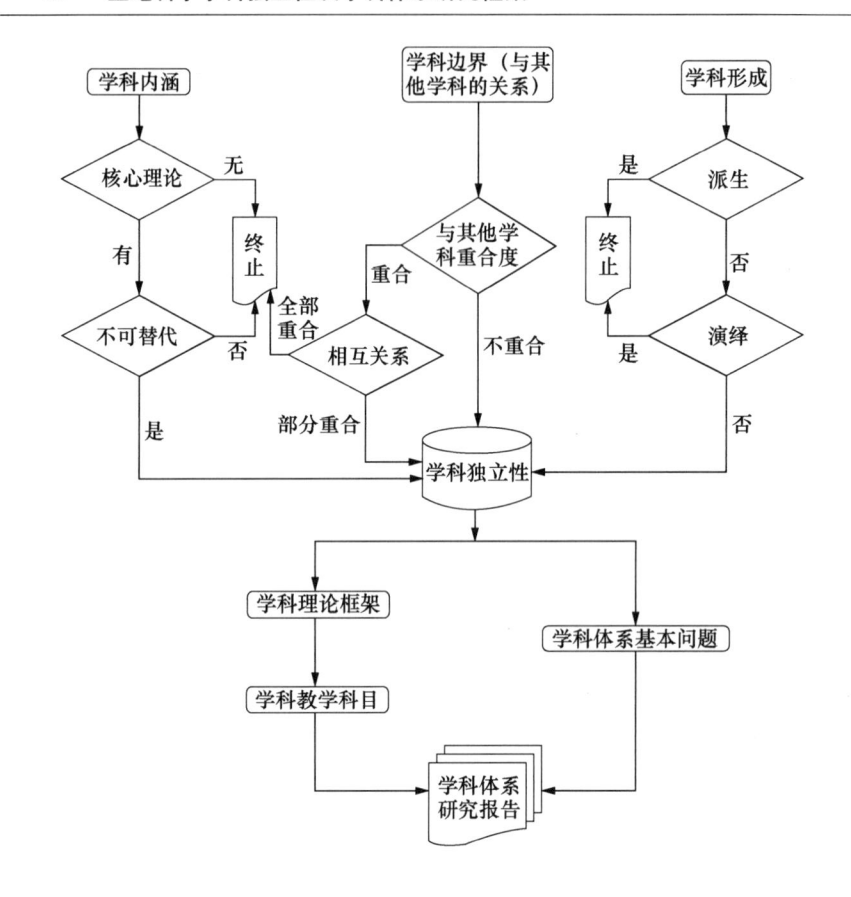

图 1-1　本书研究路线

第五节　主要研究创新

1. 研究提出了土地科学学科的核心理论及不可替代的核心理论，从而奠定了构建区别于其他学科的完整知识体系的理论基础

土地科学学科能不能成为独立学科，关键是有没有不能被其他学科所替代的核心理论。如果土地科学学科具有不能被其他学科替代的核心理论，围绕其核心理论才能构建区别于其他学科的独立学科的知识体系。长期以来，由于土地科学学科一直没有明确而深入地开展不能被其他学科替代的核心理论研究，长期停留在主导学科的讨论阶段，在如何构建土地科学学科体系的问题上，始终无法达成学科共识，甚至引致在一些高校中土地科学学科相关专业有意无意地弱化甚至取消了部分核心理论的课程，逐渐削弱了土地科学的学科独特性，缩小了与其他相关学科的区别，在追求现代学科融合的"伪命题"下，逐渐使土地科学学科体系的教学、研究偏离学科内核及其本质属性。这样长期发展下去，将可能导致土地科学学科失去存在的基础。

土地问题是人类生存与发展的核心命题，围绕土地这一核心命题而展开的土地科学学科，是全面、系统研究和解决人地关系的核心研究域①，这个核心研究域的产生源于人类的土地利用需求，而有关土地利用的矛盾最终都集中于土地权籍之中，导致所有土地利用矛盾的解决又都需要建立在土地权籍清晰的基础之上，因此有关学科的融合，对于土地科学学科而言，一定是多学科基于土地科学学科核心内容——土地利用和土地科学学科核心矛盾——土地权籍之上的融合，以土地科学学科为核心，服务于解决土地科学学科研究域中的问题，而不是丢掉土地科学学科的核心内容——土地利用和土地科学学科的核心矛盾——土地权籍，也不是丢掉土地科学学科这一核心学科，去构建空中楼阁式的学科融合。

本书从土地科学学科体系的系统研究和分析的基础上，研究提出了土地科学学科的核心理论轴和不可替代的核心理论，即：土地权籍理论、土地租价理论和土地可持续利用理论是土地科学学科的核心理论，在土地科学学科研究域中形成了具有时空关系的核心理论轴，其中土地权籍理论是土地科学学科中不能被其他学科替代的核心理论②，土地可持续利用理论是土地科学学科的主导核心理论③。

土地科学学科核心理论，特别是不能被其他学科替代的核心理论，是构建土地科学学科体系的核心和主轴线，完成了核心理论特别是不可替代的核心理论的研究，也就奠定了构建土地科学学科体系的理论基础。

2. 研究提出了土地科学学科的三维空间研究域，从而揭示了土地科学学科的特殊性和其研究域的不可替代性

土地科学学科不仅是一门我国原创的新兴学科，也是一门涉及自然科

---

① 冯广京：《土地科学学科独立性研究——兼论土地科学学科体系研究思路与框架》，《中国土地科学》2015年第1期。
② 同上。
③ 见本书第三章。

学、社会科学和技术科学的综合性交叉学科①，这一特点带来了土地科学学科专业理论、技术、方法和人才队伍结构的多样化、复杂化，大量学科理论、技术、方法和研究人员来源于农学、经济学、管理学、测绘学、地理学、遥感学、工程技术、信息技术、法学、城乡规划、地质学、采矿、水利、生态学……各种学科门类，数十年来已经形成的不同专业的知识背景、思维范式的研究人员，不仅极大地促进了土地科学学科的快速发展，也导致了在土地科学学科体系研究中的认识、方法的冲突。长期以来，有关土地科学学科与其他相关学科关系的研究受限于二维空间的思维惯性，又导致了人们对土地科学学科研究域认知的困难②，很多研究人员一方面很容易受到各自既有学识背景、思维范式的影响，难以建立土地科学学科的系统思维范式；另一方面又很容易从各自的认知角度坚持各自的观点，使得几十年来有关土地科学学科本质属性是什么、土地科学学科核心理论是什么、土地科学学科研究域是什么、土地科学学科特殊性是什么等关键问题的研究一直还处于百家争鸣的状态，弱化了对土地科学学科本质属性和学科研究域的深入研究。

导致这种情况的原因，就在于土地科学学科界中大多数研究者没有从研究、认识土地科学学科本质属性的系统性角度，研究分析土地科学学科研究域的特殊性，从而难以形成研究土地科学学科的系统平台，长期处于"盲人摸象"的研究阶段。从每一种观点的特殊学科背景上看，每一种观点都有其合理性，但是放到土地科学学科体系的大系统中，每一种观点又都缺乏科学性和系统性，所以土地科学学科界一直无法形成对土地科学学科本质属性的共同认识。

本书从土地科学学科体系的系统研究角度，提出了土地科学学科是一个具有特殊的三维空间研究域的交叉学科，即土地科学学科是一个具有纵向上由权籍基础研究层、租价制约研究层、地用主导研究层三个不可分离的研究层和横向上由核心交叉区（核心理论区）、稳定交叉区（支撑理论和技术区）、不稳定交叉区（未转化学科理论和技术交叉区）三个交叉区构成，以土地权籍理论、土地租价理论和土地可持续利用理论为核心理论

---

① 冯广京：《土地科学学科独立性研究——兼论土地科学学科体系研究思路与框架》，《中国土地科学》2015年第1期。

② 同上。

轴的三维空间研究域①，这一空间结构构成了土地科学学科研究域的特殊性，从而明显区别于其他学科。

土地科学学科三维空间研究域的提出，不仅揭示了土地科学学科研究域的特殊性和本质，也为研究者提供了一个系统、科学研究土地科学学科体系的研究平台，从而能够克服各自专业背景、原有学科研究思维范式的限制，系统、全面地认识土地科学学科体系。

3. 研究揭示了土地科学学科研究域的内生扩张性，从而解释了土地科学学科与相关学科交叉的本质

土地科学学科有一个显著特点，即有大量的用于研究、解决土地问题的理论、技术和方法来源于相关学科，表现出一般意义上的学科交叉特征。由于大多数土地科学学科研究人员尚未充分意识开展这些理论、技术和方法专用性的转化研究的重要性和必要性，这些理论、技术和方法很多都没有完成专用性的转化，仍然反映出原相关学科的很多特征，因此无论土地科学学科界内部还是其他相关学科的研究者，都难以直观地看出这些理论、技术和方法中能够体现出土地科学学科的内核因素，常常疑惑土地科学学科到底是不是一门独立的学科。这一问题，也曾让笔者感到十分困惑。

笔者在研究土地科学学科的演进和未来发展的时空关系的过程中，发现土地科学学科实际上是一门有关研究土地生产力、土地生产关系和以土地权籍为核心的土地制度的系统科学②，其研究域受人类不断提高土地生产力的要求牵引而具有一种内生性扩张要求的特征③。伴随人类不断提升土地生产力的要求，有关土地生产关系和土地制度方面的约束也越来越多、越来越复杂，使得土地科学学科的研究域也随之相应扩张，从而使得更多的相关学科或主动或被动地融进土地科学学科研究域，形成更多的学科交叉。尽管这种交叉的初期，仍然较多地体现出原来学科的特征，但最为关键和重要的是，这种交叉是由于土地科学学科研究域的内生性主动扩张导致的，而且是为了研究、解决土地科学学科研究域中的问题而不是为了研究其他学科的问题形成的学科交叉，因而必然受到土地科学学科研究

---

① 冯广京：《土地科学学科独立性研究——兼论土地科学学科体系研究思路与框架》，《中国土地科学》2015年第1期。

② 同上。

③ 同上。

目标、研究要求和研究范式的约束①。而土地科学学科与其他相关学科交叉的这种本质属性,一直没有被发现,因而长期以来被学科交叉的表象所困惑,迷惑于土地科学学科需不需要和有没有自己的专用理论、技术和方法上,进而阻遏了开展研究土地科学学科理论、技术和方法专用化的研究。

本书讨论并进一步揭示了土地科学学科研究域具有内生扩张性,即土地科学学科受人类不断提高土地生产力的需求牵引,为满足这种需求,研究、解决由此引起的制约发展的因素,使得土地科学学科研究域随之适应性和跟随性地不断扩张,从而形成了土地科学学科与其他学科的交叉。

土地科学学科研究域具有内生扩张性的事实,不仅揭示了土地科学学科与其他相关学科交叉的本质,也强调了土地科学学科必须加强学科理论、技术和方法专用性研究转化的重要性和必要性。

4. 研究提出了土地科学学科独特的"人、地、权"三位一体的研究视角,从而揭示了土地科学学科的独特性

与相关学科的区别是土地科学学科体系研究中的一个难点问题,特别是相对于一些也同样研究"人地关系"的学科,一直没有找到本质的区别。实际上,土地科学学科的核心问题是土地利用问题并由此引出了土地科学学科的核心矛盾,即土地权籍问题。土地权籍问题是现代人类所有土地利用活动的基础和前提,很多不直接研究土地权籍的学科和工作实际上也都隐含了土地权籍清晰的基本前提。这使得当代人类不研究土地权籍问题,就无法全面研究和解决土地及其土地利用问题,也无法有效开展各种土地利用活动。因此,土地权籍的视角是研究土地利用及人地关系不可或缺的方面。

土地科学学科研究土地问题的视角一直都是从土地权籍的视角来研究土地利用问题的,但是过去研究土地权籍更多的是将反映土地权籍的"地籍"视为有关土地的账簿②,这样讨论地籍时注意力仍然集中于"地"上。事实上,这样的地籍观并没有反映出地籍的本质。实际上,地籍并不仅仅是有关土地的账簿。地籍只是一种表现形式,地籍本质上反映的是关于某块土地上的权属和权利,地籍是通过这种土地权属和权利来研

---

① 冯广京:《土地科学学科独立性研究——兼论土地科学学科体系研究思路与框架》,《中国土地科学》2015 年第 1 期。

② 谭峻、林增杰:《地籍管理(第五版)》,中国人民大学出版社 2011 年版,第 1 页。

究、解决、规范人和地的关系及其之上的人和人的关系以及人类有关土地利用活动行为的，这是地籍的本质属性所在，也是土地科学学科的核心所在。从"人、地、权"三位一体的角度系统研究"人地关系"及其之上的人与人开展土地利用活动的关系，是土地科学学科的独特视角，没有其他学科从这样的角度研究"人地关系"。"人、地、权"三位一体的系统观念贯穿于土地科学全学科，是根本区别于其他学科，特别是区别于从"空间关系"上研究"人地关系"的其他相关学科[①]。

本书深入研究并讨论了这一特殊重要的研究角度，即土地科学学科是以"人、地、权"三位一体的角度系统研究土地和土地利用的科学，是人类开展各种土地利用活动的前提和基础。这一角度，也从本质上揭示了土地科学学科的特殊性。

5. 研究并回答了土地科学学科独立性的问题，从而奠定了土地科学学科发展、升级的理论基础

土地科学学科是不是一个独立学科的问题，长期困扰着土地科学学科和相关学科的研究者、学习者。特别是在我国当下的科研和教育体系下，是不是独立学科的主要标志体现为能不能被教育部的有关教学科目目录列入一级学科。这导致很多有关土地科学学科建设的研究，都把注意力放到了怎样进入教育部有关教学科目目录的问题上。

实际上，《中华人民共和国学科分类与代码国家标准（GB/T 13745 - 2009）》提出的学科定义，才是独立学科的本质属性，即"学科是相对独立的知识体系"。因此，土地科学学科是不是一门独立学科以及能不能成为教育部有关教学科目目录中的一级学科，关键在于必须清楚地认识土地科学学科是否具有科学学意义上的独立性。如果土地科学学科具有独立学科的本质属性，即使由于土地科学学科是一门我国原创的新兴学科，尚未被很多人特别是科学界具有话语权的人们认识到土地科学学科具有学科独立性的本质属性，也无法改变土地科学学科是一门真正独立学科的事实，被认可和接受为我国形式上的独立学科是迟早的事情。

本书从科学学层面指出了土地科学学科具备了独立学科的特殊规定性和本质属性，即土地科学是一门围绕土地权籍理论、土地租价理论和土地可持续利用理论（其中土地权籍理论是不可被其他学科理论所替代的核

---

① 见本书第五章。

心理论）三个核心理论，形成相对完善的知识体系，从"人、地、权"三位一体的独特角度，系统研究"人地关系"而明显区别于其他学科的独立学科。

土地科学学科在科学学层面上是一门独立学科的研究结果，为土地科学的发展和学科升级提供了科学的理论基础和技术路径。

6. 研究指出了土地科学学科是一门原生科学，其交叉性与研究域内生扩张性有关

土地科学学科是一门交叉学科，与许多相关学科都有交集①，而且由于长时间没有研究发现土地科学学科与其他相关学科交叉的本质，常常引起土地科学学科是不是一门独立学科的质疑。

实际上，土地科学学科与很多交叉学科不同，并不是由不同学科交叉后形成的新的学科。土地科学学科本身就是一门原生的学科②，其最初源于人类开展土地利用活动建立的使用"秩序"及与其土地利用活动对应的收益分配"秩序"，并逐渐转化为国家对土地利用行为征收赋税的需要③，最初是以地籍的形式出现的④。

随着人地矛盾的逐渐尖锐，人们对土地生产力的要求不断提高，使得土地问题围绕土地利用核心内容引出的土地权籍核心矛盾变得越来越复杂。为了适应并解决越来越为复杂的"人地关系"问题，土地科学学科研究域也随之适应性和跟随性地逐渐扩张，吸引更多的相关学科参与研究、解决土地科学学科研究域中的问题，导致土地科学学科逐渐发展成为一门复杂的、涉及很多相关学科的交叉学科。

本书对此特征做出了系统分析和梳理，研究指出了土地科学学科与很多交叉学科形成方式和原因的不同，即土地科学学科是一门原生的学科，与其他相关学科的交叉，源于其研究域的内生性扩张。

土地科学学科是在一门原生学科基础上逐渐扩张形成交叉学科的特征，对于深刻认识和把握土地科学学科的本质属性以及构建土地科学学科体系具有重要意义。

---

① 朱道林、谢保鹏：《论土地科学与相关学科的关系》，《中国土地科学》2015年第3期。

② 冯广京：《土地科学学科独立性研究——兼论土地科学学科体系研究思路与框架》，《中国土地科学》2015年第1期。

③ 见本书第六章。

④ 林增杰：《地籍学》，科学出版社2006年版，第20—22页。

7. 研究指出了土地科学学科是一门我国的原创学科，从而解释了土地科学学科地位与国家需求形成巨大反差的原因

从国际比较研究中发现，在国际上至今仍然没有其他国家设立"土地科学"学科，也没有其他国家设立具有"土地科学"这样完整学科理论框架和体系的其他学科①。仅有一些从某个方面、某个层次、某个角度研究土地科学学科研究域中部分问题的专业，而且它们也都被分散设置到很多其他学科中，并不是土地科学学科意义上的学科②。

通过研究土地科学学科的演进历史，能够清楚发现，土地科学学科名称和学科体系是1980年中国土地学会成立后，由我国土地科学学科共同体结合我国土地利用和治理实践研究提出的，并在我国得以发展形成，现在已逐步形成了有关土地资源利用和土地资源治理问题的完整学科体系和学科理论框架③。

本书的研究发现，我国之所以会产生土地科学学科，主要存在三个基本条件：第一，我国人地矛盾的特殊尖锐性和社会经济改革与发展的特殊需要，使得系统研究和集中管理土地资源利用问题成为国家治理和社会经济改革发展的必需和必然的制度选择；第二，土地经济学特别是我国土地经济学的发展，提供了利用并化解土地资源利用经济性的理论和方法；第三，土地资源管理理论、土地利用规划理论和土地整理工程技术等方面的发展成熟，提供了通过协调土地生产关系、土地权籍制度的同时大幅提高土地生产力的理论和技术方法。这是土地科学学科在我国产生并成为"显学"的三个重要基础④。

但是，我国土地科学学科的产生带有强烈的国家治理土地资源利用的需求导向和土地资源利用实践的问题导向的特征，一方面从国家治理层面表现出了对土地科学学科理论和技术支撑极为强烈的需求，快速完成了对土地资源利用集中治理的行政管理体系及制度的建设，全面加强土地资源利用和治理工作，引导大量研究人员将主要精力集中于满足政府对土地资源利用治理需求和实践需求方面的研究；另一方面，早期快速发展的政府

---

① 冯广京等：《中国土地科学学科建设研究》，中国社会科学出版社2015年版，第307—308页。
② 见本书第七章。
③ 同上。
④ 同上。

治理土地资源利用的实践，依赖于以往的理念和方法也取得了初步的成功，从而在一些方面表现出对土地资源利用和治理实践并不完全依赖土地科学学科基础理论创新支撑的表象，从而忽视和弱化了对土地科学学科基础理论的研究创新，土地科学学科基础理论的研究创新出现了明显滞后于土地资源利用和治理实践的现象。

随着我国社会经济发展的变化和社会经济改革的逐步深化，表现在土地资源利用和治理问题上的各种矛盾也逐步显化和愈加复杂化，现在已有的土地科学学科理论和技术方法解决这些日益复杂化的矛盾，已经越来越加捉襟见肘，急需加强土地科学学科基础理论的研究创新和支撑。这又使得目前土地科学学科发展和学科地位与我国国家治理土地资源利用的需求不相适应，并逐步形成了强烈反差。

本书通过深入分析指出，由于土地科学学科是我国的一门原创学科，既是我国领先于世界其他国家的一门学科，也是缺乏国际成熟经验可以借鉴的一门学科，使得土地科学学科在我国的发展受到了诸多因素的制约，难以得到应有的独立学科的重视；由于国家治理土地资源利用实践的需求导向，又引致土地科学学科理论研究更多地集中于满足土地资源利用和治理的实践需求，而较多忽视土地科学学科基础理论的研究，从而使得人们对土地科学学科本质属性的认知较为困难和不足，导致很多人形成了土地科学学科只是一种国家有关土地资源利用和治理工作的"业务体系"而不是一门学科"知识体系"的认识，制约了土地科学学科的进一步发展和土地科学学科地位升级的工作。

8. 提出了系统开展土地科学学科范式的研究，从而有助于提升土地科学学科研究的认识论和方法论

土地科学学科构建区别于其他学科的理论体系，本质上蕴含着土地科学学科共同体应当拥有一种研究土地问题的共同的世界观、认识论和方法论，即土地科学学科的研究范式。

土地科学学科有没有自己的研究范式？长期以来少有研究[①]，很多研究人员认为土地科学学科尚未形成自己的范式，一部分研究人员认为土地科学学科研究范式尚处于前范式阶段[②]。

---

① 严金明、夏方舟：《中国土地科学学科范式框架构建研究》，《中国土地科学》2015年第2期。
② 徐玉婷、黄贤金：《中国土地科学学科建设理论研究综述及展望》，《中国土地科学》2015年第5期。

笔者并不赞同上面的观点，主要有两个认识，体现在笔者 2015 年 1 月 1 日写给中国人民大学的严金明教授的电子邮件中：第一个是，"从我国土地科学学科的研究和发展角度看，土地科学学科存在着一种基本的范式，只是这种范式是一种隐藏于这个学科群体的潜意识中的，以一种隐性的潜意识方式存在并指引着大多数人的研究和实践工作，否则我们（土地科学）学科在很多方面的研究和实践也不会有多数人的共识。这既是土地（科学）学科发展很快的原因，也是土地科学学科发展不完善、不成熟的原因。"第二个是，"有关范式的研究不是关于我们（土地科学学科研究范式）处在什么阶段的问题，而是我们应该发现土地（科学）学科的隐性研究范式并使其显性的问题，从而使我们（土地科学）学科的研究和建设跨上一个台阶，不要停留在原来的台阶上。其实，任何一种范式都是一种实践的经验积累和升华而形成的，它是总结升华而成，肯定不是先有严谨的范式规则后才有研究领域的发展。"因此，土地科学学科应尽快"把隐性的范式升华为显性的范式"①，从而指引土地科学学科的发展。

本书基于范式的规定性，分析了本体论、认识论和方法论的本质，讨论了严金明和夏方舟提出的土地科学学科研究范式②，提出了笔者的研究观点，指出：(1) 土地科学学科的本体论应该是回答土地科学学科"是"的一系列问题，包括土地科学学科中的"是"与"所是"，即应该回答土地科学的学科概念及其自身逻辑体系，具体应该包括土地资源（自然特性和土地生产力特性）、土地资产（经济特性和社会特性）、土地权籍（社会特性、土地生产关系特性）。它们共同规定了人与地及人与人开展土地利用活动的关系，而土地科学又是基于它们的约束，通过科学的认识论和方法论研究和调整人地关系及其之上的人与人开展土地利用活动的关系。(2) 土地科学的认识论是关于如何认识土地科学世界的理论，即如何认识人地关系权籍时空系统所确定的世界的理论。具体应包括科学观（科学主义）、人本观（以人为本）、时空观（动态性）、系统观（整体与协调）和可持续发展观（代际公平和可持续发展）。(3) 土地科学学科的方法论，是基于土地科学学科本体论和认识论的基础上，总结、概括并指

---

① 冯广京 2015 年 1 月 1 日致严金明教授的电子邮件，详见本书附录。
② 严金明、夏方舟：《中国土地科学学科范式框架构建研究》，《中国土地科学》2015 年第 2 期。

导人们开展土地科学学科研究的方法和分析框架，主要应当包括质性量化法、时空分析法、模型分析法、科学管理法和工程技术法。由此，笔者提出土地科学学科范式的框架是："土地科学学科研究范式是以土地资源、土地资产和土地权籍为本体论，以科学观、人本观、时空观、系统观和可持续发展观为认识论，以质性量化法、时空分析法、模型分析法、科学管理法和工程技术法为方法论的复杂性科学研究范式"。[1]

9. 系统梳理了土地科学学科体系系列基本问题，从而完成了全面、系统描述土地科学学科及其学科体系理论框架的任务

土地科学学科是否能够形成区别于其他学科的知识体系，不仅需要围绕其核心理论构建系统的土地科学学科理论体系，还需要围绕其核心理论及学科内在的逻辑主线，明晰土地科学学科体系中一系列重要基本问题的规定性。比如，有关土地科学的学科研究对象、学科逻辑起点、学科内涵、学科特点、学科属性、学科核心理论、学科支撑理论和技术、学科体系、学科研究范式等基本问题，都需要具有符合土地科学学科核心理论及其内在本质属性的逻辑关系。这也是土地科学学科体系研究的重要内容。

土地科学学科自创立以来，一直没有从系统、全面的角度研究梳理上述学科基本问题，有关研究也都是单独研究其中的若干问题，结果导致有关上述问题的观点、概念或定义一方面很难取得共识，另一方面也很难形成符合土地科学学科体系逻辑主线的系统性和科学性，引致土地科学学科理论体系的构建失范。

本书围绕土地科学学科体系研究的内在逻辑主线，系统研究、梳理了土地科学学科体系中上述重要的基本问题，在此基础上研究提出了土地科学学科体系及其理论框架的建议，初步完成了全面、系统描述土地科学学科的任务。

10. 系统研究分析了土地科学学科演进进程，从而揭示了土地科学学科是一门研究土地生产力、土地生产关系和土地权籍制度的系统交叉科学的本质

人类因土地而出现，土地又始终约束着人类的发展。这种约束与反约束的发展，集中表现为人类不断提高土地生产力的活动，构成了人类发展的主旋律。

---

[1] 见本书第八章。

在人类开始土地利用活动之初，土地利用是一项公共利用活动①②。当人类活动在某一确定的区域达到一定程度时，在这一区域的可利用土地便产生了相对的短缺。由于早期技术对土地生产力提升的贡献率较低，土地生产力的提升主要依赖于适宜利用的土地数量的增加，因此除了选择"迁徙"或"战争"获取其他空间的方式外，早期最为重要的方式一种是有关土地利用秩序的出现和安排。随着利用土地能力的分化，土地逐渐向利用能力强的使用者转移并延长其利用时间，这使得人们渐渐习惯并逐渐强化了这种土地利用的安排，随之慢慢形成了土地私有制③，随着土地利用"秩序"的出现，打破了土地利用的随意性和绝对的公平性，带来了有关土地利用产品或收益的分配调节问题，也需要建立一种与土地利用"秩序"相对应的土地利用产品或收益的分配"秩序"，这种"利用—分配"对应的"秩序"落实到具体的土地上，便逐渐产生了原始的有关土地利用的"权籍制度"，使得人类有关利用土地的活动需要遵循某种制度安排。另一种是采取有关抵消土地利用经济性增高的方式改善土地生产关系，主要表现为以地租的形态出现和提高单位面积土地利用效率的各种技术的出现。这使得土地生产力的提高主要受到土地生产关系和土地权籍制度的制约。

本书通过研究土地科学学科的发生，揭示了土地科学学科的本质属性：土地科学学科从最初的萌芽开始，就是一门有关土地生产力、土地生产关系和土地权籍制度的系统科学。

除了上面指出的十个方面外，本书还有一些有价值的讨论，比如，有关土地科学学科视角下的土地概念、有关我国现代土地科学学科的发生、发展④，有关土地科学学科理论体系产生、发展的基础⑤，有关土地科学学科演进的阶段性⑥，有关土地科学学科发展的方向及土地科学学科建设研究的路径⑦，等等。请读者参考相关部分的研究讨论。

---

① 马克思指出："人类朴素天真地把土地当作共同体的财产，而且是在活劳动中生产并再生产自身的共同体的财产。每一个单个的人，只有作为这个共同体的一个肢体，作为这个共同体的成员，才能把自己看成所有者或占有者。"（《马克思恩格斯全集》第30卷，人民出版社1995年版，第466页）
② 林清泉：《中国封建土地制度史》，中国社会科学出版社1990年版，绪论第1页。
③ 同上书，第9—10页。
④ 见本书第六章和第七章。
⑤ 同上。
⑥ 同上。
⑦ 见本书第八章。

第二章 独立学科的规定性及土地科学学科独立性假说

第一节 学科的概念和标准

一 学科

学科（Discipline）有两种含义，《辞海》指出：（1）学术的分类。指一定科学领域或一门科学的分支。如自然科学中的物理学、生物学；社会科学中的经济学、教育学。（2）"教学科目"的简称，亦即科目。①

为了便于研究，按照学科的概念，笔者对"学术的分类"和"教学科目"做进一步的展开。学术的分类，是指科学的门类，即从学术或科学研究的角度，将各类知识体系按照"合并同类项"的方式②，划分成能够相互明显区别开来的知识类别，比如《中华人民共和国学科分类与代码国家标准（GB/T 13745－2009）》中的"科学门类"。教学科目是指教学科目的分类，即从有利于组织和开展教学活动，特别是组织和开展高等教育教学活动的角度，以科学门类为基础，在高等教育体系下设置的有关教学的"教学科目门类"，比如我国教育部《普通高等学校本科专业目录》中规定的教学科目。

很显然，科学门类与教学科目门类是有一定区别的，笔者认为，主要区别在于：

第一，科学门类的划分标准比教学科目门类的划分标准更为严格一些，主要是根据知识体系的独立性和完整性的标准划分，"是科学发展、教育、科技统计、学科建设等方面工作的一个重要依据"③，因而是类似教学科目门类这样有关涉及科学分类的相关分类标准的基础和坐标参考系，较少受到其他因素的影响；而教学科目门类划分的标准要相对灵活一

---

① 辞海编辑委员会：《辞海》（1989 年版）缩印版，上海辞书出版社 1990 年版，第 1269 页。
② 这种"合并同类项"的方法，主要是根据研究对象、研究角度、研究域、研究目标等重要方面一致或接近的"知识体系"，将它们合在一起，形成相对系统、科学、客观研究解决某类科学问题的"相对独立的知识体系"。
③ 中华人民共和国国家质量监督检验总局、中国国家标准化管理委员会发布：《学科分类与代码》，2009 年 5 月 6 日发布，2009 年 11 月 1 日实施：Ⅳ。

些，在依据科学门类国家标准的基础上，可以根据社会需求、科学发展、组织和开展教学活动等方面的需要，在不与科学门类国家标准抵触的前提下，做出一些灵活的调整。所以我们常会看到在我国教育部制定的比如《普通高等学校本科专业目录》和国务院学位委员会、教育部制定的比如《学位授予和人才培养学科目录》中一些教学科目门类的划分并不等于《中华人民共和国学科分类与代码国家标准（GB/T 13745-2009）》中的学科门类，《普通高等学校本科专业目录（2012年）》和《学位授予和人才培养学科目录（2013年）》中的某些一级教学科目门类，在《中华人民共和国学科分类与代码国家标准（GB/T 13745-2009）》中也并不一定是一级学科门类，比如"公共管理学科"就是这种情况。

第二，科学门类的划分比教学科目门类的分类划分更系统更原则些，而教学科目门类的划分相比科学门类的划分则相对更微观更细化，主要依据科学分类标准，结合社会需求、科学发展、组织和开展教学活动等需要，在不与科学门类国家标准抵触的前提下，对科学门类做进一步的细分，使得教学科目门类会比科学门类更多一些更细一些。所以，人们也会看到在我国教育部《普通高等学校本科专业目录》中有一些二、三级教学科目，在《中华人民共和国学科分类与代码国家标准（GB/T 13745-2009）》中的科学门类中却看不到其身影，比如涉及土地科学学科的"土地资源管理"就是这种情况。

第三，科学门类在我国是国家标准，比较稳定，修订周期相对较长，在实施期内不会调整，因此受具体行业、具体工作需要的主观要求影响小；而教学科目门类不是国标，只是行业目录，主要受行业发展和行业需要影响，较易受行业主管部门的主观态度影响，加之调整周期相对较短，教学科目门类调整的空间相对大一些，比如最近国务院学位委员会和教育部在教学科目门类中新增设的"网络空间安全"一级学科，就是这种情况。

第四，科学门类相对于教学科目门类而言，对我国高校教学的直接影响要比教学科目的影响小一些，我国高校组织和开展的教学、科研活动主要受教学科目门类的影响，因此从实用主义观点看，我国以高校体系为核心的学科建设研究更为重视对教学科目门类的研究，很容易忽略对学科科学学本质的研究。

综上，从总体上看，科学门类和教学科目门类不是一个层面的概念，科学门类既是上级分类标准，也是下级分类标准的基础。而教学科目门类是下级分类标准，既是上级分类标准具体化的反映，也是对上级分类标准科学性的印证；既受科学门类国家标准的约束，又有一定的行业特色考虑。但是，科学门类和教学科目门类也有很多相同之处，本质上都是对某些领域"知识体系"的划分，只是两者对于某些领域"知识体系"的划分结果表现出一致性，对于某些领域"知识体系"的划分结果表现出不一致性。因此，在社会实践中，除非特定条件下，很多人都不会严格区分科学门类和教学科目门类的异同，常常相互替代。甚至许多研究人员也常常混淆两者的区别，在大多数情况下，很容易将教学科目门类当作科学门类了。但是两者的本质"含义是不同的"[①]（见图2-1）。

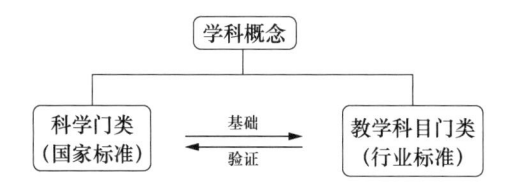

图2-1　科学门类与教学科目门类的区别

目前，我国的科学门类分类标准是由国家质量监督检验检疫总局和中国国家标准化管理委员会制定的《中华人民共和国学科分类与代码国家标准（GB/T 13745-2009）》规定的，教学科目门类则是由国务院学位委员会和教育部制定的比如《学位授予和人才培养学科目录（2013年）》及《普通高等学校本科专业目录（2012年）》规定的。

本书在涉及科学门类分类和教学科目门类分类的概念时，是有所区别的：本书后面所说的"学科"仅指科学门类分类下的学科门类（简称为学科分类），非指教学科目门类；涉及教学科目门类时，仍然使用教学科目门类，简称为教学科目。

二　划分学科的标准

《中华人民共和国学科分类与代码国家标准（GB/T 13745-2009）》指出，"相对"、"独立"和"知识体系"三个概念是其定义学科的基础。"'相对'强调了学科分类具有不同的角度和侧面，'独立'则使某个具体学科不能被其他学科所替代，'知识体系'使'学科'区别于具体的'业

[①] 叶继元：《国内外人文社会科学学科体系比较研究》，《学术界》2008年第5期。

务体系'或'产品'。"同时,指出学科划分有4条标准,即:"学科应具备其理论体系和专门方法的形成;有关科学家群体的出现;有关研究机构和教学单位以及学术团体的建立并开展有效的活动;有关专著和出版物的问世等条件。"

也有一些研究提出了有关学科划分的类似标准,比如,刘仲林先生在分析了4种较有代表性的学科分类观点的基础上,提出了"学科主体域"的概念,并针对"学科主体域"范围内的学科,提出了应具备的6条标准:"(1)有明确的研究对象和研究范围;(2)有一群人从事研究、传播或教育活动,有代表性的论著问世;(3)有相对独立的范畴、原理或定律,有正在形成或已经形成的学科体系结构;(4)发展中学科具有独创性、超前性;发达学科具有系统性、严密性;(5)不是单纯由高层学科或相邻学科推演而来,其地位无法用其他学科替代;(6)能经受实践或实验的检验和否证(证伪)。"[1]

刘仲林先生提出的6条标准与《中华人民共和国学科分类与代码国家标准(GB/T 13745-2009)》异曲同工,都强调了独立学科要有自己特有的理论和专门的方法,并因此才能不被其他学科理论所替代。但从科学的角度分析,刘仲林先生提出的标准更为具体和完善,特别是其中第1、3、5条的标准,实际上是有关学科的本质规定性,也是研究学科独立性必须重点研究分析的关键问题。

刘仲林先生提出的划分学科的6条标准,在土地科学界有关学科建设研究工作中的影响很大,讨论学科概念时大都会引用这6条标准。不过应该指出的是,刘仲林先生的名字被很多人误写为刘仲均[2]了,借此机会笔者先要给刘仲林先生正名。

刘仲林先生提到的所谓"学科主体域"的概念,实际上是建立在学科分类有两种方法基础上的。一种是所谓的有关学科的"硬分类",一种是所谓的有关学科的"软分类"。简单说,"硬分类"是传统的学科分类方法,主要按照单学科的标准划分学科。"软分类"则主要是把交叉学科作为一个大的学科门类单独列出,将学科门类"硬分类"体系中的工程与技术、医学科学、农业科学合并为技术科学门类,将学科门类简化为自

---

[1] 刘仲林:《现代交叉科学》,浙江教育出版社1998年版,第30—31页。
[2] 王万茂:《中国土地科学学科建设:历史与未来》,《南京农业大学学报》(社会科学版)2011年第2期。

然科学、社会科学、技术科学和交叉科学4大门类学科群。可以看出，随着社会经济实践和科学理论与技术的发展，现代学科间的关系越来越呈现出相互交叉、交融的趋势，因此学科划分的"软分类"方法和标准，更符合学科门类分类的发展实际和发展趋势。

我国早期的学科分类国家标准主要采取的就是"硬分类"的方法，基本上采用了1984年联合国教科文组织统计年鉴划分学科的方法，即分为自然科学、工程与技术、医学、农业科学、社会科学与人文科学5类。这种方法存在的问题主要是没有考虑交叉学科的归属。比如本书所讨论的土地科学学科也是一门交叉学科，按照"硬分类"的方法，在学科门类划分标准中，就比较难以找到其位置。因此，我国最初开展研究制定学科分类国家标准时，还是考虑了这一问题，对学科门类划分的"硬分类"方法做了适当的突破，在我国1992年制定的第1版国家学科分类代码国标中，就专门增加了三个交叉学科作为一类特殊学科，列入了学科分类一级学科，这三个学科具体是环境科学技术（代码610）、安全科学技术（代码620）和管理学（代码630）。在1992年，这三个交叉学科就能够列入我国国家学科分类与代码国家标准，笔者分析其原因，认为主要应该是这三个交叉学科尽管不是传统意义上的单学科，无法在传统的学科分类中找到归属，但是在当时的科学界已经普遍认为这三个学科是货真价实的具有独立性的学科了，也意识到了交叉学科的重要性。应该说，当初研究制定我国学科分类代码国家标准的专家们具有很好的超前意识，为我国后来的学科分类奠定了一个很好的基础。不过令人遗憾的是，虽然经过多次调整学科分类与代码国家标准，但是到了2009年最新一版的《中华人民共和国学科分类与代码国家标准（GB/T 13745－2009）》，依然还是基本维持了原有的学科分类方法，在交叉学科的问题上仍然停留在1992年版的标准上，入选的交叉学科还是只有前述三个学科。显然，这种情况与科学发展的实际以及发展趋势是不相一致的。

这一状况也给我国土地科学学科建设和发展带来了很大的影响。从1998年开始至今，很多土地科学学科的研究者和中国土地学会以及原国家土地管理局、国土资源部等相关部门，多次向有关方面提出增设有关土地科学学科的建议，但是由于我国学科分类与代码国家标准没有在有关交叉学科的认定方面进一步改革，加上因土地科学学科发展时间短、基础理论研究不足，导致有关各方对土地科学学科的认识存在分歧，使得土地科学学科一直没有能够进入我国学科分类与代码国家标准和教学科目门类目录。这一现实，引致很多人以为土地科学学科如果以交叉学科的定位，是很难成为我国学科分类体系下的独立学科的，从而导致很多人从现实考虑，尝试研究如何做强土地科学学科的单学科属性，争取以单学科的属性成为教学科目目录中的一级学科。

综合上面的分析，可以得出这样的结论：（1）在有关学科的理论研究和学科分类国家标准中，有关学科的规定性并没有本质区别，即所谓学科是相对于其他学科而言（具有独立性），构成自己学科独有的知识体系（具有专用性），因而是不能被其他学科替代的（具有本质性）。(2)《中华人民共和国学科分类与代码国家标准（GB/T 13745 – 2009)》中有关学科的规定性更为本质和科学，特别是在兼顾单学科和交叉学科的条件下，更能反映学科分类的本质性，因此，本书主要以《中华人民共和国学科分类与代码国家标准（GB/T 13745 – 2009)》提出的学科标准作为研究学科的标准，即"学科是相对独立的知识体系"。（3）本书讨论学科分类时，将主要采用自然科学、社会科学、技术科学和交叉科学的用语。

第二节 独立学科的概念和标准

一 独立学科

本书所指的独立学科，是指具备《中华人民共和国学科分类与代码国家标准（GB/T 13745 – 2009)》关于学科划分标准的学科，即具有"相对独立的知识体系"的学科。

二 独立学科的标准

按照《中华人民共和国学科分类与代码国家标准（GB/T 13745 – 2009)》提出的划分独立学科的 4 条标准，对于土地科学学科而言，关键是土地科学学科是否已"具备其理论体系和专门方法的形成"。而具备土地科学学科的"理论体系和专门方法的形成"，则关键是有无不可替代的核心理论并围绕其核心理论构建起完善的"理论体系和专门方法"及其"形成"，以及有无自己特殊并不被其他学科替代的研究域（图 2 – 2）。

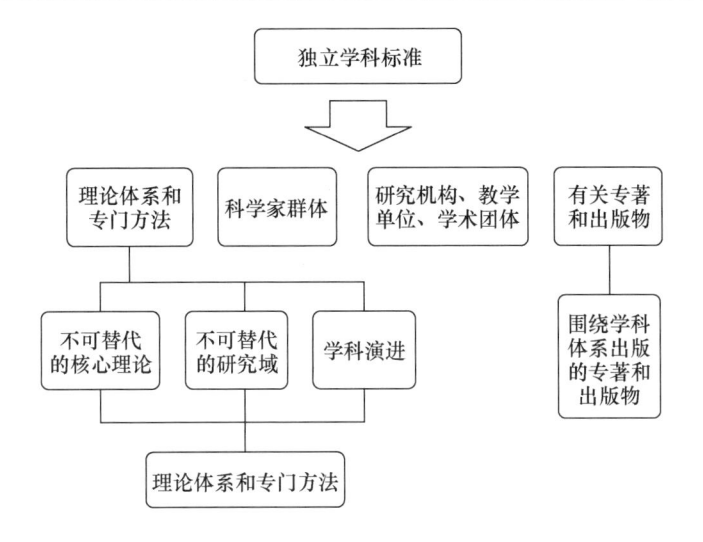

图 2－2　独立学科的标准

第三节　学科体系、研究域、主体域

一　学科体系

学科体系（Discipline System）也有两种含义，第一种是指某一学科的内在逻辑结构及其理论框架；第二种是指某一学科的范围和各个分支学科构成的一个有机联系的整体①。

二　学科研究域

本书所指研究域是指某一学科在其研究领域中具体的研究界限（Range of Study）；而研究领域是指某一学科所处的一个更大的研究范围集合（Research Field）（图 2－3）。

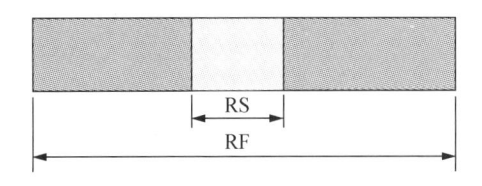

图 2－3　研究域与研究领域的关系

---

① 叶继元：《国内外人文社会科学学科体系比较研究》，《学术界》2008 年第 5 期。

三 学科主体域

学科主体域的概念见于刘仲林先生撰写的《现代交叉科学》①一书，王万茂先生 2011 年发表《中国土地科学学科建设：历史与未来》时，提出了"要使土地科学成为一门独立学科，最重要的是其特定的研究领域（主体域）和不可替代性"②的观点，将刘仲林先生有关学科主体域的观点引入其中。由此，学科主体域的概念在土地科学学科界广泛传播开来。现在，在很多场合仍然有很多人使用这一概念。

笔者在开展土地科学学科体系研究之初，也是从这一观点出发的，但是随着研究的不断深入，逐渐发现王万茂先生的这一有关土地科学学科独立性的判断标准和观点与刘仲林先生提出的有关学科主体域的概念和独立学科的判断标准存在较大差异：

第一，刘仲林先生提出的学科主体域概念，是建立在对学科发展的层次性（图 2-4）和发展性（图 2-5）的基础上，由众多学科形成的一个学科集（图 2-6），而不是某一单个学科的研究领域。而且，按照刘仲林先生的观点，只有居于主体域中的学科才是"真学科"③。王万茂先生所说的学科主体域指的却是土地科学学科的研究领域或其中的一部分，两者显然不是同一个概念。

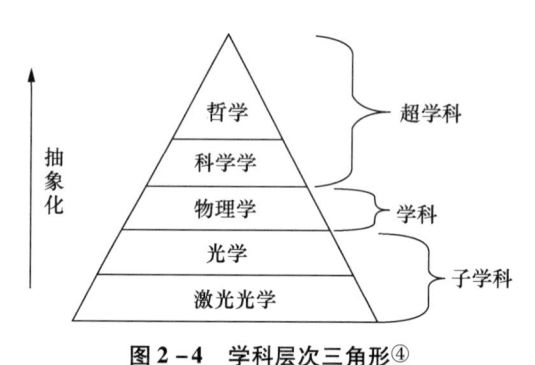

图 2-4 学科层次三角形④

---

① 刘仲林：《现代交叉科学》，浙江教育出版社 1998 年版，第 28—30 页。
② 王万茂：《中国土地科学学科建设：历史与未来》，《南京农业大学学报》（社会科学版）2011 年第 2 期。
③ 刘仲林：《现代交叉科学》，浙江教育出版社 1998 年版，第 30 页。
④ 同上书，第 29 页。

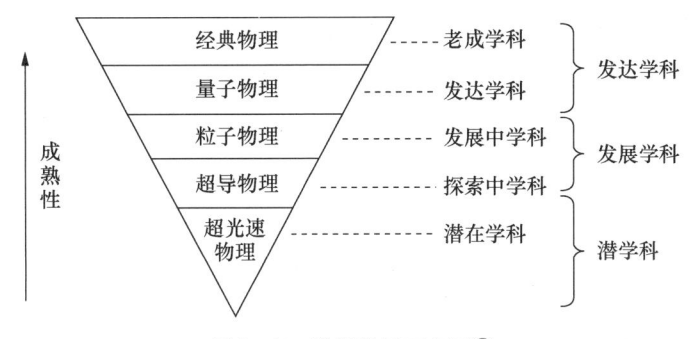

图 2-5　学科发展三角形①

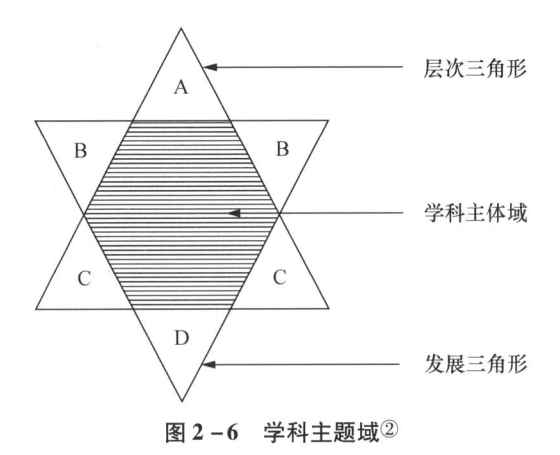

图 2-6　学科主题域②

注：（1）图中阴影部分为学科主体域，是一个单学科的学科集，只有居于这个学科集内的学科才有研究其学科的意义。
（2）A 区表示哲学，B 区表示潜学科，C 区表示发展中不太成熟的学科，D 区表示老化已缺乏探索活力的学科。

第二，刘仲林先生提出的独立学科标准的 6 个方面，关键在于第 1、第 3 和第 5 个方面，即独立学科应有明确的研究对象和研究领域、特有的理论和方法、不是单纯由高层学科或相邻学科推演而来使其地位无法用其他学科所替代。它们共同构成了独立学科的内部规定性，其他 3 个方面或者是由独立学科的内部规定性引起的外部表现形式，或者是通过外部性证明其内在的特殊规定性。这与《中华人民共和国学科分类与代码国家标准（GB/T 13745-2009）》中有关学科的规定性是一致的。

---

① 刘仲林：《现代交叉科学》，浙江教育出版社 1998 年版，第 30 页。
② 同上。

第三，很显然，学科主体域并不等同于独立学科的研究范畴（界限）。研究范畴（界限）应当是独立学科所需研究的全部范畴，从研究范畴上讲并不存在主体范畴和非主体范畴。如果一定要区分主体范畴和非主体范畴，那么这又恰恰反证了主体域不等于研究范畴（界限）了。那么王万茂先生所提出的主体域是什么呢？王万茂先生在同一篇论文的后半部分中做了这样的解释："科学学研究表明，学科的主体域是学科的内在和本质属性，是相对稳定且不能随意更改的，是有别于其他学科的根本标志。土地科学的主体域体现在其核心的研究内容，即地籍、地权、地价、地用，这就是评判任何一门学科在土地科学学科体系中地位的根本标志。"[①] 这一解释，实际上也表明了主体域并不是研究范畴（界限）的概念，而是有别于其他学科的研究内容和本质属性。笔者认为，可以进一步解释这一主体域的概念是指在研究领域中对特定研究对象的特定关系和矛盾而展开的研究内容及其核心理论的一个集。因此，为避免引起误会和矛盾，本书将不使用主体域的概念，笔者也不建议其他研究者在研究具体学科体系中使用学科主体域的概念。

第四，独立学科的不可被替代性并不是独立学科的内部规定性，而是其内部规定性引起的结果即外部表现。研究和判断独立学科的内部规定性，远比研究学科的外在表现性更为本质和重要。因此，能够产生独立学科不可被替代的结果，是学科内部规定性所决定的，即一门学科是否具有明确的区别于其他学科且不能被其他学科替代的研究域、是否具备专门研究解决其研究域的不能被其他学科理论替代的特有（核心）理论与方法，才是研究和判断独立学科的核心标准，两个标准缺一不可。

上面两个标准中，第一个标准强调的是，这个学科所研究的问题是一个没有其他学科研究的独特且必要的问题，这是产生一个学科的基础和前提；第二个标准强调的是，研究这一独特且必要的问题，必须借助区别于其他学科的专门理论及其围绕这种专门理论形成的专门的理论体系，这是形成一个学科的原因和标志。独特的研究域和专门用于研究解决这一独特研究域的专门理论与方法相互融合，便形成了一个独立的学科。可见，独

[①] 王万茂：《中国土地科学学科建设：历史与未来》，《南京农业大学学报》（社会科学版）2011年第2期。

特的学科研究域是独立学科发生和发展的前提，而独立学科则是研究其独特研究域的必然结果。

第四节 土地科学学科独立性假说

由前面的讨论，必然引申出土地科学学科是不是和能不能成为一门独立学科的问题：（1）土地科学学科有没有其学科特有的理论与方法，即不能被其他学科替代的核心理论与方法？（2）土地科学学科有没有其明确的研究域，即区别于其他学科且不能被其他学科替代的研究域？（3）土地科学是不是一门原生学科，即土地科学学科是不是由某一学科派生出来的，或由其他学科推演而来的，能不能被某一学科所替代？这三个问题实际上是土地科学学科建设研究的核心命题，也是一直困扰土地科学学科发展的焦点问题。回答了这3个问题，本质上也就回答了土地科学学科是不是和能不能成为一门独立学科的问题。

为了回答上面三个问题，笔者首先提出关于土地科学学科体系研究的两个假说：

假说1：土地科学学科存在不少于一个独有的不可被其他学科替代的核心理论或方法。

假说2：如果土地科学学科存在不能被其他学科替代的核心理论，则一定存在一个不能被其他学科所替代的研究域。

这两个假说共同规定了土地科学学科存在和发展的基础。

本书的任务和目标是：第一，对上面两个假说证真，研究讨论土地科学学科的核心理论及其理论体系的独立性、土地科学学科研究域的独立性及其结构；第二，研究讨论土地科学学科的演进路径，揭示土地科学学科是如何发生和形成的；第三，在前面研究讨论的基础上，研究提出土地科学学科的独立性；第四，进一步研究讨论并提出土地科学学科体系框架及其建构原则；第五，讨论并提出土地科学学科建设研究的路径。

第三章 土地科学学科独立核心理论
——土地权籍理论

第一节 土地科学学科独立核心理论的概念

所谓学科核心理论，是指某一学科发生、发展并形成支撑学科体系的基础性、支柱性的关键理论。某一学科的核心理论可以是一个理论，也可以是多个理论的集，但其中一定有不少于一个的核心理论是不能被其他学科的理论所替代的理论，这个核心理论即是该学科的独立核心理论。某一学科中不能被其他学科理论所替代的核心理论，构成了这一学科体系的理论和技术内核，既是这一学科存在的必要前提，也是其能否发展成为独立学科的必要基础。

对于土地科学学科而言，其核心理论是指土地科学学科发生、发展并形成支撑学科体系的基础性、支柱性的关键理论，其中不能被其他学科理论所替代的核心理论就是土地科学学科的独立核心理论。

有关土地科学学科核心理论与方法的研究是土地科学学科体系研究的核心问题。但是，由于土地科学学科在我国是一门主要由问题需求导向、实践工作需求导向引导为主形成的应用学科，导致大部分研究人员对土地科学学科独立核心理论的研究认识不足，长期忽略、弱化了学科独立核心理论的研究，以致在笔者组织开展"土地科学学科体系研究与建设"的专项研究中，仍然存在着对土地科学学科需不需要以及有没有独立核心理论的争论。同时，由于我国土地利用和管理实践的改革与发展一直处于急需解决实际问题、有关实际问题的研究远比有关基础理论的研究更为迫切的阶段，很多情况常常容易误导人们的感觉，使人们一方面感到推进土地科学学科建设和土地利用与管理实践工作的质量并不完全依赖于土地科学学科基础理论研究的支撑，另一方面又感到土地科学学科基础理论的研究成果也没能很好地给予土地科学学科建设和土地利用与管理实践的支撑。这种情况，使得有关土地科学学科独立核心理论的研究大大落后于土地科学学科和土地利用与管理实践的发展，直到笔者开展这项研究之前，长期以来没有研究者开展关于土地科学学科独立核心理论的深入研究。因此，一些研究者认为土地科学学科没有自己的独立核心理论，也在情理之中。

这是土地科学学科建设研究中面临的突出问题。

实际上，一个没有独立核心理论的"学科"，一定不是科学学意义上的"真学科"。

第二节 土地科学学科独立核心理论的研究标准

土地科学学科有没有核心理论特别是独立的核心理论，本质上是指其不仅应该有自己学科的核心理论，而且还应该有不能被其他学科的理论所替代的独立核心理论。

如何判断土地科学学科有无核心理论特别是独立的核心理论？笔者认为，主要应该从三个方面研究：

第一，土地科学学科的核心理论应具有一般理论规律的规定性、客观真理性，同时还应该具有土地科学学科理论体系的系统性和逻辑性。

第二，土地科学学科核心理论一定是能够支撑土地科学学科发生、发展的基础性、支柱性的关键理论，构成土地科学学科体系的主导框架，组织、黏结土地科学学科支撑理论，从而形成土地科学学科的完整体系。

第三，土地科学学科不能被其他学科替代的独立核心理论，一定是为土地科学学科领域内外学术共同体普遍认同的，能够研究、解释、解决土地科学学科研究域中最基础、最核心问题的独有理论。即，土地科学学科不能被其他学科理论所替代的独立核心理论，必须能充分体现土地科学学科的特殊性，并且具备土地科学学科的根源性、独特性和标志性等特点①。

第三节 土地科学学科视角下的"土地"系统

研究土地科学学科的核心理论特别是独立的核心理论，首先需要认识土地科学学科是一门研究什么的学科，其主要任务是什么。从这点出发，

---

① 冯广京等：《中国土地科学学科建设研究》，中国社会科学出版社 2015 年版，第 66—67 页。

才能准确分析并回答土地科学学科有没有和什么是其独立核心理论的问题。

土地科学学科,顾名思义,是一门系统研究有关土地的科学学科。这里有三个关键词:"系统研究"、"土地"、"科学学科"。其中,系统研究,是利用系统思想、观点和方法,从整体上研究构成土地的系统;土地,是构成一个整体系统的土地,而不是狭义的土地;科学学科,是系统研究土地系统的"知识体系"。在这三个关键词中,"土地"是核心,是土地科学学科的研究对象,也是土地科学之所以能成为学科的根源。换句话说,就是如果没有这一"土地",也就没有土地科学学科存在的必要了。因此,我们首先必须科学认识和把握这一"土地"系统的本质,在此基础上,才能准确认识和科学研究土地科学学科的问题,也才能明确和坚持应当以什么样的科学方法研究这一"土地"系统,从而建立一种什么样的有关这一"土地"系统的"知识体系"。这一点对于认识和研究土地科学学科十分重要。

当前,在土地科学学科的研究和发展中,出现的很多疑难问题以及由其引致的很多分歧,根源都在于对这一"土地"系统的认知和研究的差异。

有关土地的研究非常多,有关土地的概念和定义也有很多种。经济学家们认为土地即自然,是一切财富的源泉。比如伊利和莫尔豪斯在《土地经济学原理》中指出:"但土地一辞的含义,就经济学的术语来讲,不仅限于土地的表面;它包含一切天然资源——森林、矿藏、水源等等在内"[1],"它的意义不仅是指土地的表面,因为它还包含地面上下的东西"[2]。政治学家们认为土地是立国的要素,因此土地主要是指国家领土范围内的所有疆域。法学家们认为土地是由具体法律条文规定的,因此视法律规定土地的概念有大有小。地理学家们认为土地是地球表面的某一特定的区域,既是一种自然资源,又包括人类生产劳动的产物[3]。系统论学家认为土地是由耕地、林地、牧地、水地、市地、工矿、旅游地和特种用地等子系统组成的大系统,是由生物成分和非生物成分共同组成的,并借助于能量与物质流动转换而成的不可分割的有机整体。景观学家们认为

---

[1] 伊利、莫尔豪斯:《土地经济学原理》,滕维藻译,商务印书馆1982年版,第13页。
[2] 同上书,第19页。
[3] 李元主编:《中国土地资源》,中国大地出版社2000年版,第1—3页。

土地即景观，在景观学家们的眼中土地和景观是同义语①。而土地学家们认识的土地也不相同，比较具有代表性的是，王万茂认为"可将土地分为狭义土地和广义土地，进一步细分为平面土地和立体土地，最终归结为土地资源和土地资产"②。毕宝德认为"土地是一个由地球陆地一定高度和深度范围内的土壤、岩石、矿藏、水文、大气和植被等要素构成的"，并"综合了人类正反面活动成果的自然—经济综合体"③。梁学庆认为，"土地是地球陆地表层的总体，它是由地貌、土壤、植被、地表水、浅层地下水、表层岩石、矿藏和作用于地表的气候条件组成的综合体，是自然历史的产物"，但是"在社会生产中，它是一种重要的生产资料和宝贵的自然资源。土地是不同于地球其他部位的相对独立的自然—经济复合系统"④。林增杰认为"土地是人类社会活动和使人类劳动过程能够得以全部实现的基本条件与基础"，"为地球表层的陆地部分，包括海洋滩涂和内陆水域"⑤。

上面有关土地概念的讨论，具有几个明显的特点：（1）不同学科领域对土地概念的讨论，都具有自己领域的特殊规定性，因此有关土地的概念是有明显区别的，带有明显的学科视角特征。这恰恰表明了这些学科间的差异性和互补性。（2）无论哪一门学科视角下的土地都是一个系统的概念而不是一个狭义的单一概念，其中包含了大量的构成因素，每一门学科都是从自己的学科视角研究"土地"系统。（3）土地科学学科视角下的土地也是一个有关"土地"的系统，也不是单一因素的狭义土地。这一点对于我们认识和研究土地科学学科及其核心理论十分重要。但是，土地学家们并没有形成土地科学学科视角下较为一致的有关"土地"系统的概念，而且多数人提出的土地的概念也只是从土地本身自然属性和经济属性的角度展开的，带有比较强的地理学特点，特别是受到联合国粮食与农业组织（Food and Agriculture Organization，FAO）1976年出版的《土地评价纲要》（Framework for Land Evaluation）中有关土地的概念影响较多，即"土地是比土壤更为广泛的概念，它包括影响土地用途潜力的自然环

---

① 王万茂主编：《土地利用规划学》，科学出版社2006年版，第4—6页。
② 同上书，第6页。
③ 毕宝德主编：《土地经济学》，中国人民大学出版社2006年版，第3页。
④ 梁学庆主编：《土地资源学》，科学出版社2006年版，第18页。
⑤ 林增杰主编：《地籍学》，科学出版社2006年版，第3页。

境，如气候、地貌、土壤、水文与植被，还包括过去和现在的人类活动成果"，因而表现出与地理学家们有关土地的概念十分相近。这样的结果不仅没有使得土地科学学科视角下有关"土地"系统的概念反映出土地科学学科的特点及其学科的特殊规定性，反而导致了与地理学视角下的"土地"系统相似的结果。土地学家们对"土地"系统没有形成一致的概念的结果，势必会导致对土地科学学科认知和研究的矛盾性与局限性；土地学家们不能形成土地科学学科视角下的"土地"系统的准确认识，又势必会导致土地科学学科与地理学等相关学科的混淆，影响土地科学学科的发展。

土地科学学科视角下的"土地"系统既不可能是其他单一学科视角下的"土地"系统，也不可能是包括所有学科视角下的"土地"系统的集合。如果土地科学视角下的"土地"系统完全是其他某一学科视角下的"土地"系统，则表明土地科学学科毫无存在的价值和必要，也与土地科学学科不断发展壮大的现实相矛盾；如果土地科学学科视角下的"土地"系统是所有学科视角下的"土地"系统，或若干学科视角下的"土地"系统的集合，从现阶段发展看，土地科学学科既不可能也无能力"包打天下"。土地科学学科视角下的"土地"系统一定是带有明显的土地科学学科的特征和特殊的规定性的"土地"系统。正如毛泽东在《矛盾论》中指出的，"科学研究的区分，就是根据科学对象所具有的特殊矛盾性，因此，对于某一现象的领域所特有的某一矛盾的研究，就构成了某一门科学的对象。"[①]

土地科学学科的视角是什么呢？在其视角下的"土地"系统又具有什么样的特征和特殊规定性呢？这正是本书所要讨论的问题。

研究土地科学学科的形成和发展的历史，就会发现，土地科学学科的视角始终是基于以人为核心和主导的调整人与土地关系及其之上的人与人开展土地利用活动关系的视角，这一视角的特征是在追求人类可持续发展目标的指引下，利用系统科学的理论和技术方法，研究、协调、规范、改善、促进人与土地的关系及其之上的人与人开展土地利用活动的关系，从而通过对土地的可持续利用实现人类自身的可持续发展。这一视角下的"土地"系统具有如下的特点，其核心是协调、规范、促进人与土地的关

---

① 毛泽东：《毛泽东选集》（第1卷），人民出版社1992年版，第398页。

系及其之上的人与人开展土地利用活动的关系,其目标是实现人类在可持续利用土地的过程中实现自身的可持续发展,其中的关键和基础都是人类有关利用土地的"秩序"和"方法"(土地权籍制度)。因此,土地科学学科视角下的"土地"系统是一个有关人类可以设置并行使土地权籍的地球陆地表层(包含内陆水域、海岛和沿海滩涂)的时空系统,即它是一个有关"人、地、权"关系的"人地关系权籍时空系统"。在这一"土地"系统中,人们通过制定并遵循"秩序"(土地权籍制度),寻找并利用"方法"(提高土地生产力),协调和规范人与土地及其之上的人与人的关系(调整土地生产关系),从而追求和实现人类的可持续发展。

第四节 土地科学学科的三个核心理论

上一节的讨论指出了土地科学学科视角下的"土地"系统的特征和特殊规定性,即土地科学学科所研究的"土地"系统是一个人类可以设置并行使土地权籍的地球陆地表层空间,以土地权籍为核心的土地制度为基础,通过协调和规范土地生产关系,发现和利用提高土地生产力的方法,不断追求和实现人类自身的可持续发展。在这一"土地"系统中的主要矛盾是有关人类利用土地的"秩序"(即土地权籍制度)和"方法"(即以社会、经济、法律、工程技术等多种手段调整人和土地的关系及其之上的人与人开展土地利用活动的关系为核心的土地生产关系),而引出这一主要矛盾的主导因素是人类追求对土地的可持续利用(即以可持续利用土地为核心的土地生产力)的需求。因此,这一"土地"系统也就决定了土地科学学科研究的核心内容,即土地制度(权籍)、土地利用(生产力)和土地生产关系,使得土地科学学科成为一门有关研究土地生产力、土地生产关系和土地权籍制度的系统科学,由此也必然会形成有关土地科学学科的核心理论域。

已有的有关土地利用历史方面的研究指出,"富饶的土地是人类文明的摇篮。人类从脱离动物界的第一天开始,就不能不和土地发生这样那样的关系。原始社会的人群最初依靠土地的恩赐,以后慢慢学会开发土地为自己提供生活资料。当原始居民从采集和渔猎经济过渡到农业经济之后,土地成了人们最重要的生产资料"①。直到现在，人们仍在提高认识、开发和利用土地的能力。

"人类开发和利用土地的能力，反映了历史上不同时代生产力的发展水平。……人类在开发和利用土地过程中所形成的社会联系和社会关系，构成了不同历史时代生产关系的重要内容。它包括：土地所有制的性质和形式，劳动生产者和土地相结合的方式以及由此所决定的他们的身份和地位，土地经营方式，土地的继承和转让，劳动生产物在不同社会集团之间的分配，土地所有制的法律表现和国家的土地政策，等等。"② 可见，人类从一开始，就是基于自身生存和发展以及一定空间内的"富饶"土地逐渐难以支撑人类生存和发展需求的原因，开发和利用土地，从而一方面提高了土地生产力，另一方面也形成了与提高土地生产力相协调的土地利用"秩序"和"方法"，即土地权籍制度和土地生产关系。

随着时空的发展，在具有管辖权和所有权的土地空间范围内，"人地关系"由最初的人占据主导地位逐渐向人和地占据同等地位再逐渐向地占据主导地位的方向转化，人类由最初可以随心所欲地利用土地，逐渐发展到越来越受到可利用土地数量和质量的制约，并引起人与人开展土地利用活动的关系变化，导致人类选择以采用提高土地生产力的方式抵消土地利用的制约，从而实现人与地、人与人开展土地利用活动关系的新平衡。因此，可以认为，人类有关提高土地生产力的努力，主要源于在一定的土地权籍制度基础上人类对土地可持续利用的追求。这种追求势必会引起提高土地生产力的革命，促生更新的理论和科学技术的发展，提高土地利用效率；土地生产力的提高，又会引起土地生产关系的改良和土地权籍制度的改革，从而改善"人地关系"及其之上的人与人开展土地利用活动的关系，使得土地生产关系和土地权籍制度能够适应提升土地生产力的要求。

这些分析表明，人类从一开始有关提高土地生产力的要求和调整土地生产关系的根源，都是源于人与地的关系及其之上的人与人开展土地利用活动关系的协调和改良。人与地关系的协调和改良有两种形式，一种是当某一空间内的人们整体上对土地的需求大大超过了能够给予的土地供应，

---

① 林甘泉主编：《中国封建土地制度史》第一卷，中国社会科学出版社1990年版，绪论第1页。

② 同上书，绪论第1—2页。

即需求大于供给时，将导致人们尝试通过提高土地生产力的方式，改变供不应求的局面；另一种是人们整体上在有关土地分配、利用、收益、处分方面的矛盾激化，使得以当期土地权籍制度为基础的土地生产关系难以适应提高土地生产力的需求，又会导致人们尝试通过调整土地生产关系的方式，甚至通过改革土地权籍制度的方式，消除土地生产关系和土地权籍制度对提高土地生产力的制约。非常明显，人类有关开发、利用土地的活动，主要受制于土地生产力、土地生产关系和土地权籍制度的共同作用，并共同构成了研究土地系统的核心内容和重要基础。因此，从这一核心内容出发，我们能够清楚地看出，土地科学学科是一门重点研究土地生产力、土地生产关系和土地权籍制度共构的土地系统的学科。

在土地科学学科视角下，土地生产力、土地生产关系和土地权籍制度三者在土地系统中，还存在着一种内在的发展逻辑和递进路径，即土地科学学科是一门关于研究、解释、解决（1）从土地利用为起点，引出确定土地权属主体、界址、数量、质量和利用方式等问题，（2）在明晰土地权属基础上，引出研究土地从资源、资产价值角度合理配置、经济有效利用等问题，（3）在合理配置和经济有效利用土地的约束下，引出研究通过土地开发、保护、利用的多种方法和手段的问题，最终实现土地资源的可持续利用，从而支撑社会经济可持续发展的一门学科。这是一个由土地初级利用引起的，涉及土地权籍、土地生产关系和土地生产力的土地科学学科及其问题的演进和研究高度逐级递进的过程。在土地科学学科这一发展递进的过程中，存在着一条发现、指引并规范土地科学学科发展的轴线，即与其发展进程一一对应的，存在着三个重要的土地科学学科的支柱性理论，即土地科学学科的三个核心理论：与（1）对应的土地权籍理论，与（2）对应的土地租价理论，与（3）对应的土地可持续利用理论。三个核心理论形成了一种逐级向上的目标性和引导性的理论轴线，构成了土地科学学科理论体系的主体框架，不仅反映了人类有关可持续利用土地的科学思想、目标和实现路径，也构成了土地科学学科发展的理论基础（图3-1）。

笔者为什么认为土地科学学科具有这样一条发现、指引并规范其发展的方向性的逻辑和递进主线呢？原因关键在于土地资源是一种特殊的自然资源，具有特殊的自然和社会经济的特殊性，比如面积的有限性、位置的固定性、质量的差异性、功能的永久性、供给的稀缺性、利用方向改变的相对困难性、利用报酬递减的可能性、影响生态环境的直接性等，使得人们越来越意识到对土地资源的利用必须考虑和坚持可持续性利用的原则。土地可持续利用的原则是土地科学学科研究的目标和主导方向，也是推动土地科学学科发展的根本动力。土地科学学科实际上从一开始就是通过研究解决土地生产力、土地生产关系和土地权籍制度构成的土地系统的平衡问题，达到有利于当代人及后代人的生存和发展目标的一门科学，而且现在更加强调和突出土地可持续利用的原则和目标，即在考虑后代利益的前提下研究解决当代人的土地利用问题。

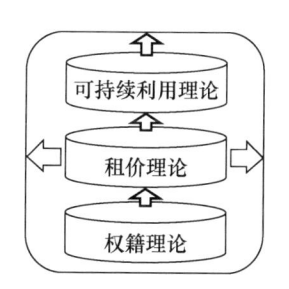

图 3-1 土地科学理论框架

土地科学学科为什么把坚持土地可持续利用作为学科的主导方向呢？主要原因在于：第一，土地资源是有限的，特别是易于利用的"富饶"土地是更为有限的。这就如同将土地资源比作是一笔资本金存入银行，如果每年花费这笔资本金的数额都超过其每年的利息所得，经过一段时间，这笔资本金必然会减少，最终还会消失。而"土地利用的政策和计划就应当——如果还没有这样的话——集中于一个共同的目标。那个目标就是改善社会的生活条件。这是应当用来衡量有关土地利用的一切原理和政策的一个检验或准绳"①。第二，土地资源是代际分享利用的，"因为前几代人对资源的使用，后代人就不能再用"②，当代人用了的土地，后代人只能在当代人利用的基础上再利用。第三，代际间的人们无法通过协商谈判来达成合理分享利用土地资源的方案，后代人无法向当代人表达他们的要求，而当代人也只能接受前几代人的利用结果。"相对于其他我们想保持

---

① 伊利、莫尔豪斯：《土地经济学原理》，滕维藻译，商务印书馆1982年版，第16页。
② 汤姆·泰坦伯格：《环境与自然资源经济学》（第5版），严旭阳等译，经济科学出版社2003年版，第93页。

其平等待遇的群体而言，后代人不能明确表达他们的意愿，更别说与现在这代人进行协商了"①。这就如同时间的箭头使得"一个杯子从桌子上滑落到地板上被打碎"，我们并不能让这个杯子的"碎片忽然集中到一起离开地板，并跳回到桌子上形成一个完整的杯子"②。第四，土地可持续利用是人类对自己发展方式和发展观念的反省和觉悟，是当代人在维护自身利益的同时考虑后代人利益的一种重要方式，尽管"这是一个特别困难的事情"③，而且"是一个很高（不可能）的目标！"④ 因为当代人并不能完全和准确地思考和表达后代人的意愿。但是当人们意识到时间箭头的严酷时，人们就开始尽力避免轻易地去打碎土地资源这一"杯子"，而且从来都不放弃这种努力和目标。这正是为什么会出现和不断发展土地科学学科的根本原因，即人们一直在努力寻找和研究一种更科学的思想和方法，来研究解决"土地"系统的代内和代际间利用的平衡问题，以实现人类的可持续发展。

土地科学学科视角下的土地可持续利用的含义是，土地作为一种特殊的资源，土地利用从数量上应当留有一定的空间而不能超量开发利用，从质量上不能开展使其质量严重下降而使其不能恢复地力的土地利用活动，从生态效能上不能通过土地利用行为破坏其生态效能而导致不能恢复其生态效能，从资产价值上不能提取未来的价值和贴现而导致其资产价值减少。

综上分析，土地科学学科围绕三个核心理论构成的发展轴线，在研究、解释、解决社会经济实践各种土地问题时，不断学习、借鉴并创新土地科学学科的各种理论、技术和方法，使得土地科学学科在其核心理论轴的指引下，依循人类可持续利用土地终极目标的方向，在多个层次和方向上不断深入和完善土地科学学科理论体系，逐渐壮大了明显区别于其他学科的土地科学学科。

---

① 汤姆·泰坦伯格：《环境与自然资源经济学》（第5版），严旭阳等译，经济科学出版社2003年版，第92页。

② 史蒂芬·霍金：《时间简史》（插图版），许明贤、吴忠超译，湖南科学技术出版社2002年版，第184页。

③ 汤姆·泰坦伯格：《环境与自然资源经济学》（第5版），严旭阳等译，经济科学出版社2003年版，第92页。

④ 同上书，第94页。

第五节 土地权籍理论是土地科学学科独立核心理论

一 土地系统中的特殊矛盾性是有关土地权籍的矛盾

由土地生产力、土地生产关系和土地权籍制度构成的土地系统中,土地权籍制度是基础,决定了土地生产力的水平和土地生产关系,而土地生产力和土地生产关系又反映了土地权籍制度的特殊性,因此土地权籍制度是土地系统中的特殊矛盾性和特殊规定性。

土地权籍制度的核心是土地所有制,而土地所有制的硬化和表现形式形成了与其相对应的土地权籍制度。土地所有制的形式,决定了人们在实际生活和生产中的相互关系,以及劳动产品的交换和分配关系。而这种关系又主要是通过土地权籍制度得到硬化和表现的。

土地所有制是关于土地所有权的制度,而"土地所有权引起了关系到土地有效利用的很重要的许多问题"[1]。土地所有制首先是一种财产形态,它意味着被占有的土地的经济价值能够得到实现,而不论这种经济价值的实现是采取什么形式,实现的时间是早是晚。土地所有制又是一种社会关系,不仅包括土地所有者和土地的关系,还包含了土地所有者和直接生产者的关系。土地所有制的法律表现是土地所有权,任何土地所有制的前提都是对土地的占有,而对土地的占有是一种经济事实[2]。无论作为一种财产形态、社会关系,还是土地所有权,都需要一种通过硬化而能够为国家和社会所共同认可的方式来表达,这种表达方式就是一种有关土地及其土地上权属的记录、证明、凭证和保障——土地权籍。土地权籍在社会经济活动中都被简称为地籍,并早已成为土地科学学科的专用术语。因为有了地籍,才使得土地利用和管理变得更为科学和有效,也使得土地买卖变得更为容易和安全。

地籍出现的历史很早。我国"秦汉以后,土地买卖不仅在现实生活司空见惯,而且得到了封建国家法律的承认和保障。……东晋政府规定,

---

[1] 伊利、莫尔豪斯:《土地经济学原理》,滕维藻译,商务印书馆1982年版,第161页。
[2] 林甘泉主编:《中国封建土地制度史》第一卷,中国社会科学出版社1990年版,绪论第8页。

凡买卖田宅,需要投税立契的'文券'。唐代买卖土地必须申报官府,若无文牒擅自买卖,'财没不追,地还本主'。……宋代以后,由于土地买卖日益频繁,已经出现由官府制作的'官版契纸'"①。这其中的"文券"、"文牒"、"官版契纸"等都是地籍的表现形式,得到了国家法律的承认和保障。而那时的土地利用活动更是要在获得地籍的土地上才可以开展,没有地籍的确认和保护,任何土地利用活动都是无法开展的。由此也可以看出,土地买卖形式上买卖的是一块土地,而实际上买卖的则是这块土地和可以使用这块土地的权利(所有权),两者是不能分离的。这是因为,土地不仅具有自然资源属性,还有社会经济属性等,它的自然资源属性使它构成了一种具体的有形和可以利用的"东西",而社会经济属性是一种"财产","财产本身不是一件东西,而是享有那件东西的权利"②。

有关国外早期土地利用的研究也反映了地籍对于社会经济发展的重要性和基础性作用。古埃及托勒密王朝(公元前323—前30年)时期,"国王是全国土地的最高所有者","他把全国土地分为两大类:即由王室直接经营'王田'和授予神庙贵族、各级官员和士兵的'授田'。……授田又分为四类:神庙土地、军事殖民地、赐田和所谓的私人土地。……私人土地主要是指房屋、庭院和葡萄园等"③。"王田大部分由王田农夫耕种。王田农夫以契约的形式来租种王室土地,地契随时更改;土地的耕种者还必须向国王缴纳一定量的税务",公元前113年的一份纸草记录了一个村落地租的情况,全年耕种土地(包括牧场)的谷物税收"共1203又3/4阿路拉,其租金数是4667又11/12阿塔巴,加上迪奥伊克提斯判决的土地约7又1/2阿塔巴,总数计1211又1/4阿路拉土地,合计4675又5/12阿塔巴税收。[……]从法墨提月1日到麦索勒月30日所收税务数目,以小麦计总共为4675又5/12阿塔巴"④。托勒密王朝对工业用地也有严格的控制,比如当时较为重要的国王专营榨油工业用地由托勒密二世时期油专营的法令规定,需要严格的批准程序,"要成立一个工厂,奥伊考诺

---

① 林甘泉主编:《中国封建土地制度史》第一卷,中国社会科学出版社1990年版,绪论第17页。
② 伊利、莫尔豪斯:《土地经济学原理》,滕维藻译,商务印书馆1982年版,第192—193页。
③ 郭子林:《古埃及托勒密王朝专制王权研究》,中国社会科学出版社2015年版,第123页。
④ 同上书,第123—124页。

摩斯和审计官应通过为他盖章表明许可。他们不应该在任何作为礼物而被他人控制的村中建立油工厂。……如果他们不能依据这些法规建立油厂，或者不能储存足够量的产品，结果承包商发生了损失，那么奥伊考诺摩斯和审计官应缴纳由此导致损失的数量的罚金，并应支付给承包商损失的2倍。……"① 这项法令不仅规定了榨油工厂用地需要审批，也规定了必须在指定地区建厂，同时还规定了承包商的权利保护，如果承包商的权利受到损害，则需要政府审批者承担赔偿责任。

这表明在托勒密王朝时期，地籍就已出现并在社会经济发展中发挥了重要的作用，"首先，根据土地类型和土地的生产能力等情况，确定税收数额；接下来，耕种土地之前，税农以竞标的方式获得对某一地区税收的征收权；然后，税农监督生产的全过程，确保农民能够生产更多的产品，以便从中获得更多的税收；农作物收获以后，在警察、村长、书吏的帮助下，税农要求农民根据一定的比例缴纳税务；最后财政大臣等官吏一起，对税农收到的总税额与其竞标的标准核实，并把竞标时的税务总额交给国王，实物税收缴到国王的仓库，而货币税收则交到亚历山大城的王室银行"②。

而现代土地问题的出现和解决，更是以土地权籍为起点和核心。为了缓解我国日趋紧张的人地关系，进一步提高土地生产力，我国先后开展了农村土地和城镇低效用地的整治、改造工程，都首先涉及土地权属问题。我国于20世纪开始的农村土地整理，其目的是通过对农村土地的适度改造和集中，实现农业用地的适度规模化经营，促进农业现代化生产，但实践证明，不解决农村土地整理前涉及的相应的土地权属调整问题和整理后土地权属的调配问题，农村土地整理就失去了前提和基础，农业土地适度规模经营也无法达到预期的目标。因此，我国农村土地整理的本质实际上还是农村土地权属调整和规范的问题③。而我国城镇存量用地中，由于多种原因，也一直存在着较为严重的低效利用问题，需要采取切实可行的工程技术手段，改变低效用地的状况，实现集约用地。但实际上，有关工程技术的问题在低效用地改造中并不是主要的困难，与其他土地问题一样，

---

① 郭子林：《古埃及托勒密王朝专制王权研究》，中国社会科学出版社2015年版，第129—130页。

② 同上书，第142页。

③ 冯广京：《我国农村土地整理模式初步研究》，《中国土地》1997年第6期。

城镇低效用地改造首先面临的主要问题也是这些用地的土地产权问题①。谁拥有这些低效用地的土地产权，谁才具有改造这些低效用地的权利。土地科学学科所研究的问题无不像这些问题一样，不是以土地权籍问题为前提和基础，就是服务于土地权籍问题。

这些都说明，无论是从提高土地生产力的角度出发，还是从协调土地生产关系的角度出发，还是从可持续利用的角度出发，土地系统的核心问题都是有关土地权籍制度的问题，因而也就决定了研究土地科学学科核心理论，特别是学科独立核心理论的重点应当是有关土地权籍的理论。

二 土地权籍理论是土地科学学科独立核心理论

人类的土地利用活动导致了地籍学的发生，形成了土地科学学科研究的核心内容。人类对土地的利用集中反映在持续不断地提升土地利用强度和土地利用效率上，即不断提升土地生产力的要求上。由于土地自身存在的自然和经济特性，比如土地空间位置的固定性、面积有限性、质量差异性、功能永久性、供给稀缺性、利用方向变更相对困难性、报酬递减可能性、利用后果社会性等特殊性质，以及人类的群居性和增长性的特点，导致在一定时空范围内宜于人类利用的土地数量和人类数量增长间的矛盾逐渐增加并凸显出来，使得人类持续提升土地生产力的要求不断受到由此引出的土地生产关系的制约。而土地生产关系的调整又受制于土地权籍制度的制约，从而使得人类围绕有关提高土地生产力的一切土地利用活动，都最终受制于土地权籍制度的制约，使得土地权籍制度成为土地科学研究和土地利用及管理实践中最基础、最核心的根源性问题。

现代土地科学学科的出现和有关土地问题的研究解决，以及土地的利用和管理都是以组织土地利用活动为核心、以研究土地权籍问题为基础和前提的。在现代社会中，人们一方面已经很难找到一块没有权籍归属的土地，另一方面也无法在人们没有获得权籍或者未经拥有权籍方允许的土地上，从事土地利用和土地管理的活动。所有需要利用土地从事各种生产、生活活动，以及管理各种土地利用行为的个人、组织，利用土地而开展的各种活动和行为都是以明晰土地权籍为前提的。土地权籍的重要性已深入人们的各种生产和生活之中。这使得人们必须建立能够研究、解决、规范

---

① 刘新平等：《中国城镇低效用地再开发的现实困境与理性选择》，《中国土地科学》2015年第1期。

有关开展土地利用活动中土地权籍制度制约因素的专门理论和技术方法，以保障有序、公平地依法开展土地利用活动。

土地科学学科中专门研究、解释、解决、规范土地权籍问题的理论和技术方法是以地籍学为核心的土地权籍理论，它从地籍入手，通过研究地籍要素空间组合规律、土地权属要素与其他要素在空间组合方式上的界定和变更规律，利用管理学的理论和工程技术、信息技术，将地籍测量、土地调查、土地统计和地籍档案管理等内容融为一个有机的系统理论和方法，全面、科学地解决土地权籍问题。在此基础上，使得人们的各种土地利用活动都成为一种合法、有序、科学的行为。土地科学学科中其他理论和技术方法都不能系统和全面地研究解决土地权籍问题，而土地科学学科以外的其他学科更没有专门系统研究土地权籍问题的理论和技术方法。这使得土地权籍理论成为土地科学学科所独有的专门理论，也成为解决土地科学学科和土地利用管理实践最基础、最核心问题的专门理论，围绕土地权籍理论，形成了土地利用、开发、保护、管理全面系统的土地科学学科体系，引导并支撑土地利用和管理实践活动，符合土地科学学科独立核心理论的规定性。

我国高校中只有土地科学学科相关专业才开设土地权籍理论课程的事实，也证实了上面的观点。因此，以研究、解决土地权籍问题为核心的土地权籍理论正是土地科学学科中不可被其他学科理论所替代的独立核心理论。

土地权籍理论是不能被其他学科所替代的独立核心理论，具体体现在两个方面：第一，土地权籍问题实际上是有关人们对某块土地是否拥有以及拥有多大的使用、收益、处置的权力，涉及人与人、人与社会、人与自然、人与地、地与地等多方面的关系，除了土地权籍理论外，其他任何学科的理论和技术方法都不能整体研究和协调、规范这些关系。第二，土地权籍问题实际上还是有关人们拥有特定土地空间的特定权力，包括某块土地精确的面积、地理坐标、地上地下纵深的空间坐标、地质条件、用途、构筑物范围、土地权利及使用年限等等一系列涉及与保护土地权属和土地权利的土地权籍要素，每一块土地都需要全面、及时地获取和掌握全部的土地权籍要素。除了土地权籍理论外，其他任何学科的理论和技术方法也都不能整体研究和获取这些土地权籍要素，因此也无法实现其土地权利。而土地权籍理论可以全面、系统地研究、解决上面的全部问题，具有明显的独特性。

土地科学学科核心理论是支撑研究、解决人与土地及社会系统关系的基础性、关键性理论,而土地科学学科独立核心理论——土地权籍理论能够准确和全面揭示、解释和解决土地科学诸多问题形成的根源性问题,从而指导人们采取合理的措施和方法解决现实问题。

第六节 土地权籍理论的核心是地籍学[①]

土地科学学科中的土地权籍理论是一个完善的系统研究和解决土地权籍问题的理论和方法体系[②](图3-2),在土地科学学科体系中是以地籍学的形式体现的,以研究、解释和解决取得、确认、实现、保护、管理、调配土地权籍等方面的问题为核心内容,以明晰土地权籍为基础,实现土地利用和管理的目标。

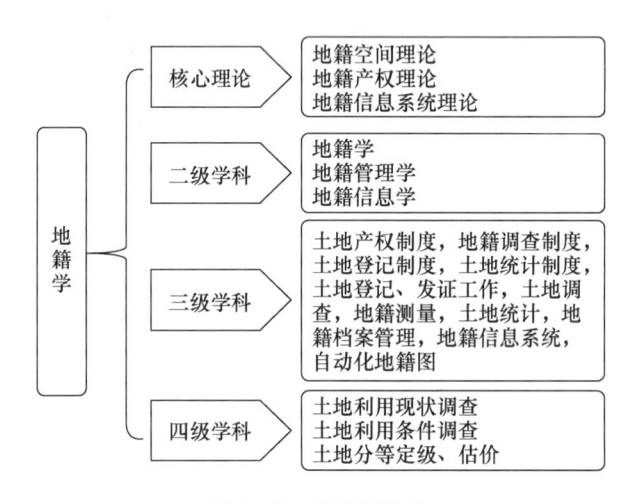

地籍学	核心理论	地籍空间理论 地籍产权理论 地籍信息系统理论
	二级学科	地籍学 地籍管理学 地籍信息学
	三级学科	土地产权制度,地籍调查制度,土地登记制度,土地统计制度,土地登记、发证工作,土地调查,地籍测量,土地统计,地籍档案管理,地籍信息系统,自动化地籍图
	四级学科	土地利用现状调查 土地利用条件调查 土地分等定级、估价

图3-2 地籍学体系

现代地籍学的概念相较传统地籍学的概念已经得到了很大的拓展,特别是在土地权利变得越来越重要的当代,地籍学已发展成为关于土地权籍的系统理论。某一块土地上的"权"有多大?"权"该怎么用?"权"有多少"力"和"利"及"责"?"权"如何来?"权"的"账"如何记?

[①] 冯广京:《土地科学学科独立性研究——兼论土地科学学科体系研究思路与框架》,《中国土地科学》2015年第1期。

[②] 林增杰:《地籍学》,科学出版社2006年版,第10—12页、14—15页。

以及需要多少理论和技术方法支撑这个"账"等等，都是地籍学研究的内容。我国最近提出要用5年的时间完成农村土地登记确权发证工作、建立全国统一的不动产登记制度及机关、推进土地使用权证和房屋所有权证合一的政策，等等，都足以说明地籍不是一本"账"那么简单的问题。这本"账"上既有法律的问题，也有权利和权力的问题，还有税收等各种社会和经济利益的问题等等，这本"账"不仅决定了这些问题，而且这些问题又反过来影响这本"账"。

以地籍学为核心内容的土地权籍理论，是开展土地科学学科建设和土地利用与管理实践的基础理论与核心理论。土地科学学科的各种理论和技术不是需要建立在地籍学的基础上，就是为了完成地籍学的任务；土地利用和管理实践工作不是以地籍为起点与核心，就是或者为了支持地籍或者需要地籍支持而开展的。

地籍学本身又由三个核心理论构成：地籍空间理论、地籍产权理论和地籍信息系统理论[1]。

地籍空间理论不仅是研究地籍要素空间组合规律的理论，还是研究地籍诸要素组合的合法性和合理性的理论。地籍空间理论不仅明显区别于地理学、测量学对空间理论的研究，而且在研究内容和范围上也超越了上面两个学科。

地籍产权理论是地籍学的重要基础理论。它是研究地籍要素中最为重要的土地权属要素与其他要素在空间上的组合方式，以及各种组合方式的界定和变更规律的理论。地籍产权理论与其他产权理论不同，主要研究的是设定在土地之中或之上的权力关系，即人与地、人与人开展土地利用活动关系的空间表现形式。在界定和变更地籍产权的过程中，不仅要界定土地产权的主体和客体关系，而且还要界定土地产权主体和客体的权能在空间上的边界、数量、质量和利用方式，以及主客体与这些地籍要素的组合方式引出的合法性和合理性问题。

地籍信息系统理论是研究怎样用管理学的理论和信息技术等新理论、新技术，将地籍测量、土地调查、土地统计和地籍档案管理中的各种地籍要素的信息结合为一个统一的系统进行研究的理论。地籍信息系统理论是满足地籍管理需要的重要方法。

---

[1] 林增杰：《地籍学》，科学出版社2006年版，第10—12、14页。

地籍学的独特性不仅在于其具有上述三个专有的核心理论，它还有着明确的特殊研究对象和独特的研究内容。

地籍学的研究对象是"研究土地利用领域中特殊矛盾的运动规律"，即"它以研究土地科学这一领域中的土地产权、界址、数量、质量和用途等基本要素的变化规律作为本学科的研究对象。……它反映了人地关系这一现象领域中特殊矛盾在时空上的运动规律，在调节社会生产关系中起到了重要作用"①。

地籍学是把"地籍制度、地籍管理措施体系和地籍管理技术手段作为主要研究内容的一门学科。地籍制度是国家对各种地籍要素的确定和变更规律所做的各种规范化的政策、法律规定，并使它的工作进一步规范化、制度化和法制化。地籍制度是通过国家的地籍管理措施得以实现的，包括地籍产权登记制度、地籍调查制度、土地分等定级估价制度、土地统计制度、地籍档案和信息化管理制度等。地籍学所研究的地籍管理措施体系是土地管理的基础；土地登记制度是确定土地产权的法律手段，土地统计制度是合理组织土地利用的前提条件；地籍测量是土地测量的主要一环，地籍信息系统是土地信息系统的组成部分"②。理论研究和实践经验都已证明，研究、解释、解决土地利用和管理问题需要系统学习并掌握地籍学的理论和技术方法。

由上面的讨论，我们可以得出以下结论：（1）地籍学的核心是关于土地权籍的理论、技术、方法的理论技术方法集，包括了地籍从获取方法开始到利用、维护的整个过程。（2）以地籍理论为核心的土地权籍理论是为了研究、解释、解决土地科学学科研究域和土地利用与管理实践中最核心、最基础的问题，形成了土地科学学科中不能被其他学科理论所替代的独立核心理论。

地籍学自身能成为脱离土地科学学科的独立学科吗？显然也是不可能的，这是因为它的研究对象和研究域也是土地科学学科的研究对象和研究域，且被后者全部包括，同时它又是土地科学学科存在的基础和密不可分的组成部分。

讨论至此，我们已经能够回答并证实本书第二章第四节提出的假说1了。

---

① 林增杰：《地籍学》，科学出版社2006年版，第9页。
② 同上。

第四章　土地科学学科研究域

——3层3环的三维空间研究域

第一节　土地科学学科研究域之惑

土地科学学科的研究域是什么？它有什么样的特点？它与其他相关学科研究域的关系是什么？这是一个长期困扰土地科学学科研究的问题。一直没有人提出过一个令人信服且能够描述清晰的土地科学学科研究域的概念和框架，以致对土地科学学科的本质特征和本质属性的描述和研究也变得非常困难，导致土地科学学科界内部取得学科的共识缺乏基础，难以形成系统、科学和比较一致的认识，土地科学学科界外部对土地科学学科的认知和认同也因此变得更加困难。

土地科学学科是一个客观存在并具有很强生命力的学科，虽然有关土地科学学科研究域的研究迟迟没有取得实质进展，形成了一个令人困惑的谜题，但这种现象并不意味着土地科学学科没有自己明确的研究域。笔者认为，人们至今不能清晰描述土地科学学科研究域的原因，主要是人们或者受认识和方法所限，对土地科学学科本质特征和本质属性的认知还存在某种"视觉死角"，妨碍了人们清楚观察和研究土地科学学科研究域的结构和特征的视线；或者是土地科学学科研究域具有一种特殊的形态，超越了人们现有的认知常识，使得人们难以直接看清。所以，研究土地科学学科研究域的关键应该是或者找到一种方法，发现人们认知土地科学学科研究域的"视觉死角"，然后避开这个"视觉死角"；或者尝试认识论和方法论的突破，发现和揭示土地科学学科特殊研究域的存在形态。

研究一个学科的独立研究域，通常的方法是研究这个学科研究域与其他相关学科研究域的关系，从而发现这一学科研究域的特征。人们研究学科研究域间的关系，常常是在二维空间上展开的，具体到土地科学学科研究域与其他相关学科研究域的关系一般也采用二维空间的分析方法（如图4-1所示），即分析研究土地科学学科研究域与其他相关学科研究域在二维空间上是相交、相离，还是重合的关系。

笔者在开展土地科学学科独立性的研究中，邀请中国农业大学的朱道林教授协助开展土地科学学科与相关学科关系的研究，朱道林教授欣然接受了笔者的邀请，与他的博士生谢保鹏共同完成了有关土地科学学科与其他相关学科的关系分析研究①，给了笔者很大的帮助。从他们的研究中，很容易发现土地科学学科研究域与其他十多门相关学科的研究域都存在着一定的交叉关系，而且除了土地科学学科中的土地权籍问题外，研究域中的其他有关问题基本上都有交叉（见图4-1）②。

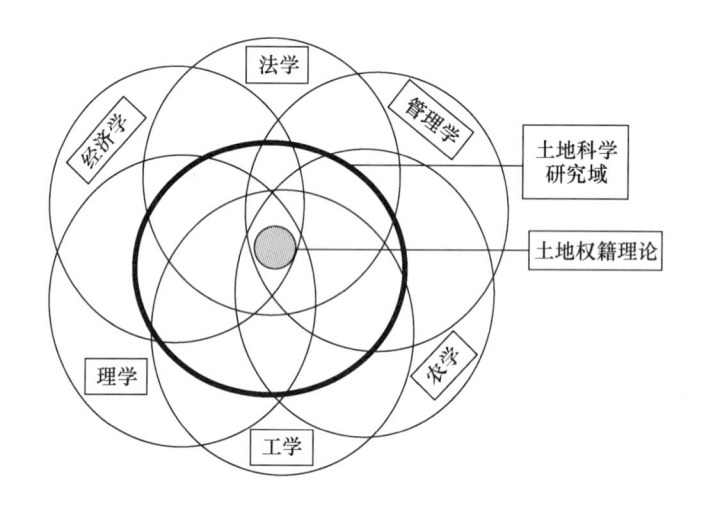

图 4-1 土地科学学科研究域与其他相关学科研究域的关系

注：(1) 学科的范围是没有明显且规整边界的，这里只是为了分析方便，使用了规则的圆形表示学科研究域的范围。

(2) 为分析方便，将相关学科按属性分为 6 类。

按照独立学科的规定性，土地科学学科应当有自己的明确且与其他学科不同的研究域，同时根据本书第三章的研究结果，土地科学学科独立核心理论——土地权籍理论是不能够被其他学科理论所替代的，表现在图4-1上就是土地科学学科研究域中应该有一部分不被其他相关学科的研究域覆盖的区域，即土地权籍理论所处的区域应该不能被其他相关学科的研究域所覆盖。很显然，在图4-1的二维平面图上，表达出土地科学学科研究域中涉及土地权籍问题的区域不能被其他相关学科覆盖的情形是非常困难

---

① 朱道林、谢保鹏：《论土地科学与相关学科的关系》，《中国土地科学》2015年第3期。
② 冯广京：《土地科学学科独立性研究——兼论土地科学学科体系研究思路与框架》，《中国土地科学》2015年第1期。

的。这种情况，给笔者研究土地科学学科研究域提出了两个问题，第一个问题是，如果图4-1反映的土地科学学科研究域是正确的，那么按照本书第三章的研究结果，如何解释图4-1中有关土地权籍理论在土地科学学科研究域中所处的区域被其他相关学科的研究域所覆盖的结果？第二个问题是，如果图4-1反映的土地科学学科研究域是不准确的，那么怎样才能准确地描述土地科学学科的研究域？

图4-1表现出的矛盾性，也正是有关土地科学学科研究域的研究长期没有实质进展的原因所在。

第二节　土地科学学科研究域内部结构的理论分析

图4-1表达出的矛盾性，反映了研究土地科学学科研究域的复杂性和困难性。

第一，图4-1很容易让人们首先产生土地科学学科到底有没有不能被其他相关学科理论替代的独立核心理论的疑惑，因为如果土地权籍理论是土地科学学科不能被其他学科理论替代的核心理论的话，在土地科学学科研究域中其对应的专用于研究、解决土地权籍问题的区域就不应该在图4-1中被覆盖。图形是人们大脑思维方式和思维能力在空间关系上的一种映射，能够更直观地反映人们大脑的思维方式和认知世界的能力。笔者曾借助多种方法，反复尝试了多种方案，试图能够合理描画土地科学学科研究域与其他相关学科研究域交叉的关系图，结果证明都是徒劳的。这反映了人们在思维和认知能力上的局限，导致其结果不能直接证明土地权籍理论是土地科学学科不能被其他学科理论替代的独立核心理论的研究结论。但是，土地科学学科的理论研究和实践经验都能证明，以地籍理论为核心的土地权籍理论是土地科学学科所独有的核心理论，也是土地科学学科最核心、最基础的根源性问题[①]，这一结论又是不可否定的。

---

① 冯广京：《土地科学学科独立性研究——兼论土地科学学科体系研究思路与框架》，《中国土地科学》2015年第1期。

第二，图 4-1 也很容易让人们怀疑这种分析方法能否真实地反映土地科学学科研究域与其他相关学科研究域的关系。如果前面讨论的第一个问题能够被肯定的话，那么就有可能说明图 4-1 采用的分析方法是存在某种缺陷的，所以导致了其结果不能客观反映土地科学学科研究域与其他相关学科研究域的真实关系。这使得有关研究学科研究域的问题需要从认识论和方法论上寻求突破，当然这样就增加了有关土地科学学科研究域的研究难度。

用传统的二维空间的方法，难以解释土地科学学科研究域的形态，主要原因在于土地科学学科是一门涉及自然科学、社会科学和技术科学众多学科门类的综合性交叉学科。这种综合性交叉常常表现为，在确定的空间位置上会出现多学科的多重交叉，而二维空间在描述众多学科在确定空间位置上的多重交叉时，是苍白无力的，根本无法描述。其原因是，二维空间是一种面状结构，所有物体都被压缩为同样的面状物体，物体间无法形成重叠关系，在某一确定的位置上只能是"有你没我"、"有我没你"；物体内部也是面状结构，也不存在任何层叠。史蒂芬·霍金在《时间简史》（插图版）中对二维空间做过这样的描述："二维空间似乎不足以允许我们这样复杂生命的发展。例如，……如果二维动物吃东西时不能将之完全消化，则它必须将其残渣从吞下食物的同样通道吐出来，因为如果有一个穿通全身的通道，它就将这生物分割成两个分开的部分，我们的二维动物就解体了。类似地，在二维动物身上实现任何血液循环都是非常困难的。"[①] 为了更清晰地解释这一概念，史蒂芬·霍金在《时间简史》（插图版）中给出了一幅有趣的图画（见图 4-2）。

这样我们就能理解为什么在图 4-1 中无法解释土地科学学科与相关学科的交叉关系了，原因就在于学科关系的本质并不是二维空间的关系，当我们一定要将学科关系压缩为二维空间时，一定会引起空间关系的错乱，从而导致我们认识上的紊乱。

按照广义相对论的理论，我们人类处在一个四维的空间（一维时间和三维空间）中，如图 4-3 所示。在这个四维空间中，既有人类，也有各种物质存在。如果我们把学科研究域也看作一种物质存在的话，有关学

---

① 史蒂芬·霍金：《时间简史》（插图版），许明贤、吴忠超译，湖南科学技术出版社 2002 年版，第 221 页。

图 4－2 具有消化道的二维动物会被分成两部分①

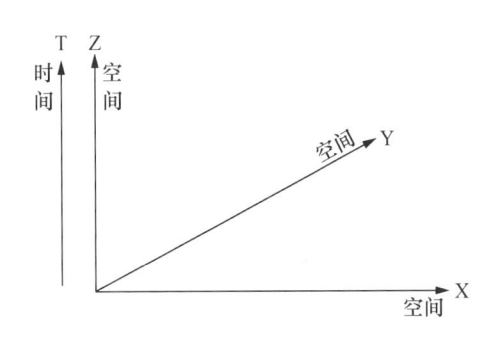

图 4－3 四维空间坐标

科的研究域也处于这样的四维空间之中，不同的学科研究域分别处在四维空间的不同位置上，在不同的位置上以不同的角度和方法研究四维空间中的某一个部分空间内物体运动的规律，共同填充了这一四维空间。我们可以用图 4－4 来表示这种情况。只不过有的学科因为人类在某一时间维度

---

① 摘自史蒂芬·霍金《时间简史（插图版）》，许明贤、吴忠超译，湖南科学技术出版社 2002 年版，第 221 页。

上的需求较大导致其研究域也较大，而有的学科因为人类在某一时间维度上的需求较小导致其研究域也较小。当科学发展较早的时期时，也就是时间维度的坐标值较低的位置阶段，一方面人类对四维空间的认识能力和认识范围较为有限，使得人类能够认识的这一四维空间的四至也较为有限；另一方面人类对有限的四维空间的认识也较为有限，表现为不同学科研究域自身的空间范围也较小，且相互间的空间关系较为简单，很多学科的研究域相互间都有明显的空间距离，从科学学研究的角度看，在这个四维空间中存在着不同学科研究域间的空白空间，这时大部分学科都表现为单学科，只有少部分学科出现空间上的部分重叠，即学科间的交叉。这一点也可以从早期有关科学学科门类主要根据某一学科是否主体域学科的标准进行分类的情况得到佐证①。同时，这也导致了在时间维度的早期，有关科学的发展受到了一定的制约，存在着很多科学领域上的盲区。

随着时间维度的增长，一方面人类对原来四维空间的认识能力和认识范围开始提高，不同学科研究域也随之出现不同程度的扩张，一些学科研究域的空间距离缩小甚至在某个维度上产生重叠或交叉，使得不同学科也得到了不同的发展。另一方面，原来的四维空间的范围也出现了扩大，人类对四维空间新增部分空间的认识和利用需求又促生了一些新学科的出现或者某些原有学科的扩张，从而形成了新学科的研究域或者促使某些原有学科的研究域出现新的扩张。在这种扩张中，我们会发现有关涉及某一时间维度上人类生存发展的某些学科研究域的范围会出现较快的扩张速度和较大的扩张空间，从而引起更多的学科研究域在不同的维度上的重叠交叉。随着这种学科研究域重叠交叉的加速和加大，一些学科的研究域由于其研究对象的重要程度、研究范畴的空间广度、研究价值的时间维度相较另一些学科更大一些，在学科研究域发生重叠交叉的过程中，更多地转为围绕其学科研究域的扩张，甚至某些相对较为局限的弱小的学科研究域在这个重叠交叉的过程中被融为一体。这也是为什么会有一些新的科学学科出现，而又有一些老的学科逐渐萎缩甚至消失的原因。笔者用图4-4来描述这种学科发展演变的过程，图中的较大正方体是某一时刻（t）我们所能认识的空间范围，图中的许多小的圆柱体是同一时刻（t）已经形成的各种学科的研究域；而图中较小的正方体是在t-1时我们所认识的空间范围。

---

① 刘仲林：《现代交叉科学》，浙江教育出版社1998年版，第28—30页。

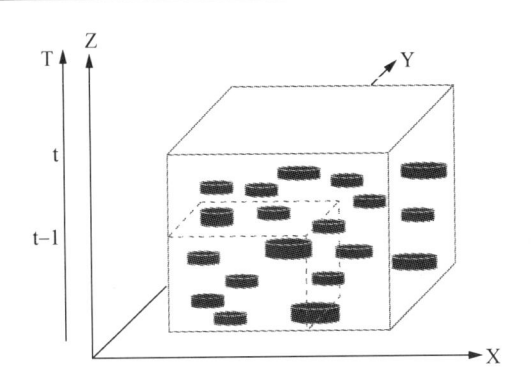

图4-4 四维空间中有着众多的学科研究域

这样我们就可以理解和解释土地科学学科研究域的特殊性了，即土地科学学科研究域是位于四维空间中的一个具有时空关系的空间域，土地科学学科研究域与相关学科研究域的交叉是由于土地科学学科研究域是涉及人类生存发展的重要研究域，因此从时间维度上看，土地科学出现较早但快速扩张较晚。出现较早而没有在相关学科研究域交叉扩张中消失，表明土地科学一定具有非常独特的核心内核，这一核心内核即土地权籍理论，没有其他相关学科的理论能够取代土地权籍理论，表现在学科交叉关系上在土地权籍理论的这一空间位置上没有其他学科理论出现替代，由此导致了土地科学学科的独立性，并因此具有很强的生命力。而快速扩张期出现较晚，则表明有关土地科学学科研究域在时间维度上对于人类生存和发展的影响存在着非线性的关系。只有当时间维度发展到某一时间后，土地科学学科研究域对人类生存和发展才会呈现出较大的制约性，这时土地科学学科研究域才会出现快速扩张，以研究解决制约人类生存和发展的问题。这也是现代土地科学学科只是在最近的30多年间爆发式发展的原因，同样也是土地科学学科为什么在中国率先从"后台"走向"前台"、由"隐学"变为"显学"的原因。

图4-1反映的正是上面讨论的情形，大量的相关学科伴随着土地科学学科研究域的扩张而呈现出与土地科学学科研究域交叉的情形，表现在学科交叉关系上，在土地科学学科研究域的空间位置上出现了不同层次的交叉，这些交叉和土地权籍理论位于的空间位置上的不交叉，共同构成了土地科学学科研究域的特殊性。在四维空间中，土地科学学科研究域表现

出了与其在二维空间中截然不同的本质特征,即土地科学学科在四维空间中表达出了"我中有你,你为我用"的特质。

通过本节上面的讨论,我们就能够看懂图4-1表达的土地科学学科研究域的形态了,即图4-1实际上表达的是土地科学学科研究域在二维空间上的投影。

我们完全可以将图4-1看成一张类似航空照片表现出来的图像,航空照片的表象是一张二维图像,物体也同样被压缩为二维图像,给我们造成了一种二维照片的错觉,但实际上这张航空照片拍摄的是三维空间影像,读懂这张航空照片需要一定的判读方法和技术。20世纪70—80年代时,借助航空照片开展野外调查的人员大都受过裸眼看航片立体图像的训练,以实现将二维航空照片的影像恢复为人们视觉中的三维图像。同样的道理,我们也需要将图4-1中的图像转化为三维图像。当然,我们现在有了更好更方便的方法,不再用过去那种裸眼看航片的方法了。

按照这样的思路,分析图4-1,笔者发现土地科学学科研究域的空间形态就应当是一个球形层状结构(见图4-5),或者是一个柱形层状结构(见图4-6)。

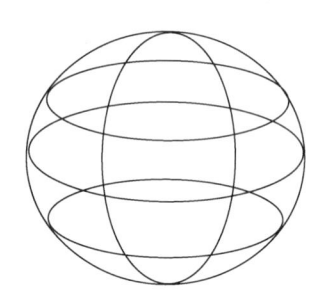

图4-5 土地科学学科研究域球形层状结构

但是,如果土地科学学科研究域是一种球形层状结构的话,表达出土地权籍理论对应区域不被其他相关学科研究域覆盖的形态来,还有许多问题需要研究。第一个问题是,如何理解土地科学学科研究域的方向性?如果土地科学学科研究域是一个球形,土地科学学科存在不存在方向性?其发生、演进是有序还是无序的?第二个问题是,如何理解土地科学学科研

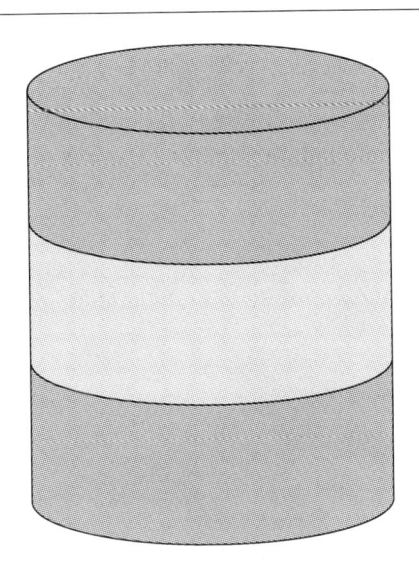

图 4-6　土地科学学科研究域柱形层状结构

究域在任一方向上的逐步扩张和逐渐收缩？这种扩张的动力和收缩的原因都是什么？第三个问题是，在这一球形层状研究域中，土地权籍理论所处最合理的位置应是球心，那么必然要求球心所在的区域一定不能出现与其他相关学科研究域交叉融合的情况，这就又反过来提出了一个问题，即如果土地科学学科研究域没有方向性的话，球心所在的层如何表达？同时其他各层的空间位置如何确定？其次，由于各层靠近圆心或圆周的位置不同，从圆心向圆周会出现各层有序缩小的规律，这种有序的缩小和不同层何以规则缩小的原因及其合理性是什么（见图 4-7）？很显然，球形层状研究域不是合理的空间形态。相反，柱形层状研究域的空间形态则更为合

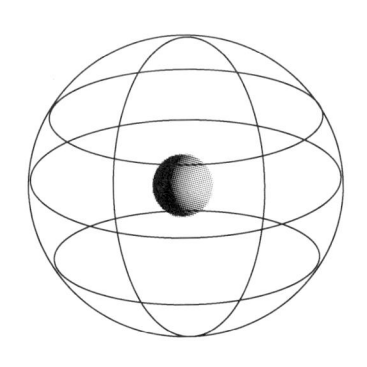

图 4-7　球形层状土地科学学科研究域各层关系

理。图4-8是对图4-1复原为三维空间结构的示意图，其中土地科学学科不能被替代的核心理论——土地权籍理论，位于研究域的底层，没有其他相关学科的交叉，形成了土地科学学科的最核心的内容。

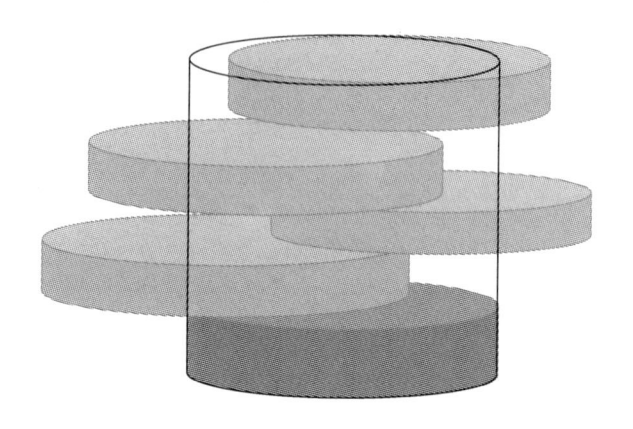

图4-8　土地科学学科柱形层状研究域三维结构示意

第三节　土地科学学科研究域
——3层3环的三维空间研究域

上一节的讨论明确了土地科学学科研究域的柱形层状结构，但并没有解决土地科学学科研究域的内部空间结构及其时空关系，本节我们重点研究讨论这个问题，即土地科学学科研究域的分层结构、各层的时空关系、土地科学学科的增长方向和驱动力、土地科学学科核心理论与学科研究域的关系、土地权籍理论对应区域的位置、土地科学研究域的形成及演进、土地科学学科研究域与其他相关学科研究域的交叉关系等方面的问题。

一　学科关系研究思路

土地科学学科研究域是一个三维空间域，既有广义相对论的时空关系理论的支持，也有土地科学学科研究域本质上就是一个多因素耦合的多维空间域的原因，这是由于土地科学学科是一门综合性交叉学科的本质属性决定的。

随着当代科学水平和技术方法的快速发展，各种学科都出现了很多方向上的超常规发展，使得许多相关学科间的空间距离越来越紧密（见图4-4），相关学科研究域的内在关系也变得越来越复杂和越来越难以区分，一方面科学发展和社会经济发展越来越需要跨学科的合作与融合，而这种合作与融合表现出一种逐渐围绕人类某些核心和关键领域而展开的趋势；另一方面从提高科学研究和社会治理效率的角度，又需要在多学科合作与融合的过程中，进一步理清相关学科间的关系，从而推动相关学科的合作与融合，这既推动了有关学科理论的研究，也同时模糊了许多相关学科间的内涵与外延，增加了有关相关学科关系研究的难度。许多相关学科关系的研究，需要超越原有的思路和方法。

研究相关学科间的关系，有很多种方法，很多相关学科间的关系采用常规的研究方法就能分析清楚。但是还有一些复杂学科与相关学科间的关系，采用常规的方法已很难研究清楚，比如土地科学学科就是这样一种情况。

研究相关学科关系的核心，就是研究某一学科能够区别于其他相关学科的独立知识体系，关键是要找到能够决定某一学科本质特征和本质属性的特殊性。笔者认为，决定学科本质特征和本质属性的因素，主要有4个方面，即研究对象、研究内容、研究目标和研究角度。用这4个方面的因素可以构建一个四维空间研究相关学科关系的思路和方法。按照这样的思路和方法，逐一研究学科的特殊性，就可以理清相关学科的本质特征和本质属性，从而理清相关学科间的关系。

笔者为什么会提出用四维空间的方法研究学科关系呢？主要基于这样的推演：如果两个没有重合关系的物体，在三维空间中，它们是不会产生交集的，确定两者的关系必须依赖这个三维空间坐标系；但是如果两个物体恰巧在三维空间中的一个方向上具有相同的坐标时，这两个物体的关系可以只用另两个方向的坐标来决定。为了简化这种分析和表述，在实际生活中，人们已经约定俗成地将这个三维空间降维到了二维空间，这样一方面简化了分析，使结果更简单明了，但是另一方面也很容易造成很多人的一种误解，将那两个三维物体误以为只是两个二维平面了，但实际上这两个物体是三维物体的事实并没有改变。这提示人们，当无法在二维平面判断相关学科关系时，并不一定意味着相关学科间没有区别，还需要通过升维的方式判断相关学科间的空间差异，而决定相关学科空间差异的关键因素是一个四维空间。比如，笔者研究土地科学学科与人文地理学科的关系时，主要依赖的就是这个空间系中的第四个维度——研究角度。

本书图 4-1 反映的就是这样的一种情形，长期以来，由于学科发展边界的清晰化，有关学科的关系都可以通过上面介绍的降维的方法研究清楚。但是，在当今学科超常规发展及学科超认识融合的背景下，过去习惯了的简洁有效的分析方法却成了人们认知的陷阱。走出陷阱的方法，就是恢复事物的本来面貌。

二 三维空间研究域的合理性

为了研究土地科学学科研究域内部结构及其时空关系，笔者又从另外两个方面开展了相关理论的研究和分析，以便进一步从理论上证明采用空间结构分析的方法研究土地科学学科研究域的科学性与合理性。

第一，图 4-1 所反映的本质是有关人们认识世界的思维方式在空间上的映射，而图 4-1 显示的结果与人们的认识是矛盾的，不符合辩证唯物主义的认识论。因此，用二维平面研究土地科学学科研究域的方法，不能反映真实的土地科学学科研究域。

空间关系的常识和空间分析的理论告诉我们，二维坐标中的平面，有可能是三维立体在二维平面上的投影，如果两个三维立体具有同样的 X 轴和 Y 轴坐标，不论两个三维立体的 Z 轴坐标如何，它们在由 X 轴和 Y 轴构成的平面上的投影都会重叠并无法识别。反之，研究判断二维平面上图形的真实形状时，也可以通过升维的方式，使其露出"庐山真面貌"。

图 4-1 中有关土地科学学科研究域和土地科学独立核心理论的矛盾性，表明土地科学学科研究域一定是一个比二维空间更复杂的空间结构，可以用空间分析升维的方法加以研究，而三维空间研究域的设想，能够满足研究土地科学学科研究域的需要，具有科学合理性。

第二，从人类利用土地的角度看，有关土地的科学研究和利用始终都是以提高土地生产力为方向和目标的，在不断提高土地生产力的过程中，又始终受到土地生产关系和以土地权籍为核心的土地制度的制约，因此，土地科学学科研究的本质就是在不断提高土地生产力的同时，持续地克服并解决土地生产关系和土地权籍制度的制约。因此，土地科学学科研究域实际上是一个有关土地生产力、土地生产关系和土地权籍制度的三维空间域（见图 4-9）。在三维空间坐标中，土地科学学科与相关学科存在交叉关系时，两者在 X 轴和 Y 轴上的坐标即会表现出部分的重合，由于人们受到认知的局限，将三维的土地科学学科研究域放到了二维空间中，结果才导致了图 4-1 的困惑。采用三维空间研究域表达和研究土地科学学科研究域是还其本来面貌。

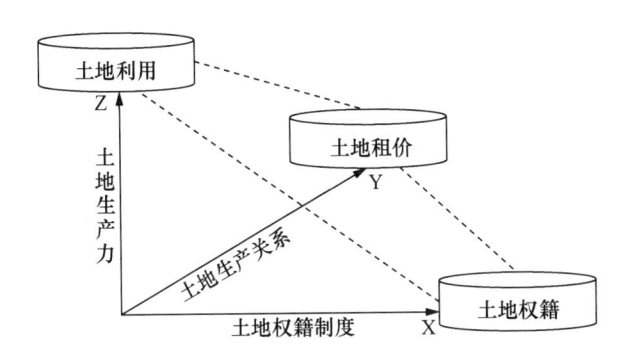

图 4-9 土地科学学科研究域三维空间关系①

这样从理论上也证明了土地科学学科研究域是一个分层的三维空间结构的研究域的合理性。结合本书第三章有关土地科学学科三个核心理论的研究结果和本章有关土地科学学科三维空间研究域中空间关系的分析，笔者分析推论土地科学学科研究域应该是一个分为三层的空间层状结构。这一三层三维空间研究域在二维平面的投影中，包含了由土地科学学科研究域不同层次上与其他相关学科研究域产生交集的投影，实际上这一投影并不能真实反映土地科学学科研究域中学科交叉的关系，表面上土地权籍理论对应区域的被覆盖并不意味着实际的被替代。在本书后面的研究中，为了分析方便，笔者实际上将土地科学学科研究域边界以外的其他学科的部分略去不作分析，由此将土地科学学科研究域的外部形状描述为一个规则的三维柱体空间（见图4-8和图4-10）。

三　三维空间研究域的时空关系

如果用三维空间域表达和研究土地科学学科研究域，首先面临的问题是，土地科学学科研究域的3个层次有无特定的时空关系，或者通俗地说就是各个研究层有无位置和顺序的规定性。

笔者在第三章讨论土地科学学科核心理论轴时，提出了土地科学学科

---

① 这一立体图的表达，是在和北京大学林坚教授、中国农业大学朱道林教授共同讨论笔者提出的土地科学学科三维空间研究域（见图4-14）中三个核心理论的时空关系时逐渐产生的，并在两位教授的建议下绘制的。这对解释、理解三维空间研究域，起到了一个桥梁作用。特向两位教授致谢！

图 4-10　土地科学学科研究域层状结构

"存在一种学科发展的内在逻辑和递进路径，即：土地科学学科是一个关于研究、解释、解决（1）从土地利用为起点，引出的确定土地权属主体、界址、数量、质量和利用方式等问题，（2）在明晰土地权属基础上，引出研究土地从资源、资产价值角度合理配置、经济有效利用等问题，（3）在合理配置和经济有效利用土地的约束下，引出研究通过土地开发、保护、利用的多种方法和手段的问题，最终实现土地资源的可持续利用，从而支撑社会经济发展目标的一门学科。这是一个由土地初级利用引起的，涉及土地权籍、土地经济和土地可持续利用的土地科学学科及其问题的演进和研究高度逐级递进的过程，在土地科学学科这一发展递进的过程中，始终存在一条发现、指引并规范土地科学学科发展的轴线，即与其发展进程一一对应的，存在着三个重要的土地科学学科的支柱性理论，即与（1）对应的土地权籍理论，与（2）对应的土地租价理论，与（3）对应的土地可持续利用理论。三个支柱性理论不仅分别形成了各个递进层级中的主导性和根源性理论，而且三个支柱性理论还形成了一种逐级向上的目标性和引导性的理论轴线；不仅反映了人类有关可持续利用土地的终极思想、终极目标和实现路径，也形成了一条指引并规范土地科学学科发展的核心理论轴线，构成了土地科学学科发展的理论基础。"这一研究结果，不仅支持了土地科学学科研究域具有层次的设想，也明确揭示了土地科学学科研究域存在层次位置和顺序上的时空关系及其方向性。

土地科学学科研究域的方向反映了人类利用土地的方向，即以不断提高土地生产力为主要方向。人类自身的发展史，既是一部人类在自我发展过程中利用土地的发展史，也是一部人类在自我发展过程中不断提高土地生产力的发展史，因此反映土地利用和治理的土地科学学科研究域是一个不断向上拓展并由向上的拓展带动其他方向拓展的研究域。

这不仅揭示了土地科学学科研究域三维空间的结构，即土地科学学科研究域的空间结构由与土地生产力、土地生产关系和土地权籍制度相对应的若干研究层构成；也揭示了土地科学学科研究域在三维空间中的时空关系，即土地科学学科研究域是一个以维护土地利用和社会治理秩序的土地权籍研究层为基础研究层、以调整土地生产关系的土地租价研究层为制约研究层、以提高土地生产力方向的土地利用研究层为主导研究层耦合而成的空间研究域（见图4-11）。

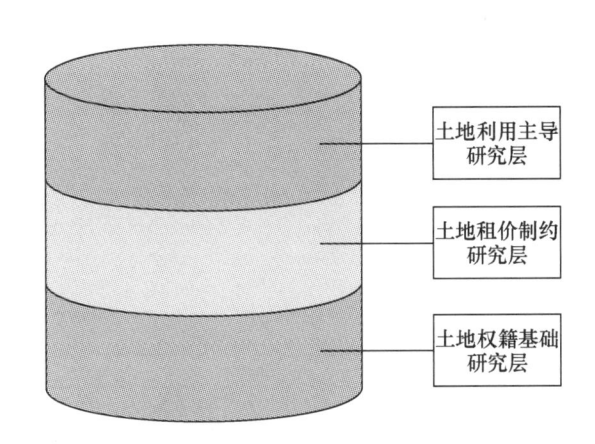

图4-11 土地科学学科研究域3个研究层的时空关系

四 三维空间研究域的扩张性

上一节的讨论，已经提出了土地科学学科三维空间研究域具有扩张性。但是，这种扩张有无方向性？是内生性的扩张还是外生性的扩张？

首先，人类有关持续提高土地生产力的需求，使得土地科学学科研究域在三维空间的 Z 轴方向上也持续向上扩张，在其向上扩张的同时，必然会带来土地权籍制度方向上（X 轴方向）和土地生产关系上（Y 轴方向）不同程度地扩张，从而使得 X 轴方向上、Y 轴方向上和 Z 轴方向上的这种扩张都会面临不同程度的限制性制约。这种情境下，土地科学学科研究域又必须通过化解各个方向上对土地科学学科研究域扩张不同程度的制约，才能实现提高土地生产力方向上的目标。这种扩张—制约和反制约—

再扩张的过程和结果，促进并实现了土地科学学科研究域随着提高土地生产力方向上的扩张，在各个方向上不同程度地扩张，而这种扩张又主要是以相关学科交叉的形式表现出来的。因此，在土地科学学科研究域的空间结构上存在着一种由内向外的方向上的内生扩张动力，很容易引起土地科学学科研究域向相关学科研究域的扩张，从而引起土地科学学科与相关学科的交叉融合。理论上说，越靠近土地科学学科研究域的其他相关学科与土地科学学科发生的学科交叉越早，学科交叉后发生的变化也越多，并且也越早转化为具有土地科学学科特征和专用性的理论和技术方法。

由此，笔者依据理论研究、土地科学学科演进和土地科学学科体系专用理论与技术方法形成的考察、分析，提出土地科学学科研究域在 X 轴方向上、Y 轴方向上发生的相关学科的交叉融合，存在一种由外向内的从初级交叉向高级交融的方向性，即土地科学学科研究域在 X 轴和 Y 轴构成的平面上，由外到内存在不稳定交叉区（学科未转化学科理论和技术交叉区）、稳定交叉区（学科支撑理论和技术区）和核心交叉区（核心理论区）的三个区域，并且这三个区域都呈现出不断向外的扩张性（见图 4-12）。

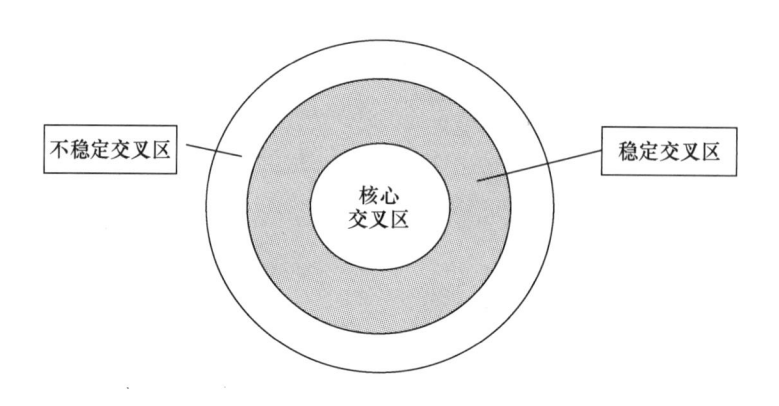

图 4-12　土地科学学科研究域横切面结构

五　核心理论轴在三维空间研究域中的时空关系

土地科学学科核心理论与土地科学学科研究域的关系，也是笔者重点研究的问题。土地科学学科三个核心理论构成了具有时空关系的密不可分的核心理论轴，是土地科学学科体系的主轴线和逻辑主线，与土地科学学科研究域的时空关系存在一致性，并成为支撑土地科学学科研究域的支柱。同时，三个核心理论与各个研究层的关系也存在着重要的核心主导关系，它们的位置都应当位于各自相对应研究层的中心位置，其他非核心理论都与各自相互对应的核心理论具有依存和扩展的关系，服务于核心理论又支撑核心理论（见图4-13）。

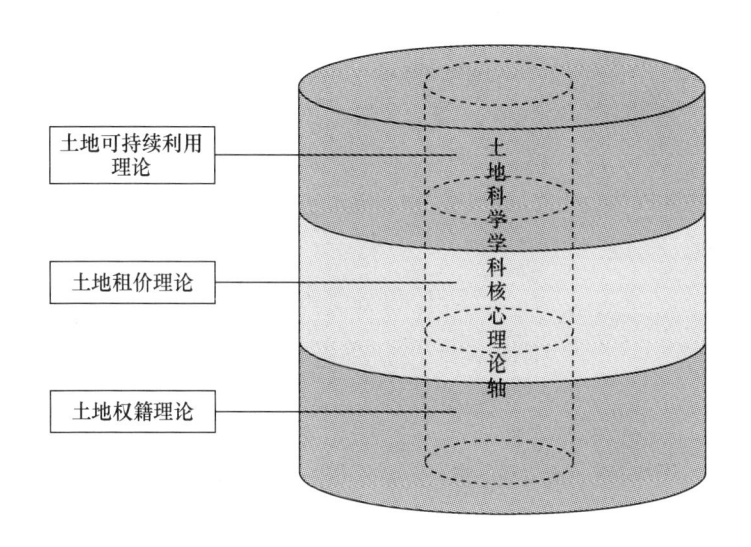

图4-13 土地科学学科核心理论轴及其在学科研究域的核心位置

六 3层3环的三维空间研究域

通过上面的研究分析，笔者已经清晰勾勒并描述出了土地科学学科研究域的空间结构和时空关系。依照这种空间结构和时空关系的研究，笔者进一步构建了土地科学学科研究域的三维空间结构，即土地科学学科研究域是一个由土地权籍基础研究层、土地租价制约研究层和土地利用主导研究层3个研究层与核心交叉区（核心理论）、稳定交叉区（支撑理论和支撑技术）和不稳定交叉区（未转化学科理论和技术交叉区）三个环状研究区耦合而成的三维复合空间域。由下向上依次是（土地）权籍基础研究层、（土地）租价制约研究层、（土）地（利）用主导研究层；由内向外依次是核心交叉区、稳定交叉区、不稳定交叉区；土地科学学科三个核心理论，即土地权籍理论、土地租价理论、土地可持续利用理论构成方向向上的核心理论轴位于各层、各区的中心，并形成相互有机连接且不可分离的关系（见图4-14）。

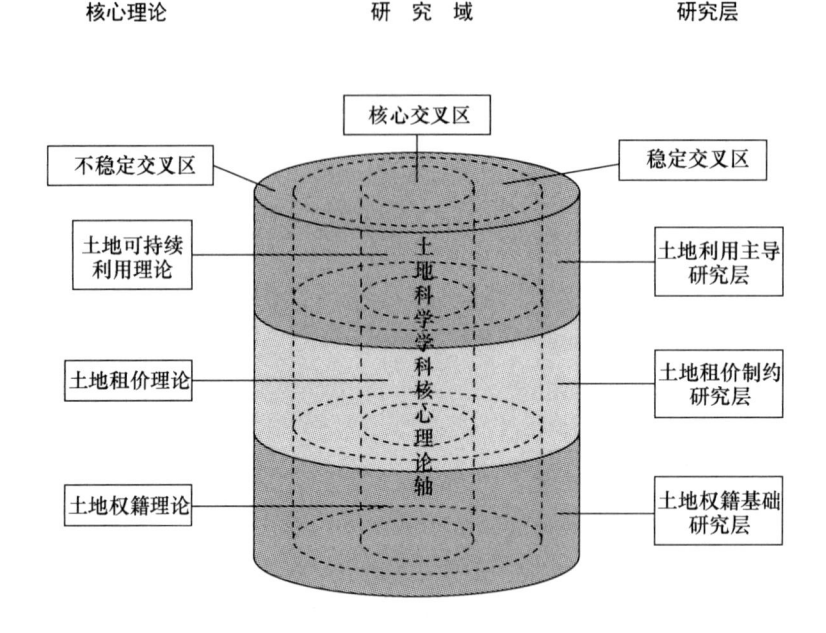

图 4-14　土地科学学科核心理论轴、研究域、研究层结构

七　空间研究域不可替代性的分析

按照独立学科的划分标准，土地科学学科应该有自己独特的研究域且不能被其他学科的研究域完全替代。土地科学学科研究域中的土地租价制约研究层和土地利用主导研究层与相关学科研究域产生了很多不同程度的交集，如果不建立三维空间研究域的概念，很难理解和解释土地科学学科研究域的不被全覆盖。但是，很多人仍然没有建立起土地科学学科三维空间研究域的概念，或者仍然固守二维平面的思维方式，这给他们认识土地科学学科研究域的特殊性带来了很大的困难。

如果固守二维平面的思维定式，图4-1表达的语言就是土地科学学科不是一个独立学科，既找不到不能被其他相关学科理论替代的独立核心理论，也找不到一块没有被其他相关学科研究域所替代的研究域。

如果建立了学科研究的三维空间研究域，图4-1表达的语言就是部分研究域形成了相关学科的交叉、部分研究域没有产生相关学科的交叉；土地权籍理论所在的研究层的核心部分不被覆盖，是土地科学学科的独立核心理论。

土地科学学科研究域与很多相关学科都有交集，但是这种交集在三维空间中的Z轴方向上都具有特定的高度，只在Z轴的一定区间内（大多数发生在特定的研究层内）产生交集，所以任何相关学科都不能从三维空间上与土地科学学科研究域形成完全的交集，这是任何一门相关学科都无法替代土地科学学科的空间结构表达语言。也就是说，任何一门相关学科只能解决土地科学学科研究域中的一个层面或若干层面的问题，却都无法解决土地科学学科研究域的全部问题，因此土地科学学科的研究域也无法被其他相关学科所替代。

土地科学学科研究域还具有一个显著特征，即它的研究域是土地科学学科与多学科在不同层次上发生"化学反应"后产生的"化合物"共同叠加而成的，尽管各门相关学科的理论、技术方法不同，但都是与土地的特殊性融合形成新的符合土地科学研究范式和目标的理论、技术方法，这种特殊性的交集和融合恰恰构成了土地科学学科的独特性和不可替代性，超越了一般意义上的不可替代性。

土地科学学科研究域的三维空间结构清晰而科学地反映和解释了土地科学学科研究域的特征和特殊性，也解答了土地科学学科研究中很多长期没有解决的疑难问题。

至此，笔者也回答并证实了本书第二章第四节中提出的有关土地科学学科独立性的第二个假说。

第四节 土地科学学科空间研究域释疑

一 有关土地科学学科与其他相关学科的交叉问题

土地科学学科长期以来一直困惑于有无不可替代的研究域，大量研究因陷于二维平面的思维方式，都无力解释土地科学学科研究域被相关学科研究域覆盖的问题（见图4-1）。

而土地科学学科三维空间研究域的提出，揭示了土地科学学科研究域与其他相关学科研究域交叉的本质，即不同相关学科研究域与土地科学学科研究域的交叉都主要发生在土地租价制约研究层、土地利用主导研究层和部分土地权籍基础研究层，而这些相关学科研究域与土地科学学科研究域交叉的结果，无论其提供的理论还是技术，最终都只能研究解决土地科学研究域中的一部分问题，而不能解决土地科学学科研究域的全部问题。

同时，这些相关学科研究域与土地科学学科研究域的交叉，还需受到并服从于土地科学学科研究范式和要求的约束。

导致这种在土地科学学科研究域中发生相关学科交叉本质的原因，主要在于，无论是土地科学学科的研究者还是其他相关学科的研究者，采用学科交叉的方法都是为了研究、解释、解决土地科学学科研究域中的某一个或某几个问题，既不是为了研究、解释、解决其他相关学科的问题，也无力研究、解释、解决土地科学学科研究域的全部问题。

这种土地科学学科与其他相关学科的交叉，受到土地科学学科研究目标和研究范式的约束及改良的结果，使得这种学科交叉通过发生一种"生化反应"，形成了能满足研究、解释、解决土地科学学科研究域中问题为前提的专用理论和技术方法，本质上已不再是原来相关学科的理论、技术方法了，其中已融入了土地科学学科的基因，表现出土地科学学科的特征，即土地科学学科研究目标和研究范式的特征。

土地整治工程学是土地科学学科中的一门重要分支学科，就是以通过借用农田水利工程、土木工程、测绘工程、环境工程、地质工程等多种工程技术手段改良土壤立地条件，在保护和调整土地权属的基础上，采用土地规划方法、土地供应政策调控、区域适宜性配置原则等，为社会经济发展提供优质宜用的土地资源的一种属于土地科学学科特殊目标和特征的工程理论和技术方法。这种多学科交融形成的理论和技术方法已成为土地科学学科所特有的理论和技术方法（见图 4-15）。

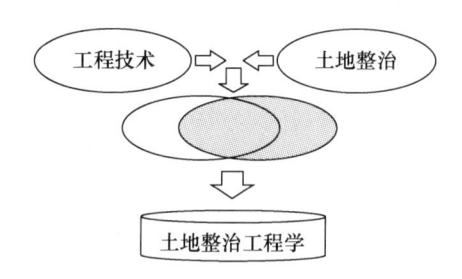

图 4-15 土地整治与工程技术交叉后形成土地整治工程学

土地利用规划学是土地科学学科中的一门重要的分支学科，也是一门交叉学科，涉及国民经济多个部门。我们知道，开展土地利用规划研究需要经济学、地理学、建筑学、工程技术、社会学、法学、环境和规划科学、测量学、统计学、管理学、数学等多个学科知识的协作，但是这些相关学科在土地利用规划学中都是为完成土地利用规划学的研究服务，并融入了土地利用规划学，形成了土地科学学科中的一门专用理论和方法。

土地资源学是土地科学学科中的一门重要的基础学科，也涉及很多其他学科，"综合了地理学、地质学、生态学、气象学、土壤学等学科中的一些自然科学的知识，农学、测量学、信息学等工程技术知识，还包括一些相关的社会学经济科学知识"[①]，这些相关学科的交叉结果都是为土地资源学的研究服务，融合转化为土地科学学科的重要基础学科。

土地管理学是土地科学学科中的一门重要分支学科，更是涉及行政管理、法学、管理学、经济学、社会学、测量学、信息学、系统科学等多门相关学科。同样的，这些与土地管理学交叉的相关学科，不仅服务于土地管理学的任务和目标，按照土地管理学的研究范式和约束，研究解决了土地管理学的许多问题，同时也完成了将这些相关学科自身中适于土地管理学研究的内容转化为土地管理学的专用理论的转化。

土地科学学科中其他很多学科交叉都与此相同，在学科交叉中逐渐形成了土地科学学科的专用理论和方法，服务土地科学学科的研究，也促进了土地科学学科的发展。可以预言，随着新理论、新技术、新方法的不断产生，在与土地科学学科深入融合后，还会发生更多更高级别的融合发展，从而推动土地科学学科的进一步发展和完善。

二　有关土地科学学科研究域不可替代性的问题

研究关于土地科学学科研究域的问题，目的是揭示其研究域的不可替代性。在传统二维平面思维中，对此很难思考和分析清楚。由于土地科学学科研究域不可替代性的研究陷于长期无解的困境，引致有关土地科学学科发展的焦躁情绪蔓延。

土地科学学科三维空间研究域的提出，不仅解释了土地科学学科与相关学科交叉的本质属性，也揭示了土地科学学科研究域的特殊性，即它是一个由土地权籍基础研究层、土地租价制约研究层、土地利用主导研究层三个研究层和核心交叉区、稳定交叉区、不稳定交叉区三个研究区耦合构成的三维空间研究域。

由于有了这样一个土地科学学科的三维空间研究域，使得人们能够清楚地认识土地科学学科研究域与相关学科研究域的交叉本质，即尽管土地

---

① 梁学庆主编：《土地资源学》，科学出版社2006年版，第2页。

科学研究域与其他相关学科研究域都有交集，但是，这种交集在三维空间研究域中的Z轴方向上都具有特定的高度，只在Z轴的一定区间内（大多数发生在特定的研究层内）产生交集，所以任何相关学科的研究域都不能从三维空间上与土地科学学科研究域形成完全覆盖的交集，这是任何一门相关学科都无法替代土地科学学科的空间结构表达方式。也就是说，任何一门相关学科只能研究、解释、解决土地科学学科研究域中的一个层面或若干层面的问题，却都无力单独研究、解释、解决土地科学学科研究域的全部问题。

这种土地科学学科研究域与其他相关学科研究域的交叉，主要发生在土地租价制约研究层和土地利用主导研究层，但是在土地权籍基础研究层的核心区域没有发生相关学科交叉的事实，表明正是这种多重交叉和土地权籍基础研究层核心区域的不被交叉，这种特殊的交叉和不交叉形成了土地科学学科研究域的不可替代性，即如果没有这样的一个空间研究域，则根本无法系统研究、解释、解决人类土地利用的本质运动的规律，而只有土地科学学科才完全拥有这样一个复杂的研究域（见图4-14）。

还应该指出的是，笔者所说的土地权籍研究层核心区域没有相关学科交叉的含义是：（1）土地权籍研究层核心区域在土地科学学科形成早期较为简单，无须借助学科交叉发展，所以没有发生学科交叉；（2）随着土地科学学科的进一步发展，地籍学也随着科技、社会经济理论的发展而进一步完善，这一过程也借鉴采用了若干相关学科的新理论和新技术，但地籍学的研究对象、研究内容、研究目标和研究角度既是事关人类生存和发展的核心问题，又是事关人类生存和发展不可放松的必须研究解决的特殊问题，人类不仅过去一直需要而且还将长期需要地籍学这样一门系统研究这些问题的专门理论和方法，这使得地籍学始终保持其学科的特殊性和本源性，核心内容稳定且未有改变，仅有围绕和服务其核心内容的部分扩展，同时在这种扩展中地籍学的主导性和方向性也十分明显和强烈，加速了一些新理论和新技术服务地籍学、融于地籍学的进程，使得地籍学成为土地科学学科理论体系的奠基石，并形成了土地科学学科不能被其他相关学科理论替代的核心理论。

三 有关土地科学学科不能被替代的核心理论在空间映射关系中不可覆盖的问题

有关土地科学学科有无核心理论的研究，也长期遇到了类似其研究域的困境。一个是有无不能被替代的核心理论的研究缺乏目标明确且深入的研究，长期停滞在主导学科的研究阶段；另一个是与笔者最初类似的研究者长期受限于二维平面思维方式，无力解释本书图4-1中有关不能被替代的核心理论——土地权籍理论对应区域在二维平面上被覆盖的现象。

而土地科学学科三维空间研究域的提出，不仅在三维空间的映射上揭示了图4-1实际上是土地科学学科空间研究域在二维平面上的投影的本质，而且在三维空间的映射上进一步揭示了不能被替代的核心理论——土地权籍理论对应区域不被覆盖的特征，解开了有关图4-1的困惑，而且还从理论上回答了土地权籍理论在土地科学学科中的核心地位和不可替代性。

四 有关土地科学学科体系本质属性和构成的关系问题

土地科学学科的本质属性是由其内部规定性决定的。在传统的二维平面思维的束缚下，对于土地科学学科属性的认知停留在二维的世界，很容易将土地科学学科研究域中某个研究层中的研究亚层（次级学科）在二维平面上的投影，误以为就是土地科学学科的属性，以主观的认识取代土地科学学科的客观属性，从而颠覆了土地科学学科的本质属性。

而土地科学学科三维空间研究域的提出，使人们很容易发现一叶障目的不足，终结"盲人摸象"的研究尴尬，使研究者能够重新审视在二维空间所做出的判断，从而重新做出科学研判。

前面的讨论已经指出，土地科学学科三维空间研究域是由土地权籍基础研究层、土地租价制约研究层和土地利用主导研究层构成的三层结构，研究者如果仅从其中的某个研究层的高度和视角研究讨论土地科学学科研究域的内涵、属性的话，很容易将研究者因所处的研究层的高度和视角观察到的局部情况带入研究结果中，并将研究者的这种局部认识误以为就是土地科学学科研究域的整体结果，这样的结果，使得很多从不同高度、不同视角研究、观察土地科学学科研究域的研究者，得出很多不同的认识和观点，甚至形成一些针锋相对的意见。更令人担忧的是，由于"身在此山中"，很多研究者并不能自觉意识，或者不以为然，或者固执己见，很容易误导其他人的研究和学习，从而影响土地科学学科的发展甚至科学研究的发展。土地科学学科急需建立起系统、科学的研究范式、主导框架和逻辑主线，以指导土地科学学科的研究和建设。

土地科学学科三维空间研究域还从本质上揭示了土地科学学科的特殊属性，即土地科学学科是一个为满足人类不断提高土地生产力的内在需求，在土地有限性、不可移动性、局部地区优质宜用土地短缺性引致的土地权籍、土地生产关系的约束下，实现土地利用系统最优化的系统科学。任何单方向的单独加力，都会带来系统的紊乱和为消除紊乱导致的系统动荡。这既是土地科学学科的特殊性，也是土地科学学科的复杂性所在。

五　有关土地科学学科研究域的扩张问题

土地科学学科研究域的复杂性不仅在于它的三维空间形态，还在于这种空间结构的形成和扩张。其形成，首先是土地科学研究域因人类提高土地生产力要求的牵引，引致土地科学学科研究域的扩张，从而在研究域中产生了很多急需研究解决的新问题。在用土地科学学科已有的方法研究解决这些新问题的过程中，常常可以发现，通过借用其他学科的某种适用于土地科学学科研究的某一个理论、技术和方法，有可能较好地解决这一问题，便产生了借用那种理论、技术和方法的主观意愿，因而很容易产生所谓的"学科交叉"。但是，这种学科交叉的本质是由于解决土地科学学科研究域中的问题需求而引起的，无论是土地科学学科研究者还是其他学科的研究者，都是为了解决土地科学学科研究域的问题而展开的交叉。其结果是，或者简单地利用了交叉学科的某一理论或技术，解决了土地科学研究域中的一个实际问题；或者研究者发现这种理论和技术方法可以比较好地解决土地科学学科研究域中的一些同类问题，便以各种方式推荐给其他研究者解决同样的问题，从而形成了土地科学学科研究域中的不稳定交叉区（见图4-12）。

在多次的使用过程中，很多研究者对这种交叉学科的理论和技术方法不断做出更适于土地科学学科研究范式和要求的理论和技术改进，使得这种理论和技术方法逐渐发生变化，最终使它不再完全是原来学科的理论和技术方法，逐步转变成了研究、解释、解决土地科学学科研究域的专用理论（形成土地科学学科的支撑理论）、专用技术和方法（形成土地科学学科支撑技术），完成了这种以解决土地科学学科研究域问题为目标、以满足土地科学学科研究要求和研究范式的转变，从而形成了土地科学学科研究域的稳定交叉区（见图4-12）。这时，其本质上已不再是原学科的理论、技术方法了，其中已融入了土地科学学科的特征，即土地科学学科研究目标、研究要求和研究范式的特征。这种学科交叉不是"1 + ① = 1 + ①"或者"1 + ① = 1"而是"1 + ① = ①"（这里的"1"指相关学科的理论或技术方法，"①"指土地科学学科研究域中的问题），最终形成了适用于土地科学学科研究域的理论或技术方法，也完成了土地科学学科研究域的扩张。

这种为研究土地科学学科研究域的问题，在土地科学学科关于土地权籍、土地租价、土地利用条件和标准等因素的理论、技术方法和制度设计的约束下，经过多次在土地科学学科研究域中某个方向上的交叉、转变，就实现了土地科学研究域中的问题向次级学科（研究亚层）的转化，使得学科交叉实现了高层次的融合（见图4-15）。多个研究亚层的进一步叠加就构成了土地科学学科研究层，从而增厚了土地科学研究域（图4-16）。

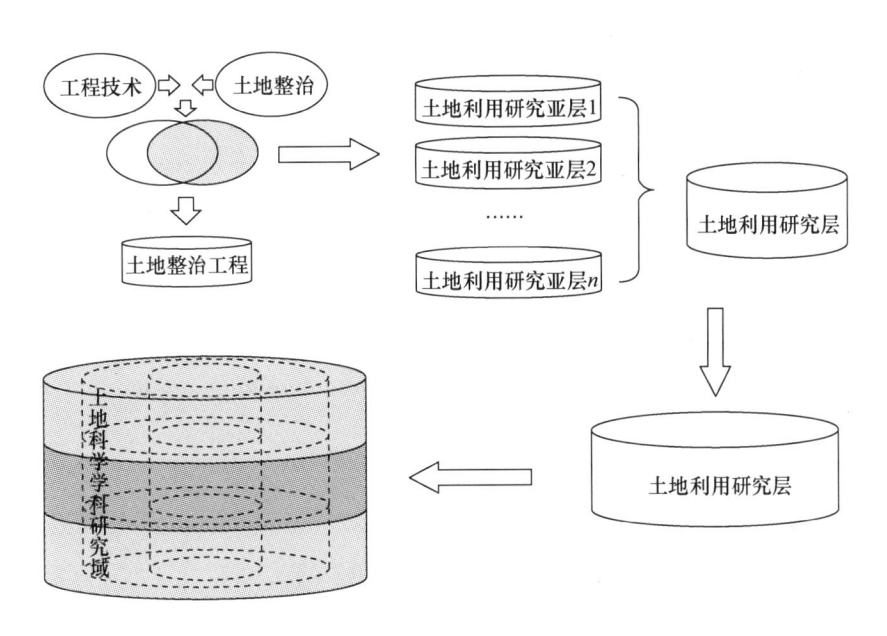

图4-16 土地科学学科研究层、研究域的形成——以土地利用研究层为例

由上面的讨论，我们很容易发现：土地科学学科与其他相关学科的交叉本质，实际上是由于土地科学学科研究域的内生性扩张引起的。其内生性扩张的需求又是由于人类不断提高土地生产力的内生性需求传导引致的。换句话说，土地科学学科研究域的逐渐扩张，是人类为满足自身发展

需求提高土地生产力所引致的①。

由于土地科学学科具有这种内生性扩张要求的特征，所以过去一段时期以来出现了很多相关学科参与土地科学学科研究域的情况，而未来这种扩张和交融将会持续发生，直到人类提高土地生产力不再出现制约因素为止。

由于交叉学科的特点和研究系统性思维与研究系统范围扩大带来的可靠性增强的原因，土地科学学科这种事关社会经济和人类发展系统领域的综合性交叉学科，交叉、利用其他学科的已有理论、技术和方法，是满足人类利用土地根本需求的一种重要方式，也是一种常态。划界为域的封闭思维已不能适应土地科学学科发展的要求。

从本章的讨论中，我们能够得到以下的结论：

（1）土地科学学科存在着一个特殊的三维空间研究域，是由土地权籍基础研究层、土地租价制约研究层和土地利用主导研究层与核心交叉区、稳定交叉区和不稳定交叉区耦合形成的空间研究域。土地科学学科的三个核心理论——土地权籍理论、土地租价理论和土地可持续利用理论构成的核心理论轴位于这一空间研究域的中心，并形成了如图4-14显示的方向向上的时空关系。

（2）土地科学学科研究域是由人类为了生存和发展开展土地利用活动而引起的，从现象上看，是一个有关人类可以设置并行使土地权籍的地球表层空间构成的土地利用系统，但本质上是一个有关土地生产力、土地生产关系和土地权籍制度共同作用构成的人地关系权籍时空系统。

（3）土地科学学科研究域表现出了一种内生的扩张性，即在人类为追求可持续利用土地目标而开展土地利用活动的过程中，需要持续不断地研究和解决不断出现的来自土地自然、社会、经济等特殊性引起的对人类土地利用活动的各种制约问题，从而使得土地科学学科研究域表现出不断扩张的现象，导致了与相关学科的交叉与交融，结果一方面保证了人类可持续利用土地的需求，另一方面也促进了土地科学学科的逐步发展和变强。

（4）由于人类有关土地利用的活动存在一个基础性、根源性的矛

---

① 冯广京：《土地科学学科独立性研究——兼论土地科学学科体系研究思路与框架》，《中国土地科学》2015年第1期。

盾——土地权籍，而土地科学学科又是唯一以研究、解决这一特殊矛盾为主要任务的科学学科，具有不可替代的独立核心理论——土地权籍理论，以及土地租价和土地可持续利用两大核心理论，使得土地科学学科研究域形成了一种特殊的不可替代性，也使得土地科学学科围绕土地权籍、土地租价和土地可持续利用三大核心理论，形成了一个完整的科学学科体系，形成了土地科学学科的独特性，表现出了强大的生命力。

第五章　土地科学学科独特研究角度

——"人、地、权"三位一体

第一节 研究角度的重要性

在本书的前几章中，笔者主要讨论了土地科学有无学科核心理论特别是有无学科独立核心理论、有无学科独立研究域的内部规定性问题，结果研究证实了土地科学学科具有学科独立核心理论即土地权籍理论，也研究分析了土地科学学科的特殊三维空间研究域，从而提出了土地科学具有学科独立性的观点。对于这一研究结果，还需要从有关学科的其他规定性上进一步加以验证。

有关学科的规定性，笔者是指有关学科在一般性分类标准方面的特殊性。研究验证土地科学学科的独立性，从本质上看，等同于穷尽比较所有相关学科在学科规定性上的差别。笔者注意到，有关学科差别的研究，大部分研究者都会从有关学科可比性的一般规定性上展开比较分析，从而分析这些学科有无根本的区别。《中华人民共和国学科分类与代码国家标准（GB/T13745-2009）》中有关学科分类的依据也是这样的学科一般规定性，即"依据学科的研究对象，学科的本质属性或特征，学科的研究方法，学科的派生来源，学科研究的目的与目标等五方面进行划分。"[①]

实际上，很多有关学科独立性的研究也会选择类似的一些学科的一般规定性作为研究的切入点，通过比较学科间的差异性，研究学科的独立性问题。这为验证笔者关于土地科学学科独立性的研究结果提供了一种可行的方法。按照学科分类与代码国家标准提出的5个方面的分类依据，笔者对相关学科与土地科学学科作了相应的分析比较。发现5个方面的分类依据中，其中学科的研究方法较为笼统，一方面研究方法本身就有多种分类，另一方面也有许多学科采用相似甚至相同的研究方法，这使得有关研究方法的讨论可以有多种解释，难以简单比较，需要进一步分析。实际上，每一学科研究其研究对象时，都具有不同的研究视角，而这一研究视

---

① 中华人民共和国国家质量监督检验总局、中国国家标准化管理委员会发布：《学科分类与代码》，2009年5月6日发布，2009年11月1日实施。

角会提供不同的研究思路，从而选择不同的研究方法，其结果会形成区别于其他学科研究结果的差异性或互补性。这表明学科研究角度在一定程度上决定着研究方法。从这样的分析而言，比较学科的差异，采用研究角度作为其中的一个维度更优于采用研究方法的维度，特别是在研究比较一些研究对象较为相近的学科时更为有效，因此将研究角度代替研究方法作为比较学科差异的一个维度，更加简单和容易。

比如，由于土地科学学科原有对"土地"系统的认识基本上就是地理学科视角下的"土地"系统，因此在原有认识的基础上，土地科学学科的研究对象也基本上就是地理学科视角下的"土地"系统。在这样的背景下，研究人员很难将土地科学学科与也是研究人与土地关系的地理学特别是人文地理学科加以区别。这一点可以从本书第三章中对不同学科视角下的"土地"概念的梳理中清楚地看出。因此，在过去有关土地科学学科研究对象的讨论中，很多研究者都难以从本质上严格区分土地科学学科与地理学科特别是人文地理学科的差别，结果导致部分人认为两者是基本相同的，很多方面可以相互替代，然而由于地理学科发展得更为成熟，因此表现出一种以地理学科的视角和理论逐渐替代土地科学学科的倾向，但是由于地理学科研究对象、研究内容、研究目标和目的、研究方法、学科派生来源等自身规定性的原因，以地理学科的视角并不能从本质上认识和把握土地科学学科的特殊规定性，导致以地理学科视角发展土地科学学科的结果又逐渐弱化了土地科学学科自身的特殊性，表现为在很多方面逐渐弱化了以土地科学学科的核心理论为指导、以土地科学学科视角下的"土地"系统为对象、以土地权籍制度为基础研究土地问题的理论和方法，而越来越多的以地理学科视角下的理论和方法来研究土地科学学科视角下的土地问题，不仅引起越来越多的人对土地科学学科发展的疑惑，也客观上造成了很多人诟病的土地科学学科缺失门槛的假象。

但是我们从土地科学学科的研究角度分析，就会很容易发现其与地理学科特别是人文地理学科的差异是十分明显的。

还有一些研究者，虽然并不认同将地理学科视角下的"土地"系统作为土地科学学科视角下的"土地"系统，但是由于本书第四章中讨论的对土地科学学科研究域认知局限的原因，又常常把另一种视角下的"土地"系统定义为土地科学学科视角下的"土地"系统。这也给客观认识和把握土地科学学科特殊规定性带来许多困难。

结合以往有关学科研究的比较方法，笔者认为从研究对象、研究内容、研究目标和研究角度四个维度上，研究分析土地科学学科与其他相关学科的关系更为适宜①。而学科派生来源则是另一个层面的问题，笔者留待下一章讨论。笔者认为，从研究对象、研究内容、研究目标三个方面分析，即能区别土地科学学科与其他大多数相关学科的差别，但是比较土地科学学科与一些关系较为密切的相关学科的区别，则需要从研究角度入手，其中原因主要在于土地科学学科对于"土地"系统的定义采用了更接近地理学视角下的"土地"系统，没有体现出土地科学学科视角下"土地"系统的特殊性，因而表现出土地科学学科在研究对象、研究内容和研究目标方面与地理学等某些分支学科的相似性（笔者在本书上一章中对此作了分析）。这一点一方面与土地科学学科中有较多研究人员由于多种原因受地理学视角的影响较大有关，另一方面也反映了土地科学学科对本学科视角下的"土地"系统的研究较为忽视和缺乏手段，急待进一步深入研究。比如土地科学学科与关系较为密切的人文地理学科，在学科研究对象、研究内容和研究目标上都有很大的重合度。但是，实际上土地科学学科和人文地理学科却存在着明显的区别，两者的学科理论体系也完全不同。土地科学学科是从土地权籍关系上入手来研究人与土地的关系及其之上的人与人开展土地利用活动的关系，并以提高土地生产力为目标的学科；其理论体系建立在土地权籍制度、土地生产力和土地生产关系之上；其目标是基于土地权籍清晰的基础上，重点研究通过自然科学、社会科学、技术科学理论和技术手段，解决土地资源属性、土地利用规律、土地管理规则等内容，达到实现可持续利用土地的目的。而人文地理学科则主要是从人类与自然环境在特定区域和空间系统中的关系上入手来研究人与土地关系的；其研究方向可概括为以地理要素为主线的研究和以区域为框架的研究。这与土地科学学科形成了明显的区别。

实际上，类似土地科学学科的这种情况，也有一些其他相近学科间产生交叉，难以区别它们间的差异，大多数原因也在于这些相关学科在前三个维度上按一般性规定，有很大的相似性，导致难以直接区别这些学科间的差异。区别这些相关性较高的学科，关键在于这些学科的研究角度存在

---

① 详见本书附录，写给北京大学林坚教授关于土地权籍核心理论研究和学科体系研究四维空间的电子邮件。

很大的差别，并由此导致了相关学科研究的差异性和互补性。比如研究工程技术领域经济问题和经济规律的工程经济学（或称为技术经济学），与其他经济学最显著的标志就在于它是从经济角度解决对技术方案的选择问题。

有关土地科学学科的研究角度，过去少有研究，更没有人从研究角度研究土地科学学科的特殊性。在开展验证笔者对土地科学学科独立性研究结论时，由于在常用的学科研究对象、研究内容和研究目标三个方面较难完全区别土地科学学科与相关程度较高的学科间的明显差异，迫使笔者在将重点放到了对土地科学学科特殊性的深入研究上，结果不但验证了土地科学学科的独立性，而且还最终发现并提出了从"人、地、权"三位一体的独有角度研究人与土地的关系及其之上人与人的关系问题，是土地科学学科最明显的学科特征和最重要的学科特性，即：土地科学学科是从"人、地、权"三位一体的独有角度研究人与土地关系及其之上的人与人开展土地利用活动关系的学科，土地科学学科理论体系的本质都是围绕或基于这一特殊角度逐渐形成、完善并明显区别于其他学科的。

笔者认为这是土地科学学科的最本质的特征和属性。如果不从这样的角度研究土地科学学科，就难以掌握土地科学学科的本质属性和特殊性，也难以区别土地科学学科与其他相关学科的本质差别。

第二节　土地科学学科的独特研究角度
——"人、地、权"三位一体

土地科学是一门研究人与土地关系及其之上的人与人开展土地利用活动关系的科学，但它与有关研究人与土地关系和人与人关系的其他学科有着完全不同的角度和独特性。土地科学是从土地权籍入手，以"人、地、权"三位一体的系统角度研究解决土地及土地利用系统问题的，这是土地科学学科区别于其他相关学科的显著标志（见图5-1）。

笔者在本书第三章已经指出，土地科学学科视角下的"土地"系统，是一个有关人类可以设置并行使土地权籍的地球陆地表层空间。这就决定了土地科学学科研究"土地"系统的特殊性，即在追求人类可持续发展目标的指引下，基于土地权籍制度，利用系统科学的理论和技术方法，研究、协调、规范、改善、促进人与土地的关系及其之上的人与人开展土地利用活动的关系,从而通过土地可持续利用实现人类自身的可持续发展。这使得土地科学学科研究的"地"具有了明显的土地科学学科的特殊性,它既具有一般意义上土地的概念,又具有超越一般意义上土地的概念;它既具有某些其他相关学科视角下的土地的一般概念,又具有超越这些其他相关学科视角下土地的概念,即土地科学学科视角下特殊意义的不可替代的"地"。

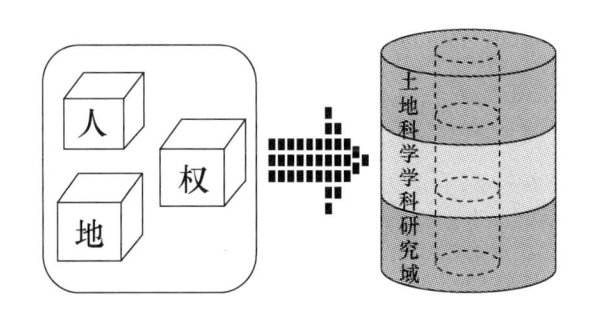

图5-1　土地科学的特殊研究角度

土地科学学科研究的对象是人地关系权籍时空系统及其中出现的一切土地现象,这一系统反映了人与地、地与地、人与人、人与环境、人与社会系统间的多种关系,这使得其研究的"土地"系统中的"地"的概念大大超越了一般意义上的"地"的概念。第一,在土地科学学科视角下的土地,具有土地的一般特性和功能,即具有自然的属性,存在着数量的有限性、质量的差异性、位置的空间性、属性的两面性、利用的可持续性、使用方向改变的困难性等特性,具有养育、承载、仓储、景观等功能。因此,它首先是一般的土地的概念。第二,在土地科学学科视角下的土地,又是一种具有特殊性的土地,即它是关于土地处置"权"的"地"。在某一确定的"地"上,既存在着管辖权也存在着所有权。这使得每一块确定的土地上都具有了利用和其他处置权的排他性。某一确定的土地只属于某一个(或某一群)人,而土地具有一切财富之源的特殊属性,使得人们能够从土地之中获得所需要的利益和财富,导致人们对土地的权属和使用变得非常敏感,如果某一块"地"的权属不清晰,涉及个人的有可能引发人与人的争执,严重的甚至发展为械斗;涉及地区或国家的则有可能引发地区间或国家间的冲突，严重的甚至会引发战争[①]。如果某块"地"的权属清晰，拥有这一土地"权"的人不同意，其他人也不能在这块"地"上做任何事，否则就会引起冲突。正是因为有了这种地上"权"的原因，才有了所谓"六尺巷"[②]的故事。因此，在土地科学学科视角下的"地"是一种具有了土地处置"权"的土地，而土地上的处置"权"既来自于这一确定的"地"，又超越了这一确定的"地"，使得土地科学学科视角下的土地变得比一般意义上的土地更加复杂。第三，在土地科学学科视角下的土地，还是关于如何"获取""地"和确定"权"给"人"的"地"，从而规定了人与人开展土地利用活动的关系。"土地占有关系又是土地关系和社会生产关系的重要特征。土地利用的规模和强度，不仅取决于自然科学技术，而且在很大程度上受制于土地关系的性质。……随着社会经济发展，土地面积的有限性和土地需求的增长性之间不协调性的存在，就产生了对土地资源合理分配和布局的客观必要性。在土地私有制的社会里，分配土地不单是一种土地丈量技术工作，通过对有限土地的数量分配反映着一定的土地关系（生产关系）"[③]。正是因为这样的原因，土地科学学科为人们提供了专门"获取""地"的技术和方法，比如土地整治工程技术、土地交易理论、土地租价理论等；建立了专门分配、调整"地"的"权"的规则和制度，比如土地所有权制度、土地管理制度、地籍及其登记制度等；由此形成了一系列用、护、管

---

① 谭术魁：《国外有关土地冲突及其管理的研究概要》，《中国土地科学》2007年第4期。
② "六尺巷"的故事说的是清朝文华殿大学士、礼部尚书张英（1637—1708，字敦复，号乐圃，清代名臣，文学家，今安徽桐城人）的故事。由于沿袭明朝官制，清朝废除了宰相之职，大学士则相当于宰相，位高权重，因此，桐城人习惯将张英也称为"宰相"。"六尺巷"位于安徽省桐城市城区西南一隅，"据《旧闻随笔》和《桐城县志略》等史料记载，宰相府西有一些空地与吴家相邻，吴家越界侵伊，于是，双方剑拔弩张，引起了一场争夺宅基地的轩然大波。张家快马进京送信向相爷求助。张英看到信件后，联想到宋朝尚书杨翥让墙诗：'余地无多莫较量，一条分作两家墙。普天之下皆王土，再让些儿也无妨。'于是提笔给家里回信，信上写道：'一纸书来只为墙，让他三尺又何妨？长城万里今尤在，不见当年秦始皇。'寥寥数语，寓意绵长，豁达大度的胸襟跃然纸上。于是，张家向后退了三尺，吴家感到羞愧，也让出了属于自己的三尺地基，该处遂成为一条六尺宽的巷子，六尺巷也因此而得名。宰相府旁让出的这条六尺巷，使城内城外多了一条便捷的通道。无论是城内居民还是城外农夫都免去了绕城之烦，省却了脚力之苦。因此，六尺巷的故事广为流传，成了妇孺皆知的美谈"（详见吴玲《试析六尺巷遗址的历史渊源、文化精髓及现实意义》，《丝绸之路》2009年第2期）。六尺巷的故事是一个美好的故事，但它从另一个侧面反映了土地权属的重要性。
③ 王万茂主编：《土地利用规划学》，科学出版社2006年版，第22页。

"权"的理论和方法，比如土地经济理论、土地规划理论和技术、土地保护理论和技术、土地资源管理理论和方法、土地调查理论和技术、土地信息技术等，使得人与土地的关系及其之上的人与人开展土地利用活动的关系能够得以有序协调、土地能够得以合理利用。这样三个层面上的内容和其规定性，构成了土地科学学科视角下的特殊的"土地观"和方法论，使土地科学学科从制度层面提供了人类利用土地并协调人与土地关系及其之上人与人开展土地利用活动关系的理论基础，从自然科学层面提供了人类利用土地并协调人与自然关系的理论基础，从社会科学层面提供了人类利用土地并协调人与社会关系的理论基础，从技术科学层面提供了人类利用土地并协调人与人、人与土地、人与自然系统关系的各种工程技术方法，从而使得土地科学学科成为能够全面研究并解决人与土地的关系及其之上的人与人开展土地利用活动的关系、提高土地生产力的一门系统科学学科。

第三节 "人、地、权"三位一体视角的进一步讨论

上一节从理论上讨论了"人、地、权"三位一体的视角是土地科学学科特有的研究角度，本节我们从土地科学学科的研究实践进一步讨论。

人类发展的历史，从本质上说就是一部有关利用土地并基于土地实现人类自身发展的历史。从古至今，人类都在一直以占有、利用土地资源并通过自然科学、社会科学和技术科学的各种理论和技术，不断提高土地利用程度和土地利用效率的方式来满足自身发展的需要。而古今中外，有关提高土地利用程度和土地利用效率的方式主要有两种，"一是从土地利用广度扩展，不断扩大土地利用面积，提高土地利用率（可利用面积/土地总面积）；二是向土地利用深度挖潜，增加劳动投入，不断提高土地集约利用程度，提高土地产出率（产量或产值或能量/单位土地面积）"[①]。这两种方式首先都和利用土地的人的生活和生产有关，因为人和土地是一个不可分割的统一体。由于人的增殖导致其生活和生产活动对土地资源的更多需求，保持人与土地的相对平衡，必然会引起提高土地利用程度和改进

---

① 王万茂主编：《土地利用规划学》，科学出版社2006年版，第13页。

土地利用方式的行动，而这些行动都要受到土地权籍制度的规范。前者扩大土地利用面积，前提是必须获得这些土地的处置权，才能实施扩大土地面积的行动；后者也是以获得土地的处置权为前提，只能在获得处置权的土地上开展进一步的深度开发利用，同时两者还都要受到土地处置权能大小、拥有时间长短等约束条件的制约，所以从土地科学学科的视角研究土地利用问题，必须要将土地权属与具体的土地空间同时作为研究对象和重要内容。而其他学科也好，其他行业也好，所有基于土地和利用土地的行为，也都是以土地权籍清晰为前提的，都依赖于国家土地管理机构基于土地科学学科研究提供的有关土地权籍清晰的理论和方法，提供土地权籍清晰的可利用土地。这既是土地利用的前提，也是土地科学学科所承担的责任和研究的内容，没有其他学科从这样的角度研究土地问题，也没有其他学科能够系统全面地研究和解决土地科学学科视角下的"土地"系统的问题。

一　以土地利用规划学为例，讨论土地科学学科"人、地、权"三位一体的研究角度

土地利用规划学是土地科学学科中的一门重要的骨干学科。土地利用规划学的研究对象是土地资源的合理分配和土地利用的合理组织。其实质是人类对一定区域未来土地利用超前性的计划和安排，是依据区域社会经济发展和土地的自然历史特性在时空上进行土地资源分配和合理组织土地利用的综合技术经济措施。其目的在于维持人类生存，优化组织土地利用，保护整个人类利益。其职责就是预测土地供需趋势，协调土地供需矛盾，追求土地利用的最大效益，引导土地利用的可持续利用[①]。

第一，土地利用规划学的根本出发点是维护人的生存和发展，是人类有目的地改造和利用自然与创建人为环境的具体行动，具有鲜明的社会目标导引和众多参与者的社会特征。这就使得土地利用规划学首先是以人本为核心、以土地权籍为基础、以人与土地关系协调为出发点，系统研究和制定土地利用规划。

第二，土地利用规划学在研究土地资源的合理分配时，是基于人及其拥有的土地权籍；而研究土地利用的合理组织时，也是基于人及其拥有的土地权籍，而土地资源的分配和土地资源的利用方式和结果又决定了土地生产关系。

---

① 王万茂主编：《土地利用规划学》，科学出版社2006年版，第16—24页。

第三，土地利用规划是对未来的土地利用的超前计划和安排，而这种超前的计划和安排既要从当期土地权籍状况和人口状况等方面出发，也要考虑规划期内土地权籍和人口及土地利用发展等方面的变化。

这些都使得人、土地和土地之上的权籍形成的三位一体的系统研究角度，贯穿整个土地利用规划学的研究过程。

二 以土地资源学为例，讨论土地科学学科"人、地、权"三位一体的研究角度

土地资源学也是土地科学学科中一门重要的骨干学科。土地资源学是一门"通过对土地资源的形成、发展、变化的研究，准确把握其分类、数量、质量的时空分布及演化规律，探讨其合理开发、利用和保护的科学。"其研究的重点是"紧紧围绕土地资源这个客体，通过对其几乎全部的自然属性和相关的社会经济属性的理论和实践问题研究，最终揭示出土地资源的能力及实现和保持这些能力的途径。"其"着眼点是以土地的产生、演变及其自然属性为主，关注其具有的潜在生产能力及演化趋势；出发点则是以资源的社会属性为主，满足人类的社会需求，保证人类的可持续发展。二者联结的纽带是社会科学技术，使其潜在的生产力变为现实生产力。"① 土地资源学的研究内容主要包括土地资源的产生及各主要组成要素的特征、对土地资源的理论认识和价值判断、土地类型与土地评价、土地利用/土地覆盖变化研究、人地关系与资源环境研究、区域土地资源及其利用状态分析②。

从土地资源学的属性和任务看，其"本质上讲是研究人地关系"③的。因此，其研究内容一方面是将土地作为自然物进行研究，另一方面又将土地作为社会经济属性的土地进行研究。

第一，土地资源学虽然首先研究土地的自然属性问题，但其着眼点是以土地自然属性的研究为基础，研究土地的潜在生产能力及演化趋势；出发点更是以土地资源的社会属性为主，满足人类的社会需求，保证人类的可持续发展。这反映了土地资源学研究人地关系的本质，而这种人地关系的基础是在土地权籍明确前提下土地能够满足人类需求的能力。

第二，从土地资源学的研究内容看，无不与人和土地的关系及其之上

---

① 梁学庆主编：《土地资源学》，科学出版社2006年版，第1—3页。
② 同上书，第3—4页。
③ 同上书，第11页。

的土地权籍密切相关。研究土地资源的产生及各主要组成要素的特征、对土地资源的理论认识和价值判断，都是基于人能够利用和处置这些土地的基础之上，其前提是能够设置和行使相应的土地权籍。研究土地类型与土地评价、土地利用/土地覆盖变化，既是为了满足拥有和行使管辖权和处置权的人的需要，也需要以土地处置权为前提。而研究人地关系与资源环境、研究区域土地资源及其利用状态，更需要从人和土地及土地之上的权籍角度系统考虑。

第三，土地资源学的研究直接服务于人对土地的利用需求，有关土地自然属性的研究和社会经济属性的研究，都是从有利于人的生存和发展的角度展开的，而涉及人与土地的关系、涉及人对土地的利用都要受到土地权籍的规范和制约，使得土地权籍问题成为其中重要的限制因素，成为土地资源学必须研究的问题。

这就使土地资源学的研究也需要从人与土地及土地权籍三位一体的系统角度展开。

土地科学学科的其他分支学科也都具有"人、地、权"三位一体的视角。比如土地整治工程也是土地科学学科的一门重要的分支学科，其主要任务是对低效利用、不合理利用、未利用以及生产建设活动和自然灾害损毁的土地进行整治，从而提高土地利用效率。而土地整治工程从开始到结束都涉及土地权籍的调整，并不是单纯的工程技术工作，权籍不清晰的土地是无法开展合法的土地整治工作的，其结果也无法达到提高土地生产力和调整土地生产关系的目标。因此，土地科学学科视角下的土地整治工程最核心和最重要的内容是有关土地权籍的问题。这也决定了土地整治工程也必须有"人、地、权"三位一体的研究角度。如果没有这样的研究角度，土地整治工程和农田水利工程、土木建筑（前期）工程等还有什么区别呢？

综上讨论，我们能够得到这样的结论：从"人、地、权"三位一体的角度，系统研究土地和土地利用系统问题，是系统、全面研究、解释、解决人与土地关系及其之上人与人开展土地利用活动关系的最核心、最基础的问题，也是土地科学学科区别于其他学科的重要特征，除了土地科学学科以外，没有任何其他学科以"人、地、权"三位一体的角度系统研究土地问题，因此也没有任何一门其他学科能够代替土地科学学科承担的任务并解决土地科学学科研究域的全部问题。

第六章 土地科学的演进
——过去、现在和未来

第一节 一个理论分析模型

我们在本书第四章讨论土地科学学科研究域的外部形态和内部结构时，留下了土地科学学科研究域是如何形成的一个疑问。而土地科学学科的形成实际上也是关于土地科学学科研究域的形成问题。

本书第四章有关土地科学学科研究域的形态和构造的讨论，实际上是被控制在一个确定的时间维度区间里的，因此有关土地科学学科研究域的外部形态是一个相对静止的现势状态。研究土地科学学科的形成则需要从时间维度上讨论土地科学学科研究域的形成过程。因为随着时间维度的增长，土地科学学科研究域的空间也会发生不同程度的扩大，而这种扩大是因为影响其研究域需要研究解决的问题的方式来实现的，一种是"t+1"时需要研究解决的问题对于"t"时而言是全新的，一种是"t+1"时的科学理论和技术对"t"时已有问题的认识和研究解决的方法是发展和更新的，结果必然导致"t+1"时土地科学学科研究域在空间上和内容上都超过了"t"时，使得土地科学学科研究域的空间随着时间维度的增长，出现了时空维度上的"层状"叠加增长。

时空关系是一个四维空间。按照广义相对论，时空四维空间是在三维空间中还存在着一个时间维（见图4-3）。我们平常所观察和感觉到的世界是一个三维空间，但实际上是一个超过三维的时空，而我们所看到和感到的三维空间实际上只是在时间维度上的瞬时状态，通常我们忽略了时间的维度。为了容易理解这个四维时空，笔者采用一个简单和形象的比喻来描述，即我们可以简单地把它理解为类似于一个三维物体沿着时间维度（坐标轴）方向的运动过程或轨迹。借助四维时空关系，我们就能够更好地研究并解释土地科学学科研究域的形成及其内部结构的成因，由此也就能够解释土地科学学科的形成了。

由前面的讨论能够知道，在三维空间中研究土地科学学科研究域的不足，主要在于缺少时间维度的条件下，其结果是现势的静态结果（见图6-1），我们看不到其发展的轨迹，既不能回答其如何而来的疑惑，也不能"预见"其未来发展的方向,使得我们难以寻找其前因后果。

但是在四维时空中研究土地科学学科研究域时,由于时间维度的存在,我们所观察到的则是土地科学学科研究域现势的形态和其发展的轨迹(见图6-2)。在此基础上,我们可以追溯其形成的时期和原因,还可对其未来的发展做出"预测"。

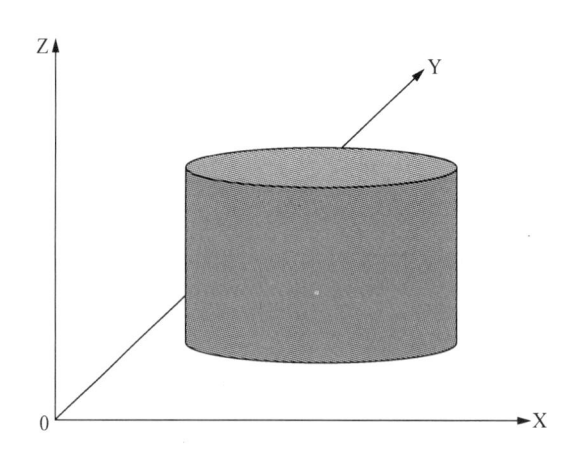

图6-1 三维空间中土地科学学科研究域的形态示意

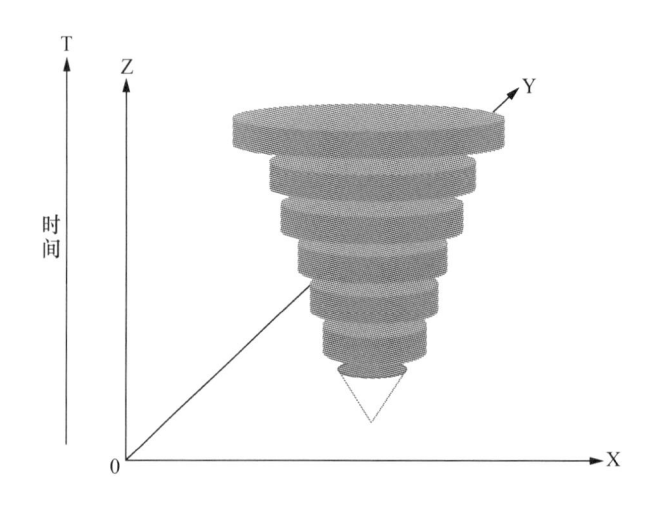

图6-2 四维空间中土地科学学科研究域的形态及其演进轨迹示意
——学科发展时空锥

比较图6-1和图6-2中的土地科学学科研究域,可以明显看出两者的形态是完全不同的。在三维空间中看到的是现势静态的圆柱体,但是在四维空间中沿着时间维度的方向,土地科学学科研究域的形态则是一个敞口向上的连续扩大的圆锥体,笔者将其定义为土地科学学科发展时空锥(为了使读者能够更清楚地理解这种不同,笔者将土地科学学科研究域的锥体形态有意画成了不连续的锥体形态)。

图6-2中构造的模型,非常形象地描绘出了土地科学学科研究域的形成过程,使我们能够更好地研究并追溯土地科学学科的形成和演进路径。

土地对于人类而言,既是最基本的生活和生产资料,也是较早出现的制约人类生活和生产的重要因素。人类因为土地而出现,土地为人类的发展提供了重要的生活空间和物质财富的来源。从宏观角度看,土地对人类的贡献远比限制更大;但是从微观角度看,由于土地具有的位置固定性、面积有限性、质量差异性、功能永久性、供给稀缺性、利用方向变更相对困难性、报酬递减可能性、利用后果社会性等特殊性质,在局部环境里又较早地形成了对人类生活和生产活动的制约。因此,土地问题的出现较早,而且土地问题可能也很具体但一定较为重要,有关土地的"知识"的出现一定和人的生活、生产活动密切相关,一定对人的生活和生产关系重大,且表现较为简单。所以追溯土地的"知识"的最初形成,理论上应当是在土地成为人类生存制约因素的那一时刻,其研究域的空间一定比较小,也就如同图6-2中构造模型的锥体的顶端。

随着时间维度的增长,土地问题对人类的生活和生产活动的影响逐渐加大,从而引起有关土地的问题也逐渐增多,使得有关土地"知识"的研究域也相应扩张,迫使人类不断提高认识和研究土地"知识"的能力,结果导致土地科学学科研究域呈现出图6-2中构造的模型演进路径,并最终发展至今。可以预见,土地科学学科研究域未来的发展仍然会随着时间维度的增长而扩张,理论上这种扩张会一直持续到不再有新的制约因素为止。

土地科学学科研究域的这种时空关系模型,我们并不能直接观察到,需要我们通过对时空关系的分析才能描述出来。这非常类似于广义相对论中的"将来光锥"的概念。

史蒂芬·霍金在《时间简史》中分析宇宙时空关系时,描述了光锥的概念和形成的原因,他写道:"从一个事件散开的光在四维的时空里形

成了一个三维的圆锥，这个圆锥成为事件的将来光锥。"① （见图6-3）
而这一光锥的形成"如同将一块石头扔到池塘里，水表面的涟漪向四周
散开一样，涟漪以圆周的形式散开并越变越大。如果将三维模型设想成包
括二维的池塘水面和一维时间，这些扩大的水波的圆圈就画出一个圆锥，
其顶点即为石头击到水面的地方和时间"②。（见图6-4）

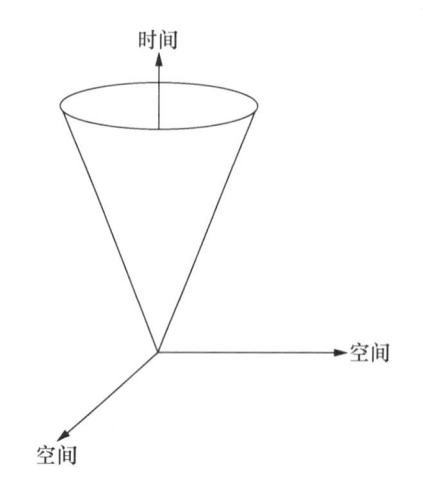

图6-3 时空光锥示意

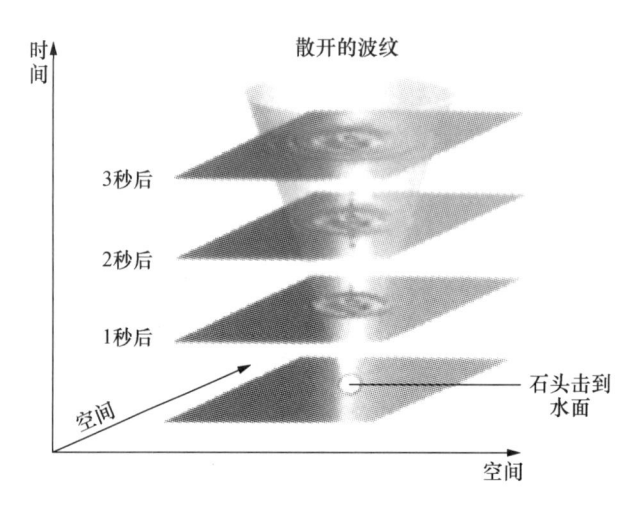

图6-4 时空光锥形成的原理

---

① 史蒂芬·霍金：《时间简史》（插图版），许明贤、吴忠超译，湖南科学技术出版社2002年版，第37页。
② 同上书，第36—37页。

土地科学学科研究域的形成与时间光锥的形成原因是十分相似的。

第二节 土地的学问——地籍的产生

土地利用对于人类早期来说，予取予用，本不是问题。在人类开始土地利用活动之初，土地利用是一项公共利用活动①。马克思在《资本主义生产以前的各种形式》中指出："土地是一个大试验场，是一个武库，既提供劳动资料，又提供劳动材料，还提供共同居住的地方，即共同的基础。人类朴素天真地把土地看作共同体的财产，而且是在活劳动中生产并再生产自身的共同体的财产。每一个单个的人，只有作为这个共同体的一个肢体，作为这个共同体的成员，才能把自己看成所有者或占有者"②。

原始社会早期，人类主要以采集、渔猎方式为生，冬居洞穴，夏住树上。为了共同生存和绵延子孙，相互聚集，形成了一种相对松散的群团式的流动性生活方式，一同游迁，一同觅食，共同抵御自然灾害。这一阶段，人类都把土地、森林、竹木、各种果实及野兽等视为天然的财富，取之不尽，用之不绝，因而人类个体和群团都没有对土地等资源占有的观念③。

旧石器时代，随着人类在采集、狩猎、捕捞等经济生活过程中，逐渐意识到工具的重要性，开始对一些自然物经过粗糙的打凿磨制，形成了诸如最原始的类似刀、斧、镰、铲、镞等石质劳动工具，从而促进了当时生产力的发展，也促成了生产者因年龄、性别、能力等原因的分工。由于工具带来生产力和改造自然能力的提高以及人类分工的发展，首先形成了一些人类群团内个体间的互助和经济联系，而后这种互助和联系又促进了不同群团的合作、融合。引起了群团内同血缘同辈群婚逐渐向群团间不同血缘族外婚的变化，以氏族为中心的群团联系逐渐变得密切起来，形成了更大的群团——部落。随着更多更大规模的狩猎活动进一步巩固了部落内氏族间的关系④。与此同时，由于人口的增长受到其所占有土地上的可利用

---

① 林清泉：《中国封建土地制度史》，中国社会科学出版社1990年版，绪论第1页。
② 《马克思恩格斯全集》第46卷（上），人民出版社1979年版，第472页。
③ 李元主编：《中国土地资源》，中国大地出版社2000年版，第319页。
④ 同上书，第320页。

资源可能会出现的相对不足，出于生存的需求，一方面会以提高土地生产力的方式，拓展他们的生活生产空间（表现为以"迁徙"和"夺占"其他空间的方式）；另一个方面会在有限的空间里通过一些改良的方式提高土地生产力，从而引起有关土地生产关系的相应改善。

在这种情境下，一些相邻的部落间很容易出现相互侵占活动空间的事件。这使得人类初步意识到，拥有更多的土地对于主要以采集果实、狩猎动物为生的人类而言是十分重要的事情，因此开始产生了部落群团对周边土地排他性的占有欲。由于这一时期人类绝对数量相较于土地数量而言较少，大部分部落间都有较为充裕的土地可以利用，因此部落都将自己周边的土地作为自己部落的狩猎、采摘范围，而将部落间的中间地带作为各部落范围的界限，这一范围内的土地都属于部落全体成员公有，其他部落越过中间的界限就会产生部落间的纠纷[1]。

到了新时期时代，随着人类使用的工具有了更多的发明和更好的制造技术，特别是铜器的出现和使用，使得人类生产方式发生了很大的变化，农业和畜牧业生产开始出现并与采集、渔猎生产逐步分离，手工业开始出现和发展。农业生产的发展改变了人类生产和生活的方式，部落群体占有土地的重要性更为突出，同时农业的生产方式也更适于由较小群体开展，因此部落群体公有的土地交给氏族公社经营生产，逐渐形成了氏族公社所有。而后氏族公社又逐步把土地、手工业生产工具分配给各个家族使用，以家族单位经营，又逐渐演变为家族所有。经过这样的演变，原始社会土地公有制就形成了土地的多级所有。农业生产和手工业生产的出现，使得人类逐步走出洞穴和山地，把田野附近或中心临时性野营居住地变为长期定居的聚落和村落，这种围绕土地利用而产生的聚落和村落，逐渐使以前主要由血缘关系组成的氏族公社转变为主要以地域地缘关系组成的农村公社为主[2]。

但是，这种农村公社是直接从原来的氏族公社发展而来的，其最初的土地分配仍然带有原来氏族公社以家族为单位的残余。由于各家族人口多寡不同，不同家族和同一家族成员间所得的份地在数量上也不相同，在最初的分配阶段便出现了差异[3]。

---

[1] 李元主编：《中国土地资源》，中国大地出版社2000年版，第320页。
[2] 同上。
[3] 同上书，第321页。

问题是，农村公社的出现使得原始社会土地公有制转变为土地多级所有后，农村公社条件下生产产品的分配制度是否也同期发生了质变？即也由原始社会土地产品分配的公有制转变为农村公社条件下的多级所有或家庭所有？笔者分析，在农村公社出现的初期，土地产品的分配还应有较长的时间采用公有分配制度，以保证农村公社内部成员的利益平衡。这种情境下，农村公社成员分配得到的土地数量和质量并不会受到太多的注意，应该在土地的分配上主要关注的是以家族为单位分配的数量和生产产品用于农村公社内部成员或者同级土地公有成员的数量上。然而，随着这种土地使用的分配和土地产品分配的公有制的发展，有可能发现不同土地的生产能力存在明显的差别，导致能够供给公社内部或同级土地公有内部成员生产用于共同分配的产品也存在明显的差别。针对这种差别，可能有两种发展路径。第一种是，由于这种情况对于仍然实行农村公社土地生产产品的共同分配，公社内部成员并不在意使用土地分配的质量差异，相反有可能随着人们利用土地能力的分化，一部分农业土地出现了逐渐向利用土地能力较强的使用者转移并延长其利用时间的现象，而另一部分人有可能减少利用农业土地而从事其他手工业生产的现象，逐渐使得人们也习惯了这种土地利用活动的安排，使得公地私耕得到进一步巩固，从而逐渐产生一种原始的有关土地利用活动分工的"秩序"，人们有关土地利用的活动按照一定的"秩序"变得"有序"和"有效"；同时，由于这种土地利用活动的"秩序"，改变了土地利用的绝对公平性，引出了土地利用活动生产产品、收获分配的问题，也需要制定一种与土地利用活动"秩序"相对应的收益分配的"秩序"，这两种"秩序"共同聚焦于同一块土地上，使得这一土地上产生了一种从土地利用活动开始到土地利用活动收益分配相一致的"利用—分配秩序"，这一"利用—分配秩序"对应到具体的每一块土地上，就自然形成了一种有关早期"土地权籍"的雏形，使得人类有关利用土地的活动遵循这种制度的安排，从而也就出现了早期地籍的雏形。另一种发展路径是纠正这种差别。纠正这种差别又存在两种方式，一种可能是重新调整土地的分配，但较为复杂；另一种可能是通过调整土地生产产品上交的数量用于公社成员或土地公有同级内部成员的分配，从而达到调整由于不同家族被分配的土地质量和人均土地数量不平衡的目的。

这一调整过程实际上是"公耕向私耕的转变"过程，大体上分为4

个阶段：土地以家族为单位分配，部分共耕部分私耕；家族之间定期更换耕地或住宅，平均分配已开垦的肥沃土地，对于质量差的土地，或无力耕种或仍然采取自然分配方式；对肥沃不同的各类土地都进行等分分配；对肥沃程度不同的土地用加授休耕的办法体现均分[1]。

这一转变过程逐渐使得"村社成员间对土地作为财富之源的价值开始重视，并逐渐意识到不同质量的土地产生的收益不同，因而不仅逐步要求消除家族公社内、外份地占有量上不平均的现象，而且要求根据土地肥沃程度采取加授 0.5 倍、1 倍或 2 倍的办法补偿因质量不同而引起的差异。这在认识上是一大进步，它使农村公社土地分配进入新的阶段"[2]，也更为合理——在固定份地基础上，通过加授面积的方法，实现了农村公社成员间在不同质量土地生产能力分配上的平衡。但是，应当注意的是，这种实现分配平衡的方法和结果，只能实现短期的不同质量土地生产产品的平衡，并不能实现较长时期的平衡，需要根据变化不断地进行调整。因此，这种转变必然会引起土地生产关系的调整和转变。

这种因土地质量、数量差异分配引起的不同土地上生产产品用于分配数量差异的对应或匹配的规定性，便使得土地出现了肥沃、好坏的原始等级概念，也同时产生了与这种土地原始等级对应的类似原始地租的概念。这种获得使用某一块土地从而享有利用这一土地的权利，同时又承担上交这一土地对应数量生产产品的义务，正是原始"地籍"的概念。因此，这种人类在开展土地利用的活动中，由于土地的特殊性和人类分工的原因，产生的有关使用土地的分配"秩序"和使用土地生产的产品分配"秩序"，导致了有关土地的初始"知识"的出现，即原始"地籍"的雏形。正是这种原始的土地等级和土地分配"秩序"与土地生产产品的差异和产品分配"秩序"的出现，才会导致剩余产品的出现以及产品交换的出现，进而引出个人占有剩余产品并逐步出现私有财产的结果，从而使得以原始氏族公社公有制为基础的社会，逐步向以生产资料私有制为基础的社会过渡，使得有关地籍的"知识"逐步形成、发展完善，并成为人们开展土地利用活动和调整生产关系的重要基础。地籍的出现和发展，加速了土地权利及其土地制度的硬化，同时也逐步发展形成了有关土地利用

---

[1] 岳琛：《中国农业经济史》，中国人民大学出版社 1989 年版，第 29—32 页。
[2] 李元主编：《中国土地资源》，中国大地出版社 2000 年版，第 321 页。

和管理的系统"知识体系"。

经过长期的演变、发展，使得早期的地籍逐渐演化成现代的地籍学、早期的"土地权籍制度"逐渐演化成现代的"土地权籍制度"。

第三节 土地科学的发生：一门原生的学科

由上一节的讨论我们能够清楚地看到，地籍学是一门原生的学科，既不是上级学科派生形成的，也不是由其他学科推演形成的。早期地籍是地籍学的起源，而地籍学又是土地科学学科兴起的重要基础。

人类早期与土地的关系起于土地利用活动，由此引出了有关土地利用的两个方向上的"知识"，一个方向是有关"具体怎么利用土地"的"知识"，一个是有关"怎么才能保障开展具体利用土地"的"知识"。

第一个方向是我们最容易想到和理解的"知识"，即有关人类如何在"土地上"开展具体土地利用活动的"知识"，比如如何在土地上种粮食、如何在土地上放牧、如何在土地上盖屋建城、如何在土地上采矿和冶炼等等。这类知识都是将土地当作具体土地利用活动中的"基本材料"即"生产资料"和"生产对象"的前提下，主要研究人类如何在"土地上"或者借助"土地"来开展具体土地利用活动从而改善生存条件和提高生产力的"知识"。所以很容易发现，它们基本上都是有关土地怎么"用和建"的"知识"。经过漫长历史时期的发展，最终演进成为现在那些有关主要以提高土地生产力为主的科学，比如有关提高农林业土地生产能力的农学、林学等，比如有关提高工业土地生产能力的建筑工程、道路交通工程、采矿工程等，比如有关提高生活用地生产能力的房地产开发、生态修复、湿地保护等，它们基本上都是通过对土地实施工程和技术手段来实现服务人类生存和发展目标的。

第二个方向则是有关"怎么才能保障开展具体利用土地"的"知识"。它是由第一个方向"具体怎么利用土地"引起的"知识"。由于土地具有数量的有限性、空间的固定性、质量的差异性、利用的排他性、利用方向改变的困难性、报酬递减规律、利用的社会性等多种自然和社会经济特殊性的存在，使得人类在第一个方向上的有关土地利用的活动逐渐受到上述土地特性的制约，即使在自己管辖范围内的土地也不能再随意地开展土地利用活动了，有关土地的生产关系开始逐渐发展成为制约人类开展具体土地利用活的限制因素，人类不得不面对土地生产关系的制约，逐渐开始认识和研究解决这些影响开展具体土地利用活动的问题，由此也逐渐积累起有关如何保障人类能够开展具体土地利用活动的"知识"，比如针对土地数量短缺、质量差别，逐渐形成了兼顾数量和质量的土地配置（份地）的分配方法；比如针对由于土地质量差异引起的生产力不同形成的物质产品数量和质量的差异，逐渐形成了地租理论；比如由于土地空间位置的固定性和宜用性的差别，逐渐形成了土地适宜性评价和土地规划布局的理论和技术；比如针对土地数量和质量的差异、土地利用的排他性和社会影响性等因素，逐渐形成了土地权籍理论和制度；比如针对土地数量和质量的差异、土地报酬递减规律、土地宜用性等因素，逐渐形成了土地开发、改良、复垦等改善土地立地条件的工程技术手段和方法，等等。这些"知识"都体现出从有序开展土地利用和有效降低土地利用经济性的方面，为第一方向的具体土地利用活动提供改善土地利用条件、保障土地利用效益和维护土地利用秩序的特征，即使采用工程技术等其他手段和方法，其出发点、目标和结果也都是以达到更有利于开展第一方向的具体土地利用活动为目的的，而不是直接开展第一方向的具体的土地利用活动。它与第一方向的有关土地"知识"的区别就在于，它是主要服务于如何提供更高质量的可利用土地、更合理地配置可利用的土地、更有效地调整土地生产关系，从而能够有利于更大程度地提高土地生产力。很显然，现代土地科学学科就是这里所讨论的第二种有关土地的"知识"的积累而逐渐形成和发展起来的关于土地的"知识体系"，这是土地科学学科与其他以具体开展土地利用活动的相关学科的根本区别，而它在土地权籍基础上能够采用包括工程技术手段来实现调整土地关系的特征又使它明显区别于从其他角度调整人地关系的学科，这才是土地科学学科经过数千年的科学发展和演进仍然不能被淹没反而崛起的根本原因。这是科学的进化和必然的结果，无论你叫它什么名称，它所包含的内容和研究的目标都是确定的。

如果不是这样的话，坚持将土地科学归入第一个方向的"具体怎么利用土地"的"学问"的话，那么它就是一门研究"具体怎么利用土地"的"知识"了，问题是它是研究哪一种"具体怎么利用土地"的"学问"？如此的话，它还能叫我们已经定义了三十多年的"土地科学学科"

吗？或者说它还是我们已经定义了三十多年的"土地科学学科"吗？答案是非常明确的，它一定不是我们已经定义了三十多年的"土地科学"了，它也不应再以地籍学和土地经济学作为起源和核心理论了。

从历史和学科的发展方面看，过去很长一段时期的趋势是用越来越细的分工来细分学科，但是随着近代科学的发展，在微观领域研究取得重大进展的同时，人们也越来越意识到学科的边界正在逐渐接近、交叉，就像本书图4-4和图6-2中显示的那样，随着时间箭头的方向，很多学科的空间距离越来越小甚至重合。这种学科的发展演进在当前体现出有越来越多的学科出现了交叉学科的特征，因此学科交融已成为科学发展的一种动力和需求。笔者敢于预言，未来的学科在越来越难以划出边界的同时，学科的核心属性和特殊性也会越来越得到强化，而不具这种特殊核心属性和内涵的学科将会逐渐变弱、融合而退居服务那些具有核心属性和内涵的学科。

正是在上面讨论的背景中，以土地权籍理论、土地经济学理论和土地可持续利用理论为学科核心内容和基础内容构建起来的，研究以土地利用活动而引起的有关人地关系及其之上人与人开展土地利用活动的关系的学科——土地科学学科才得以逐渐形成和崛起，这也就决定了土地科学学科是一门原生科学的本质。

地籍学是土地科学学科关键性和基础性学科，也是土地科学学科所特有的基础课程，构成了土地科学学科重要的学科基础，以地籍学为核心构成的土地权籍理论构成了土地科学学科的不可替代的核心理论，其视角成为土地科学学科的独有的学科研究角度。而土地经济学的理论给人们提供了调整和改善土地生产关系的基本理论和方法，土地可持续利用理论则给人类提供了一种调整和改善土地生产关系的重要途径和手段。

我们从上面的讨论分析中可以确定，早期土地科学学科发生的起点应当位于土地科学学科研究域四维空间坐标系中的0′点（见图6-5，为了分析方便和表述简单，笔者暂以四方体来替代土地科学学科的柱形研究域，并将X坐标轴的方向假定为从右向左），即：土地生产力方向为a、土地权籍制度方向为b和土地生产关系方向为c的交点。另外，我们将0′对应的时间维坐标设为t。

由图6-5可以看出，在t时出现了土地科学研究域的起点0′，0′点的出现，使得制约土地利用的因素开始相应出现，人们需要并开始研究克服或消除这些因素的影响，然而这需要一些时间才能达到克服或消除这些

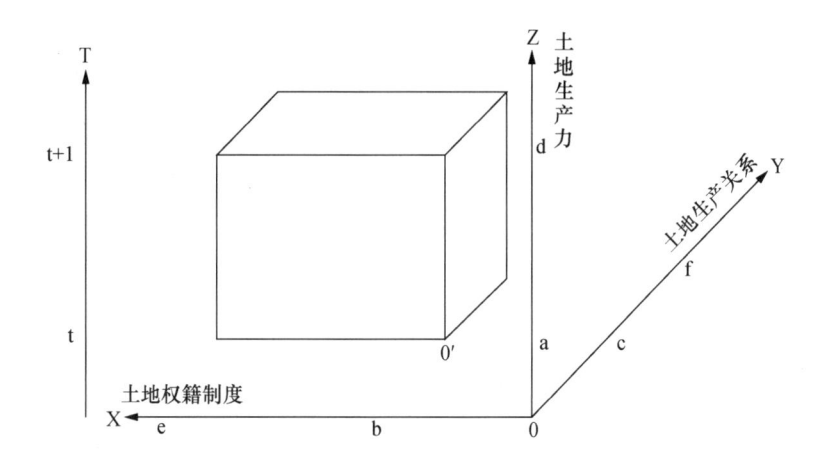

图6-5 土地科学学科研究域的出现（t）和向t+1的扩张

因素影响的目标，即当人们经过一段时间的研究和实践后找到了克服或消除这些影响因素的方法，达到了研究域的一种平衡。但是，这时已经从时间维的t时走到了t+1的时间。经过t到t+1的时间，有关土地生产力的研究和提高并不会停滞在t的时间上，而是也会随着时间的箭头由t时的a点提高到t+1时的d点，这意味着有两种可能发生，一种是有关土地生产力的研究和实践都得到了提高，一种是有关土地生产力的研究和实践都保持原有水平不变。如果生产力研究和实践的水平都提高了，d点就会高于a点，即d>a。由于一定的生产力对应着一定的生产关系和土地权籍制度，有关土地生产力研究和实践水平的提高也必然会引起有关土地生产关系和土地权籍制度研究和实践水平的提高，使得土地权籍制度方向上出现e>b和土地生产关系方向上出现f>c的提高，土地科学学科研究域就会出现(d-a)×(e-b)×(f-c)的扩张。如果有关土地生产力的研究和实践的水平保持不变，仍停留在a点，而有关土地生产关系和土地权籍制度的研究和实践也不会发生变化，土地科学学科研究域也不会出现改变。但是考察人类发展史和科学发展史，这种情况发生的概率非常小。因为，即使发生战争那样能够影响对土地生产力研究和实践水平的事件，也只能影响人们开展研究和实践的工作而不会影响人们研究提高土地生产力的思想和认识。因此，本书暂时只研究随着时间箭头的方向及有关土地生产力研究水平提高的情况。

我们从图6-5看到，当时间维达到t+1时，土地科学学科研究域达到了一种在 t 时所需要的暂时的平衡，产生了由 a、b、c、d、e、f 6 个点为控制点形成的立体空间域。但是从时间维 t 时到 t+1 时的时间内，实际上土地生产力的水平也出现了相应的提高（d），土地生产力水平的提高又会引起土地生产关系（f）和土地权籍制度方向（e）上的相应变化，使得由 a、b、c、d、e、f 6 个点为控制点形成的立体空间域既存在 t 时的平衡，也包含 t+1 时的不平衡。

t+1 时出现的这种新的不平衡，又会促使人们为了实现 d 点（t+1）的新平衡而开始新的努力，以实现 d 点平衡的目标。因此，在时间箭头的作用下，这又促成了土地科学学科研究域的新的扩张（见图 6-6）。

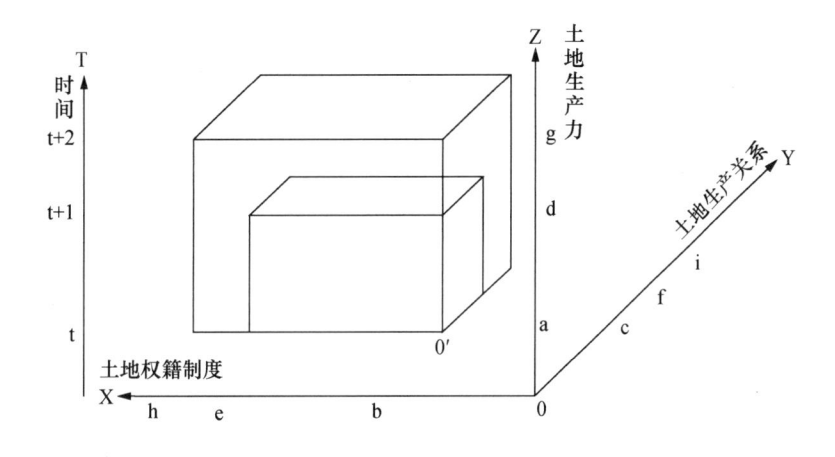

图 6-6 土地科学学科研究由 t+1 向 t+2 的扩张

上面的分析，从人类利用土地的角度，解释了为什么地籍学和土地经济学是土地科学学科中历史最悠久、重要性最高的基础学科的原因。其他各分支学科都是在这两个学科的基础上，围绕人类不断提高土地生产力的需求和能力，伴随土地科学学科研究域的内生性扩张而逐渐出现并形成的。

上面的分析，从土地科学学科的发生角度，解释了土地科学学科的本质属性：即土地科学学科从最初的萌芽开始，就是一门有关土地生产力、土地生产关系和土地权籍制度的系统科学。或者换一种说法，就是土地科学学科是一个有关土地生产力、土地生产关系和土地权籍制度的函数。这一点对于人们认识现代土地科学学科的本质属性至关重要。

上面的分析，也解释了我国土地利用和管理实践为什么长期围绕土地权籍制度和提高土地生产力、调整土地生产关系的三个方面展开的原因了。

第四节 土地科学的演进和发展趋势

土地科学学科的出现，本质上是人类提高土地生产力的内生需要和结果。土地科学学科的演进过程也是人类不断提高土地生产力的过程和必然结果。

有关国家的出现，使得人类提高土地生产力的要求迅速提高，土地生产关系也随之发生了很大的变化。初期在一些国家内部，可以通过改善土地生产关系和土地权籍制度的方式来适应提高土地生产力的要求。但是，当这种改善难以平衡提高土地生产力与土地生产关系和土地权籍制度的矛盾时，人们就会逐渐产生打破土地生产关系和土地权籍制度"天花板"制约的欲望，并逐渐将这种欲望转变为具体的行动，比如采取暴力甚者战争的方式实现土地空间的外部扩张，以实现其人与土地的关系及其之上的人与人开展土地利用活动的关系的再平衡。这也是历史上很多国家间发动战争和一些国家内部出现动荡的根本原因。因此，平衡土地生产力和土地生产关系、土地权籍制度间的矛盾，很早就已成为所有国家政府的一项重要工作和任务。

值得庆幸的是，经过长期的发展演变，很多国家的人与土地的关系及其之上的人与人开展土地利用活动的关系，通过多种方法和途径得以化解，并在一定程度上取得了一种平衡，而且在近代以来的发展中，很多国家和地区通过多种方式，将提高土地生产力引起的有关人与土地关系及其之上的人与人开展土地利用活动关系的调整任务，分解为各行各业、各个科学学科的共同认识和共同任务，融于各个方面的标准和方法之中，使得这种关系仍然能够保持一种可控的平衡或亚平衡，至今尚未出现形成"显化"的土地科学学科的环境和条件，使得土地科学学科并没有在其他国家出现，而是根据各个国家或地区在调整人与土地关系及其之上人与人开展土地利用活动关系的需要，产生了许多土地科学学科的分支学科和相关学科，承担着土地科学学科的部分任务。

而我国由于特殊的人地矛盾较为尖锐,有关实现提高土地生产力与土地生产关系、土地权籍制度的平衡,并没有能够通过世界上大多数国家采取的分解为各行各业、多学科的分担方式得以实现,使得有关土地的问题逐渐发展成为影响我国社会经济发展的重要制约因素,不得不采取集中强化研究和实施土地利用管理的方式来化解越来越严重的土地生产力、土地生产关系和土地权籍制度间的矛盾,结果导致了土地科学学科在我国首先得以形成,并在三十多年的时间里,以一种"显学"的形式在我国迅速崛起并快速发展起来,成为在很多方面领先于其他国家的一门新兴的重要学科,并为我国社会经济改革和发展提供了重要的理论和技术支撑。不过遗憾的是,这一由我国创立的新兴学科本应成为实施我国建设创新型国家战略在科学研究领域上的一个突破,却受我国原创学科发展时间较短、重视程度低、基础理论研究不足以及缺乏国际同类学科发展经验借鉴之累,长期没有得到我国科学界和有关部门应有的重视和支持,使得这一新兴的土地科学学科的发展受到了很多钳制,影响了土地科学学科界开展土地科学学科建设研究的积极性,有关土地科学学科的本质认识、土地科学学科体系的构建等重要问题也难以开展深入的研究,延滞了土地科学学科基础理论的深入研究和学科体系的完善,导致很多人士仍然可以固执己见,习惯性地将土地科学学科的理论体系与土地资源利用管理的工作体系混为一谈,否定土地科学学科独立性的客观事实,致使土地科学学科长期以来都没有在我国科学界取得独立学科的共识,一直难以跨越土地科学学科在形式上成为我国科学领域和教研领域一级学科的发展门槛,给土地科学学科的进一步发展带来了很多困难。

土地科学学科作为我国的一门原创学科,不仅反映了我国人地矛盾十分尖锐的现实和土地利用管理对我国社会经济改革发展的特殊重要性,也体现了我国在土地科学学科建设方面的软实力,是我国充分发挥软实力,实现"中国制造向中国创造转变"战略在土地科学学科建设领域上的具体实践和体现,本质上也是对世界文明和科学发展的贡献。对于我国社会经济改革发展实践非常需要并有力支撑我国长期改革开放和社会经济建设、领先于世界其他国家的一门原创并具有超前性的独立学科——土地科学学科,我国有关科技、教育、土地资源利用管理等部门不仅没有理由忽视和轻视,甚至无视土地科学学科的建设和发展,错失我国土地科学学科发展的战略机会,而且还应当为土地科学学科的发展而感到高兴和自豪,并应该对土地科学学科的进一步发展给予更多的支持。

在我国,土地科学学科的雏形出现以后,有关土地的问题研究已由源于人类对土地的初级利用,逐步扩展到通过对土地权籍制度的建立和完善、调整土地生产关系,从而进一步提高土地生产力的方面。这种变化引起了土地科学学科的产生和发展。在土地科学学科研究域中,土地权籍制度和土地生产关系一方面形成了人类提高土地生产力的限制因素;另一方面又促使人们努力消除土地权籍制度和土地生产关系对提高土地生产力的制约,结果导致了新的土地生产力和旧的土地权籍制度、土地生产关系的矛盾和新的不平衡,从而推动人们为化解新的土地生产力与旧的土地权籍制度、土地生产关系矛盾的改革,以实现一种新的土地生产力条件下的土地权籍制度和土地生产关系间的平衡,使得土地科学学科研究域发生了同步扩张,从而不仅使得土地科学学科研究和土地利用与管理实践的水平得到了进一步提高,也使得土地科学学科本身得到了进一步的发展。这种情况,可以用图6-6来描述。

由上一节的讨论中,我们知道了在图6-6中,从时间维t时到t+1时,土地科学学科研究域发生了$(d-a)\times(e-b)\times(f-c)$的扩张,在时间维t+1时既实现了时间维t时有关土地生产力(a)和土地权籍制度(b)、土地生产关系(c)三者构成的土地科学学科研究域($a\times b\times c$)的平衡,也包含了t+1时有关土地生产力(d-a)和土地权籍制度(e-b)、土地生产关系(f-c)三者构成的土地科学学科研究域扩张部分$(d-a)\times(e-b)\times(f-c)$的不平衡。

在土地科学学科研究域的这一扩张中,随着土地问题的增多和复杂程度的增加,大量从不同角度研究、解决各类土地问题的相关学科的理论、技术和方法主动或被动地进入土地科学学科研究域,一方面在土地科学学科研究域中吸引了大量学科的加入,产生了大量为解决土地问题的学科交叉,一方面又使得一些在土地科学学科研究域中发生相关学科交叉的理论、技术和方法逐渐转化为土地科学学科的专用理论、技术和方法,从而解决了随着土地科学学科研究域扩张后出现的许多新问题,实现了土地科学学科研究域扩张后的新平衡,同时也增强、增厚了土地科学学科。

经过这样的一个过程后,在时间箭头的作用下,时间维到达了t+2。与此同时,土地生产力的坐标也到达了g点,并引致土地权籍制度坐标到达了h点、土地生产关系坐标到达了i点,使得土地科学学科研究域进一

步扩张到 (g-a)×(h-b)×(i-c) 的空间域。同样的道理，在时间维 t+2 时，既实现了 t+1 时土地科学学科研究域的平衡，也出现了从 t+1 发展到 t+2 时土地科学学科研究域扩张部分（(g-a)×(h-b)×(i-c) - (d-a)×(e-b)×(f-c)）的不平衡。这种新的不平衡局面出现的结果，必然再次促使人们展开新的研究和实践，从而又会引起土地科学学科研究域的新一轮的扩张，以实现新的再平衡。土地科学学科研究域的新一轮扩张，我们可以用图 6-7 来描述。

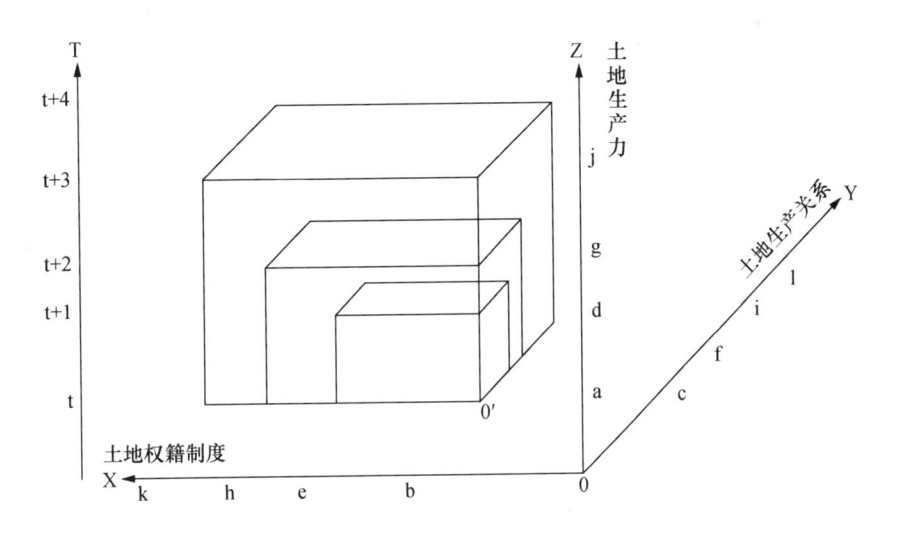

图 6-7　土地科学学科研究域由 t+2 向 t+3 的扩张

由前面对图 6-6 的分析中，我们知道了在图 6-7 中，为了实现时间维 t+2 时的土地科学学科研究域 (g-a)×(h-b)×(i-c) 扩张部分（(g-a)×(h-b)×(i-c) - (d-a)×(e-b)×(f-c)）的新平衡，化解并改善由于在时空发展中人口日益增长与已有土地生产力、土地生产关系和土地权籍制度间的新矛盾，满足新的人地关系需求，人类通过不断的科技和社会治理创新，提高土地生产力，调整土地生产关系，完善土地权籍制度，再次实现了时间维 t+2 时土地科学学科研究域 (g-a)×(h-b)×(i-c) 的新平衡。

但是，在实现时间维 t+2 时的土地科学学科研究域 (g-a)×(h-b)×(i-c) 的新平衡后，时间的箭头已经到达了 t+3。当时间维坐标到达 t+3 时，相应的土地生产力坐标也已从 t+2 时的 g 点到达了 j 点，也引起了土地权籍制度坐标由 h 点到达了 k 点、土地生产关系坐标由 i 点到达了 l 点,从而使土地科学学科研究域也由 t+2 时的 (g-a)×(h-b)×(i-c) 的空间域发展到 t+3 时的 (j-a)×(k-b)×(l-c) 的空间研究域。由前面的讨论,我们已经可以理解,t+3 时的土地空间研究域 (j-a)×(k-b)×(l-c),既实现了 t+2 时土地科学学科研究域 (g-a)×(h-b)×(i-c) 的平衡,也出现了从时间维 t+2 时到 t+3 时由土地科学学科研究域扩张部分 ((j-a)×(k-b)×(l-c) - (g-a)×(h-b)×(i-c)) 引起的新的不平衡。

毫无疑问,每一次土地科学学科研究域出现新的不平衡时,都会促使人们进一步的努力,继续推进研究解决引起新的不平衡的各种制约人们提高土地生产力水平的问题,也必定会继续引起土地科学学科研究域向更大范围的空间研究域的新扩张。因此,在到达时间维 t+3 时,土地科学学科研究域就已经开始了又一次新的扩张之路。

由上面的讨论,我们可以清楚地看到,这种满足人类自身生存和可持续发展的需求,必然会持续引起人类提高土地生产力的要求,从而也必然持续引起土地科学学科研究域的内生性扩张。而且在土地科学学科研究域的内生性扩张的过程中,还会不断引起和发生土地科学学科"吞噬"其他相关学科的一些理论、技术和方法并转化为土地科学学科的专用理论、技术和方法的结果,土地科学学科主动吸引相关学科研究人员的现象和其他相关学科研究人员被动进入土地科学学科的现象还会像之前一样大量发生,而且还将会持续相当长的时间。

土地科学学科的发展过程正是这样一种由不平衡—平衡—新的不平衡—再平衡、由稳定—发展—新的稳定—再发展的历史进程,土地科学学科在这一发展过程中不断成熟和完善,表现出了强大的生命力和极大的发展空间。

土地科学学科的这种演进过程揭示并证明,土地科学学科是一个由人类利用土地的内生需求牵引形成了内生性扩张的要求,并通过这种扩张满足适应人类持续提高土地生产力需求的科学。

土地科学学科研究域的演进扩张,反映了以下几个事实:

(1) 人类自身的发展,本质上就是关于人类为了生存和可持续发展而认识和利用土地的能力不断提高的过程。从人类出现至今,始终围绕可持续利用土地的方向,不断提高土地生产力,形成了一个关于人类生存和发展的核心研究域。

（2）土地科学学科是一门有关土地生产力、土地生产关系和土地权籍制度的系统综合交叉科学。

（3）土地科学学科为了满足人类不断提高土地生产力的要求，形成了一种内生性的扩张要求，引致了相关多学科的交叉，长期看将使土地科学学科逐渐增厚变强。这种交叉，本质上反映了土地资源问题在宏观层面越来越成为人类发展的核心和焦点问题。可以预见，土地科学学科研究域与相关学科研究域的交叉将持续出现，相关学科的若干理论和技术方法，将逐渐由以解决土地问题为导向的交叉转变成为土地科学学科的专用理论和技术。

（4）未来以土地资源及水资源等短缺资源为核心，关系人类生存发展的学科将可能形成更大范围的学科群域，其中各种传统意义上的学科都会在不同程度上为这个学科群域的目标而服务。

土地科学学科是一门创立时间相对较短的新兴学科，也是一个以人类利用土地资源为核心的综合性交叉学科，涉及了自然科学、社会科学和技术科学多门类的很多相关学科，呈现出了现代新兴学科交融的复杂特征，但是又深刻表现出了这些相关学科与土地科学学科交融的目标和结果都只能指向并服务于土地科学学科研究域的一部分，无法研究、解释、解决土地科学学科研究域的全部问题，而且在这种交融中出现了主动或被动的接受、服从有关土地科学学科研究范式、研究目标和研究要求等约束的转化，结果形成了具有土地科学学科特征和属性的土地科学学科专用理论和技术方法，从而壮大了土地科学学科。

现在土地科学学科虽然还没有完全发展成熟起来，主要原因是由于学科内外对其本质属性、核心理论和研究域的认知、理解和研究尚未达到应有的程度而导致的，但是由于土地科学学科本身具有的科学学意义上的独立学科特性，其发展空间是不容置疑的。

第七章 我国现代土地科学学科的产生与演进
——我国原创学科

第一节 为什么说土地科学学科是我国的原创学科

上一章中,我们在讨论中提出了土地科学学科是一门由我国原创的学科,也是我国当今领先于世界其他国家的学科之一的判断。提出这一判断的根据,主要是基于以下的考察和分析。

土地科学学科的体系和名称,都是在1980年中国土地学会成立之后,在总结我国土地学科发展的进程和成果的基础上,结合我国社会经济改革发展对土地科学学科理论和技术研究创新的需求,经过我国土地学科共同体充分研究讨论后一致提出的。这一学科名称也是我国土地科学界首先提出的,其学科体系也是我国土地科学学科界历经30多年的研究建设而逐步形成的。我们为此开展的国际比较研究的结果①也证明,从世界范围看,至今仍然没有其他国家设立这样完整学科体系和学科理论的土地科学学科,也没有称为"土地科学"的学科。

尽管世界上有些其他国家也开设了一些涉及土地科学学科内容的相关学科或专业,但都仅仅是从某个方面、某个层次、某个角度研究土地科学学科研究域中的一部分内容,这些学科或专业基本上都只相当于我国土地科学学科体系中的二、三级分支学科,而且这些学科或专业都被分散到很多其他学科中,并没有形成我国土地科学学科视角下的系统研究土地生产力、土地生产关系和土地权籍制度共构的土地系统的完整学科体系和布局,并不是我们研究讨论的土地科学学科视角下的科学学科。

相反,中国土地学会成立之后,在总结、继承、发展已有理论和技术的基础上,围绕土地科学学科体系建设和服务社会经济发展需求的核心命题,展开了30多年的研究和建设,使得我国土地科学学科得到了快速发展和壮大,并已逐步形成了包括土地资源学、土地管理学、土地工程学、

---

① 冯广京等:《中国土地科学学科建设研究》,中国社会科学出版社2015年版,第307—308页。

土地信息学等多个二级分支学科和土地类型学、土地生态学、土地调查、土地评价、土地利用学、土地行政管理学、土地法学、土地社会学、地籍学、土地经济学、土地规划学、土地史学、土地利用工程、土地整治工程、土地保护工程、土地测量学、土地信息技术等十多个三级分支学科在内的，较为完善的现代土地科学学科体系和土地科学学科理论与技术体系，为我国社会经济的发展，特别是为我国当代社会经济改革实践提供了重要的理论和技术支持，极大地促进了我国的社会经济发展。

严金明和夏方舟关于土地科学学科范式的研究结果也支持了笔者上面的研究结论。他们依照涵盖8000多种世界范围内最有影响力的、经过同行专家评审的高质量期刊引文索引数据库 Web of Science 期刊检索结果，1900—2014年以范式（Paradigm）为题的论文共计80988篇，其中自然科学类范式研究64685篇，社会科学类范式研究25937篇，交叉学科范式研究11282篇。但"搜索题目含土地（Land）和范式（Paradigm）的文献共有51篇，内容涉及土地管理、土地改革、土地规划等等，多偏于认识论和方法论，目前并没有文献以土地科学作为研究对象，将范式理论作为研究纲领，进行土地科学学科范式的系统研究，在某种意义上佐证了土地科学学科是中国的一个领先其他国家的重要原创'显化'学科"[①]。

不过，由于土地科学学科创建时间较短并且是我国的原创学科，也是一门由问题导向和社会经济改革与发展实践导向形成的应用学科，导致长期以来有关土地科学学科建设研究的重点都主要集中于土地科学学科体系的架构和满足社会经济改革发展实践的需求上。受我国社会经济发展和科学技术发展的制约，有关土地科学学科重要理论问题的研究相对滞后于我国土地科学学科的发展，使得人们对土地科学学科的认识和认同不足，导致尽管土地科学学科已成为我国高等教育和科研体系中的一门重要学科，土地资源利用管理已成为关系我国社会经济改革和发展的一个重要的基础领域，土地资源利用管理部门也已成为支撑我国社会经济管理体系中一个不可或缺的重要部门，但是仍然没有被纳入我国国家学科分类与代码体系标准和教研学科体系标准的独立学科分类，制约了土地科学学科的进一步发展和完善。当然，这一矛盾的现实也从另一个侧面印证了土地科学学科是我国的一门原创学科的事实。

---

① 严金明、夏方舟：《中国土地科学学科范式框架构建研究》，《中国土地科学》2015年第2期。

假如土地科学学科是一门国际上公认的成熟学科的话,土地科学学科成为我国学科分类与代码国家标准和教研学科体系标准中的独立学科之路,就不会像现在这样一路坎坷难行了。而现实是,我国土地科学学科界及中国土地学会和国土资源部从1998年至今已持续多次提出将土地科学学科升级为国家学科分类与代码标准和教育部教学科目一级学科目录的建议,却始终都没有得到有关方面的支持和解决。由此也导致了令人尴尬的结果,即在现行的《中华人民共和国学科分类与代码国家标准（GB/T 13745-2009）》中,还没有设置土地科学学科分类,仅在农学门类下农业经济二级学科分类中设置了土地经济学三级学科分类;而教育部和有关方面制定的现行有关教学科目分类目录中也仅在公共管理学科一级学科下设置了土地资源管理二级学科。这种分类的不合理性,笔者已在本书的第一章中做了分析,这里不再赘述。

第二节 我国现代土地科学学科的发展阶段梳理

如果追溯我国土地学科的发生和出现,许多研究者常常要追溯至周代时期地籍的出现[①]以及"资源保护的法令和对土地的记载"[②]、"土地的经济意义"[③]等,尽管在此基础上,我国土地科学学科逐渐发展演进,但是十分明显,从那时起之后的很长时期里的有关土地的"知识体系"只是现代土地科学的雏形和基础,并不是我们现在讨论的现代土地科学,仅仅包含了我们现在所讨论的现代土地科学基础部分的内容。为了方便研究和认识现代土地科学学科的发展演进,笔者提出:第一,将土地科学划分为古典土地科学和现代土地科学两个大的阶段;第二,将古典阶段的土地科学部分和1980年前的现代阶段的土地科学部分都称为土地学科,1980年之后的现代土地科学称为土地科学。现代土地科学与古典土地科学的区别,主要在于现代土地科学更加明确和系统地从自然科学、社会科学、技术科学多方面研究土地问题和架构土地科学学科体系;而1980年是中国土地学会首次提出并建立我国土地科学学科及学科体系的起点年度,从

---

① 林增杰主编：《地籍学》，科学出版社2006年版，第20页。
② 梁学庆主编：《土地资源学》，科学出版社2006年版，第9页。
③ 毕宝德主编：《土地经济学》（第五版），中国人民大学出版社2005年版，第20页。

1980年起至今，土地学科一直被称为土地科学。

我国土地科学发展阶段的划分一直都不十分清晰，基本上都是根据有关土地活动的相关历史文献对土地开发利用活动的记录，结合我国古代、近代、现代发展历史分期而划分的，比如《中国土地资源》一书就是将"土地资源开发演变过程分为"1840年以前、1840年至1949年、1949年以后至今的"古代、近代、现代3个历史阶段"[1]。导致这种划分的原因很容易理解，古代早期有关土地的知识和现代土地科学学科的概念是有很大距离的，而土地科学真正兴起也不过只有短短30多年的历史。由于这一原因，有关我国土地科学发展的研究几乎都是从1949年开始的，而且大都是将这一时期划分为不同的三个阶段[2]。然而，这样的划分对于研究我国现代土地科学的形成及演进是存在明显不足的。实际上，我国现代土地科学学科的萌芽和兴起始于20世纪初期，如果忽视1900年到1949年50年的土地科学学科的演进和发展，很有可能影响我们对我国现代土地科学的演进和发展的科学研究和准确把握。

对于我国现代土地科学学科形成的原因，笔者将其总体概括为，现代土地科学的发生与形成主要源于我国社会经济发展中人们合理利用并追求可持续利用土地资源和协调人地关系的需求，滋生于我国特殊的国情、社情和文化之中，学习借鉴马克思的地租理论和西方土地经济学以及德国、苏联土地整理（规划）理论和技术，遵循我国平均地权、耕者有其田和地尽其用的科学思想和理念，最终逐步形成了以研究有关土地生产力、土地生产关系和土地权籍制度为核心内容的土地科学学科体系。

我国现代土地科学的出现和发展主要是从20世纪初期开始的，从那时至今，存在着明显的发展阶段性和演进过程（见图7-1）。根据对我国现代土地科学形成和发展的研究分析，笔者也尝试提出一种划分我国现代土地科学学科发展阶段的划代方案，即我国现代土地科学学科的发展可以划为四个大的时期，第一个时期从1900年至1949年，其中再分为两个阶段，即1900年至1930年，1930至1949年；第二个时期从1949年至1980年；第三个时期从1980年至1986年；第四个时期从1986年至今，其中再分为两个阶段，即1986年至1997年，1997年至2015年（见图7-1）。

---

[1] 李元主编：《中国土地资源》，中国大地出版社2000年版，第67页。
[2] 冯广京等：《中国土地科学学科建设研究》，中国社会科学出版社2015年版，第280—284页。

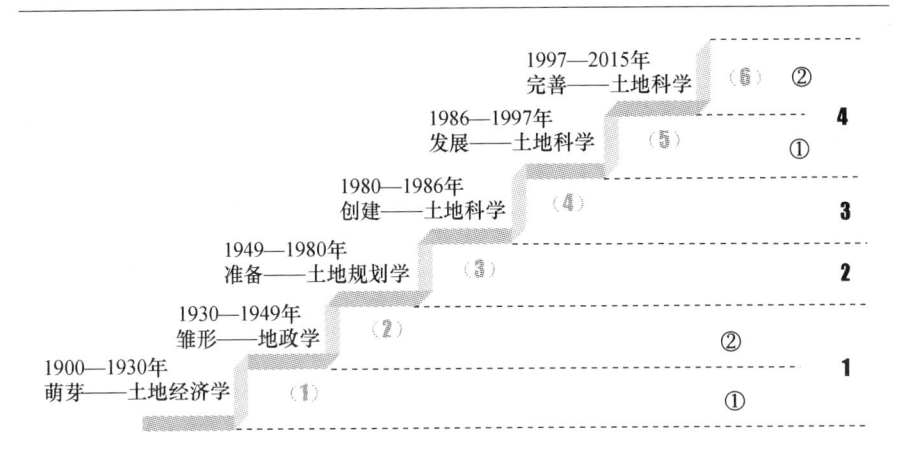

```
1997—2015年
完善——土地科学      ⑥  ②
                            ─────────── 4
1986—1997年
发展——土地科学   ⑤      ①
                        ───────────────
1980—1986年
创建——土地科学 ④
                    ─────────────────── 3
1949—1980年
准备——土地规划学 ③
                ─────────────────────── 2
1930—1949年
雏形——地政学  ②              ②
1900—1930年                              1
萌芽——土地经济学 ①            ①
```

图 7-1 我国现代土地科学学科发展阶段性

1949 年不仅对于我国社会经济的发展具有非常重大的转折意义，而且对于我国土地科学学科的发展也具有非常重大的节点和转折意义，土地科学学科的演进和发展在这一时点附近出现了一个明显的断崖。

1980 年是我国现代土地科学学科的创建元年，标志了我国现代土地科学正式创立，具有非常重要的学科发展节点标志。

1986 年是我国土地科学学科发展的一个重要的转变点，土地科学学科开始由过去主要侧重研究农业土地资源利用和管理问题向全面研究土地资源利用和管理问题转变，对于我国现代土地科学学科的发展完善具有标志性意义。

1997 年，我国土地科学学科开始了为第一次申请升为一级学科的准备工作，标志着我国土地科学学科全面建设和完善期的开始，从那时起到 2015 年已持续开展了 19 年的土地科学学科升级工作。

1. 1900—1949 年，是我国土地经济学与地政学的萌芽和建立时期

这一时期可以进一步分为两个阶段，1900—1930 年，1930—1949 年。

（1）1900—1930 年，是我国土地经济学的萌芽期

19 世纪末至 20 世纪初，我国的资产阶级开始登上历史舞台。为了发展资本主义，很多代表人物提出了改革封建土地制度的主张。如被称为改良派的代表人物康有为、谭嗣同提出了倾向于"普鲁士的道路"的主张，即不触动封建土地制度，通过由资产阶级剥削方式慢慢取代地主阶级剥削的方式来实现资本主义化。而以孙中山为代表的资产阶级革命派则主张改

变封建土地所有制，提出了"平均地权"的主张。孙中山这一"平均地权"的主张，被认为是"在吸收了太平天国'天朝田亩制度'中平分土地的思想和美国学者亨利·乔治的'单税说'，以及当时西欧流行的马克思主义思想"所形成的①。孙中山认为，当时的中国少数人垄断了土地，并凭借垄断的土地获得了由于社会进步所带来的涨价利益，导致了贫富差距和多数财富被少数富人所垄断的局面。由于"单税说"主张让地主自报地价，再由国家按照地主报出的地价征缴土地税，因此很多人认为这种方法可以迫使封建地主主动降低土地价格，从而也可以逐步达到平均地权的目标。受这种思想影响，孙中山主张对地主的土地实行赎买政策，再卖给农民。但实际情况是，当时的政府既无财力赎买地主的土地，地主也不愿意出售土地，而农民也无钱购买土地。

非常明显，20世纪初期，我国的社会经济发展的矛盾越来越集中到了土地问题和人与土地关系的问题上，大量社会经济矛盾现象追根究底都指向了土地及人与土地的关系问题。一方面封建土地制度与新兴的资本主义制度之间的矛盾开始出现并逐渐激化，另一方面土地所有权被少数封建地主和官僚买办高度集中而土地经营又极度分散的现象十分突出。"出现了像张作霖等一些拥有百万亩土地的大官僚、大地主"、像袁世凯那样"有地达4万多亩"的旧官僚、像"上海恒丰纱厂的资本家聂缉规有土地5万亩"的新兴资本家和外国侵略者以租界的名义侵占的大量土地，而"占乡村人口8%左右的地主、富农占有全部土地的70%—80%，占乡村人口90%以上的中农、贫农、雇农和其他人等占有20%—30%的土地"，"地主、富农所占有的土地以上等地、水田居多，而农民则以下等地、旱地居多"。"据16省55个县55个地区的统计，1890年农场面积平均为20.25亩，1910年下降到15.9亩，1938年又下降到13.8亩。又如无锡3个村的调查材料：1922年农场面积不足10亩的占38.4%，10亩至19.99亩的占36.1%，20亩以上的占25.5%；到1927年农场面积不足10亩的增加到41.5%，10亩至19.99亩的下降到35.45%，20亩以上的下降到23.1%；到1932年，农场面积不足10亩的增加到50.3%，10亩至19.99亩的下降到34.1%，20亩以上的更下降到15.6%"②。

---

① 李元主编：《中国土地资源》，中国大地出版社2000年版，第328—329页。
② 同上书，第330页。

这种土地所有权高度集中和土地经营过于分散、财富分配极度不公导致社会经济发展矛盾重重的现象，一方面逐渐引起了以改革土地所有制为核心的社会革命，另一方面也推动了很多学者对我国当时的土地利用、土地分配、土地关系、土地制度等方面的研究思考，陆续出现很多有关土地问题的研究文章和讨论[1]。

"康有为在《大同书》中主张土地国有化；孙中山及其追随者主张平均地权、耕者有其田；梁启超主张荒地国有、市地市有、农地农有；康有为、严复等人把政治经济学中的地租、地价、土地抵押等理论引入中国；康有为甚至具体指出：'地价随屋址电车之所至而增价'，'屋地实为国富之本，土地抵押，实为起民资本之由'；梁启超等人还主张实行农地的资本主义经营，提倡机械垦殖；章太炎认为'田不自耕植者不得有'；毛泽东等人主张消灭封建土地制度，实行土地改革，实现耕者有其田"[2]。

这一时期有关土地问题的讨论，还有两个特别值得注意的背景：

一个是孙中山推行新三民主义，在农民土地问题上，提出了"耕者有其田"和"非耕者不得有其田"的主张，1924年聘请德国单维康博士作为他的土地政策顾问，草拟广东省都市土地登记测量及征税条例[3]；1928年制定了《佃农保护法草案》[4]；"1928年起开始酝酿制定土地法，1930年6月初获得立法院通过"[5]。而同期在苏维埃地区，1928年12月，中国共产党领导制定并颁布了第一部较完整的土地法《井冈山土地法》；1930年由中国革命军事委员会发布了《苏维埃土地法》[6]。1931年12月1日，中华工农兵苏维埃第一次全国代表大会通过了《中华苏维埃共和国土地法》[7][8]。

另一个是以1922年美国经济学家理查德·伊利（Richard T. Ely）分别与夏因（Shine）和魏尔万（G. S. Wehrwein）合著出版的《土地经济学

---

[1] 张清勇：《中国土地经济学的兴起（1925—1949年）》，商务印书馆2014年版，第43—48页。
[2] 毕宝德主编：《土地经济学》（第五版），中国人民大学出版社2005年版，代序言（周诚：《中国土地经济学术研究纵览》）第2页。
[3] 左用章：《评国民党政府1930年颁布的〈土地法〉》，《教学与研究》1989年第4期。
[4] 李元主编：《中国土地资源》，中国大地出版社2000年版，第331页。
[5] 同上。
[6] 同上。
[7] 同上。
[8] 张明之：《中华苏维埃共和国立法工作浅议》，《党的文献》1998年第3期。

大纲》(*Outlines of Land Economics*)、1924 年理查德·伊利与莫尔豪斯 (Edward W. Moerhouse) 合著出版的《土地经济学原理》(*Elements of Land Economics*) 为代表的西方土地经济学的兴起并被引入我国，以及以章植于 1930 年出版的我国第一部《土地经济学》为代表的中国土地经济学的兴起。

受上述因素的影响，这一阶段土地经济学的思想和理论结合我国的社会经济发展和治理的实际，开始逐渐酝酿并逐步成形，许多有关土地问题的研究已具备了土地经济学的研究视角，特别是章植 1930 年出版的《土地经济学》的专著，标志了我国土地经济学的创立。从那时起，直到 1949 年，我国学者还陆续出版了多部土地经济学专著，比如李达的《经济学大纲》（1935 年）、张丕介的《土地经济学导论》（1944 年）、刘潇然的《土地经济学》（1945 年）、王亚南的《中国经济原论》（1946 年）、朱剑农的《土地经济学原理》（1947 年）等[1][2]。还有一位在我国金陵大学农学院任教的美国人卜凯（J. L. Buck）主编了一部《中国土地利用》（1937 年）[3]，也具有重要价值。

(2) 1930—1949 年，是我国土地经济学和地政学科的建立期

1930 年前后，我国派出了一批赴德国的留学生，专攻土地整理理论和技术。这些留学生回国后，以其中的萧铮为首，结合我国社会经济发展和治理实际，于 1932 年"邀集农业、财政、经济、法律等方面若干专家，成立了中国地政学会，研究土地经济问题。同年，萧铮在中央政治学校设立地政学院并任院长，招收大学毕业生作为研究生，进行两年研究。1940 年地政学院停办，萧铮又创办私立中国地政研究所并担任所长，培养研究生。1943 年中央政治学校大学部设立地政学系。1946 年中央政治学校改为政治大学，仍保留地政学系，至 1949 年停办，1963 年又在台湾恢复。自 1967 年起，政治大学地政系与私立中国地政研究所合作设立地政研究所，培养硕士、博士。政治大学地政系自 1972 年实行分组教学，包括土地管理组、土地测量组、土地经济组、都市计划组等。此外，台湾中兴大学设有地政系（1961 年）、文化大学设有土地资源系（1969）、逢甲大学

---

[1] 毕宝德主编：《土地经济学》（第五版），中国人民大学出版社 2005 年版，代序言（周诚：《中国土地经济学术研究纵览》）第 4 页。
[2] 同上书，第 20 页。
[3] 同上书，代序言（周诚：《中国土地经济学术研究纵览》）第 3 页。

设有土地管理系（1983）等。在学术团体方面，有中国土地改革协会（其前身为中国地政学会）、中国土地测量学会、中国土地估价学会、中国土地经济学学会等。"① 这些工作，不仅促成了我国地政学科的建立②，也为我国现代土地科学学科的提出和发展提供了参考和借鉴。

应当指出的是，地政学科的建立尽管反映了当时中国社会经济发展的实际需要，但是也带来了一个明显的问题，即地政学更多强调社会治理方面，强化了土地科学学科的社会科学属性，在某种程度上影响了后期人们对土地科学学科属性的全面认知。

2. 1949—1980 年，是我国现代土地科学学科创立的准备期

中华人民共和国成立后，百废待兴，面临着开展社会主义民主化和工业化建设的重要任务，但是尚有 2.64 亿农业人口的地区没有进行土地改革，"这种情况如果不改变，中国人民革命的胜利就不能巩固，农村生产力就不能解放，新中国的工业化就没有实现的可能，人民就不能得到胜利的果实。"③ 1950 年 6 月中央人民政府颁布了《中华人民共和国土地改革法》，全民推进农村土地改革。并在此基础上，解放农村生产力，发展农业生产，为新中国的工业化开辟道路。因此，1949 年以后很长一段时期，我国社会经济建设把主要围绕农村和农业生产以及为工业化建设发展创造条件作为主要方向和任务，土地学科的发展也表现出了这样的特征，即主要围绕农业土地资源的利用和管理而展开。

在此背景下，1954—1956 年我国先后向苏联派出了三批共 38 名留学生专攻农业土地整理工程专业，学习的专业课程主要包括：地形绘图、大地测量与高等测量、航空摄影测量、土壤学、农作学和栽培学、农业机械化和电气化、畜牧学、农业土壤改良与供水、农业森林土壤改良与基础林业学、社会主义农业经济、农业企业管理、土地规划与土地关系史、地籍、土地规划设计、土地法与集体农庄法、土地规划工作的组织和计划、土地统计、农业地图编制、农村居民点规划设计、道路建设专业课程④。

---

① 毕宝德主编：《土地经济学》（第五版），中国人民大学出版社 2005 年版，代序言（周诚：《中国土地经济学术研究纵览》）第 3 页。
② 张清勇：《中国土地经济学的兴起（1925—1949 年）》，商务印书馆 2014 年版，第 86—100 页。
③ 《刘少奇选集》下卷，人民出版社 1985 年版，第 33 页。
④ 林增杰、严星：《回望八十年》，中国人民大学出版社 2013 年版，第 80—86 页。

这些留学生成为新中国培养的第一批农业土地整理（规划）高级专门人才，成为促成我国现代土地学科创立和促进学科发展的重要力量。他们和国内同时期培养出的一批土地学科的专家一同成为我国现代土地科学学科发展的一代中坚力量，他们中很多人的学术研究思想和研究成果都成为我国现代土地科学学科发展的重要理论和技术基础。

自1956年起，这些赴苏留学生陆续回国后，他们其中部分人员先后在东北农学院、南京农学院、华中农学院、河北农业大学创办了土地利用规划专业，成为我国土地利用规划专业高等教育的开创者和我国现代土地科学学科创建的主要参与者，培养了大批土地学科的专业人才。因此，这也导致了我国现代土地科学学科较多地受到了苏联模式的农业土地整理（规划）工程专业的影响。

由于"新中国成立之后，城市土地的大部分已经归国家所有；农村在1953年完成土地改革之后，于1956年即基本完成了高级农业合作化，实现土地集体所有。在土地基本公有的条件下，加之实行高度集中的计划经济体制，土地租赁、买卖、抵押等经济活动几乎完全消灭，土地经济学研究也处于基本停滞状态。20世纪五六十年代的土地经济研究，主要集中在农地方面，包括土地改革、初级社的土地关系（重点是'土地报酬'的性质）高级社的级差地租（当时又称'级差土地收益'）等问题。"[①] 直到1978年中共十一届三中全会召开，确定我国改革开放的方针后，土地经济学术研究才得以恢复活力。

由于同样的原因，使得我国这一时期的以土地规划利用为主的土地学科和土地经济学科一样都带有明显的服务于农业土地利用和管理的特征，尚没有形成全面和整体研究土地利用和资源管理的土地学科。

但是，在1978年召开中共十一届三中全会前后的一段时间里，人们已经开始发现和认识到土地资源的利用和管理又一次成为影响甚至决定我国社会经济建设和发展的重要因素，我国社会主义建设面临着日益尖锐的人地关系的矛盾。这些矛盾突出表现在宜于利用的优质土地资源减少速度过快，人均土地资源接近临界点；城乡土地利用和管理"剪刀差"敞口加大，土地资源利用浪费严重；土地生产关系逐渐束缚生产力的提高，越

---

① 毕宝德主编：《土地经济学》（第五版），中国人民大学出版社2005年版，代序言（周诚：《中国土地经济学术研究纵览》）第5页。

来越成为制约改革开放的一大阻力。因此，推进土地资源利用与管理体制和制度的改革，实施城乡土地统一管理，节约和集约利用土地成为我国社会经济改革发展的重要突破口，并基本形成了社会的共识。这为土地科学学科的提出和建立创造了重要条件。

3. 1980—1986 年，是我国现代土地科学学科初创时期

经过中华人民共和国成立初期的社会主义建设和"文化大革命"后期的恢复发展，特别是中共十一届三中全会开始推进的改革开放，使得我国的社会经济改革和发展的实践迫切需求全面加强土地科学学科的建设和发展，以满足支持并促进我国社会经济建设和发展的要求，极大地促进了土地科学学科的快速兴起。

1980 年 11 月 13 日，经国家科协、中国农学会批准，中国土地学会作为中国农学会的二级学会在北京正式成立。会议在总结分析土地学科发展成就的基础上，结合国家全面加强土地利用和管理工作的战略，开始将主要以农业土地利用和管理为主的农业土地经济和土地利用规划专业扩展为包括国家全方位土地利用和管理的土地科学学科，提出了建设我国土地科学学科的目标，研讨了土地科学学科的性质，指出土地科学学科是一门"兼有自然科学和社会科学"性质的综合学科。由此，一门由我国科学界结合中国社会经济发展实践需求提出创建的土地科学学科建设开始起步。此后，中国土地学会基本上每年都要召开学术年会，研究讨论土地科学学科建设的相关专题。

1981 年，华中农业大学成为"文化大革命"后第一个恢复土地利用规划专业招生的高校。

1984 年，土地利用与规划专业和土地管理专业同时列入原国家教委本科专业目录。

1985 年，中国土地学会在西安召开年会暨第二次代表大会，进一步探讨了土地科学学科的研究方向和研究课题，提出了土地科学学科建设的具体方案。

1985 年，中国人民大学成立了我国第一个土地管理本科专业，土地科学学科开始从之前比较侧重于农村土地利用规划研究转向国家土地利用的全面管理的研究。

这一时期，土地利用规划学、土地管理学和土地经济学得到了较快的发展，出版了多部学科专著和教材，培养了大批土地科学学科的大学生和

研究生，为我国土地资源利用和管理以及其他各个行业提供了大批人才。

但是，由于新中国成立以后，我国在很多方面都一直采取城乡分别管理的方式；加之这一时期我国土地利用和管理矛盾尚没有发展到十分尖锐的程度，许多土地问题都隐于其他领域并通过分散研究和管理的方式加以解决；再加上我国土地科学学科的兴起主要源于农业土地利用和管理的实践，早期参与学科创立的人员也主要来自农业土地利用和管理相关学科的人员，从学科构成上存在着一些先天不足，因此导致土地科学学科短期内很难改变城乡土地利用和管理研究明显分离的状况，土地科学学科被动地将主要研究方向放到了研究并服务于农业土地利用和管理的方面，相关专业也大多设在农业院校，使得土地科学学科带有了较为浓重的农业土地利用和管理的色彩。这既是我国特殊的国情和社情所导致的，也给我们后期认识、发展、完善土地科学学科带来了许多局限和困难，使得土地科学学科视角下的有关城市土地利用和管理的研究明显滞后于农业土地利用和管理的研究。

比较例外的是，尽管土地科学的研究受到城乡分别管理的影响，但是由于土地经济学的特殊性和这一时期我国改革开放的重点是城市土地使用制度改革的原因，使得土地经济学研究的重点也开始有关城市土地问题的研究方向转移，比如1983年成立的北京、天津、上海等八城市房地产经济研究会，其成员基本来自土地经济学科，其重点研究项目之一就是城市地租、地价问题①。土地经济学开展的有关城市土地问题的研究，拓宽了土地科学学科研究的广度，也为我国土地使用制度改革的实践提供了重要的理论支撑，对我国的改革开放做出了很大的贡献。

4. 1986—2015年，是我国现代土地科学学科的全面建设和发展完善时期

这一时期，可以再分为两个阶段，即1986—1997年，1997—2015年。

（1）1986—1997年，是土地科学学科全面建设期

这一阶段主要受到我国改革开放和社会经济快速发展的影响，土地资源利用和管理矛盾日益突出，急需土地科学学科理论和技术发展支撑我国

---

① 毕宝德主编：《土地经济学》（第五版），中国人民大学出版社2005年版，代序言（周诚：《中国土地经济学术研究纵览》）第5页。

改革开放和社会经济发展的实践,土地科学学科得到空前重视和发展。

特别是,1986年8月,为促进我国土地利用和管理,国务院成立了原国家土地管理局;全国人民代表大会制定通过了《中华人民共和国土地管理法》,并于1987年1月1日开始实施,极大地促进了我国土地科学学科的全面发展。

1987年,经国家科协批准,中国土地学会升格为国家一级学会,并于当年12月创办了《中国土地科学》学术性刊物,由于需要申请批准期刊许可出版刊号,当时是以内部刊物的形式出版,直到第二年才获得期刊出版许可刊号正式出版。尔后在四川省成都市举行了中国土地学会年会,聚焦土地科学学科建设,再次推动土地科学学科建设的广泛研讨。

1987年,华中农业大学和东北农业大学在全国高校率先建立了"农业资源经济与土地利用管理"硕士点,土地科学学科教育体系开始全面布局。

1990年,中国土地学会在北京召开土地科学学科建设座谈会,就土地科学的对象、性质、体系和学科建设进行了深入讨论,决定在《中国土地科学》期刊上开辟"土地学科建设"专栏。

1991年8月,中国土地学会在辽宁丹东召开了第一次土地科学学科建设专题研讨会。

1993年10月,中国土地学会在武汉召开第二次土地科学学科建设专题研讨会。

1993年,教育部修订的《普通高等学校本科专业目录》中保留设置了土地管理和土地规划与利用专业,前者属于农业经济学,后者属于工学;同年,经国务院学位委员会批准在南京农业大学设置了全国第一个"农业资源经济与土地利用管理"博士点,标志着土地科学学科教育体系进入全面建设和土地科学学科全面发展的阶段。

1994年,中国土地学会发表了题为《科技进步条件下的中国土地科学》,总结了前15年中国土地科学学科建设的成果。

1995年,中国土地学会在原国家土地管理局的支持下,开展了"土地科学的专门知识体系"的研究,出版了第一本关于土地科学基本知识体系与研究方法论的专著——《土地科学导论》。其后,土地科学学科研究人员陆续出版了多部有关土地科学学科的专著。

从1980年中国土地学会提出创建土地科学学科起,至1997年的17

年间，土地科学学科开展并初步完成了土地科学学科体系的建设，不仅为我国社会经济改革和发展提供了大量支撑理论、技术和政策建议，也为我国土地资源利用和管理领域培养了大批专业人才和中坚力量，同时也为开展土地科学学科升级为我国科学学科分类与代码国家标准和教育部教学科目目录中一级学科的工作做好了初步准备。

(2) 1997—2015 年，是土地科学学科发展完善期

这一阶段土地科学学科在全面发展的基础上，开始着力推进土地科学学科的全面建设工作，努力争取使土地科学学科成为我国学科分类与代码国家标准和教育部教学科目目录体系中的一级学科。

1997 年，中国土地学会根据中国科协关于征求"学科分类与代码"国家标准修改意见通知的要求，系统总结分析了土地科学学科及其分支学科的研究对象与任务、理论与方法，以及发展的前景与展望；在此基础上，1998 年 3 月，中国土地学会向中国科协提交了《关于建议在学科分类与代码国家标准中将土地科学设置为一级学科的报告》。但由于多种原因，土地科学未能列入学科分类与代码国家标准。

1998 年，教育部在新公布的普通高等学校本科专业目录（1998 年版）中，将土地科学学科相关专业统一调整为土地资源管理专业，设置为管理学门类下的公共管理一级学科之下的二级学科。

1998 年 3 月，随着原国家土地管理局、地质矿产部、国家海洋局和国家测绘局共同组建国土资源部，土地科学学科建设和发展进入了一个新的时期。

2002 年 3 月，时任中国土地学会副理事长兼学术工作委员会主任委员的王万茂教授在江苏省南京市主持召开了学术工作委员会议暨土地学科建设研讨会，集中讨论了土地科学学科的分类体系。会议指出，土地科学是一门关于土地知识的学科体系，它是自然科学和社会科学体系中研究土地的众多学科组成的群体即学科群；会议提出并决定组织编写《土地科学丛书》。《中国土地科学》也再次开辟"土地学科建设"专栏，推动展开了又一轮土地科学学科建设研讨[①]。

会议期间，时任《中国土地科学》副主编、编辑部主任的冯广京，时任全国土地资源管理院长（系主任）联系会会长、南京农业大学土地

---

① 冯广京：《关注学科建设》，《中国土地科学》2002 年第 4 期。

资源管理系主任的曲福田教授和王万茂教授商定，为推进土地科学学科建设的研究和交流工作，在每年召开的全国高校土地资源管理院长（系主任）联席会的同时，由《中国土地科学》编辑部、全国土地资源管理院长（系主任）联席会、教育部公共管理教学指导委员会土地资源管理学科组和中国土地学会学术工作委员会四家单位共同召开"中国土地科学论坛"（后因各种原因，实际由前三个单位举办）。自2002年开始至2015年，"全国高校土地资源管理院长（系主任）联席会暨中国土地科学论坛"已共同举办了14届，每届都设立"土地科学学科建设研讨会"，目前每届论坛参加单位、参会人员、提交学术论文都分别达到了60—80所高校、130—150人、130—150篇，其中2015年与中国人民大学共同举办的"第14届全国高校土地资源管理院长（系主任）联席会暨中国土地科学论坛"，除大会论坛、2个主论坛外，共举办了13个分论坛，参加人数超过了400人，收到提交的论文超过150篇，在论坛上宣读论文84篇。"全国高校土地资源管理院长（系主任）联席会暨中国土地科学论坛"已成为我国土地科学学科建设最重要的学术研究交流平台，持续推动我国土地科学学科建设的研究和发展。

为加强土地科学学科建设，自2006年以来，中国土地学会与中国土地勘测规划院等单位合作，每年组织编写《土地科学学科发展蓝皮书》；次年《中国土地科学》编辑部自主创立并每年开展"年度土地科学研究重点进展评述与展望"研究，次年1月发布上一年度的研究报告。蓝皮书与"年度土地科学研究重点进展评述与展望"报告，已成为土地科学学科建设研究的重要标志性成果。其中，"年度土地科学研究重点进展评述与展望"报告已成为土地科学研究领域关注程度较高的一项研究成果，在2014年中国知网全文数据库中已发表的所有涉及土地问题的研究论文中，《2013年土地科学研究重点进展评述及2014年展望》在评述性论文（包含综述）中单篇下载量最高，排名第1；在中国知网全文数据库已发表涉及土地的全部研究性论文中，在核心期刊论文库和CSSCI期刊论文库中分别排在第3名和第2名[1]。

2007年9月，教育部公共管理教学指导委员会土地资源管理学科组、

---

[1] 郎海鸥、冯广京：《"年度土地科学研究重点评述和展望"价值和影响力分析》，《中国土地科学》2015年第7期。

全国高校土地资源管理院长（系主任）联席会在中国地质大学（北京）召开专题会议，起草并向教育部提交了增设"国土资源管理"一级学科的建议书；2011年，国土资源部向教育部、国务院学位办公室致函，建议增设"土地科学技术相关专业"。但是，由于多种原因，两次建议均未被采纳。

2009年，新颁布的《中华人民共和国学科分类与代码国家标准（GB/T 13745-2009）》未增加土地科学学科分类，仅在经济学的二级学科农业经济学下列入了土地经济学三级学科。

2011年，国务院学位委员会、教育部修订印发的《学位授予和人才培养学科目录（2011）》依然将土地资源管理列为公共管理一级学科下的二级学科。土地科学学科教学科目的升级工作遇挫。

2012年，教育部印发的《普通高等学校本科专业目录（2012）》仍然没有增设土地科学学科。

2013年，国务院学位委员会修订印发的《学位授予和人才培养学科目录（2013）》仍然把土地资源管理列为公共管理一级学科下的二级学科。

多次土地科学学科升级工作遇挫，既在一定程度上影响了土地科学学科的进一步发展，也引起了土地科学界有关学科建设研究的反思和讨论，并形成了两种代表性观点。

一种观点是以卞正富1999年发表《土地科学与工程技术学科及其在国民经济中的作用》[①]为起点的讨论，认为土地科学学科升级选择路径忽略了学科的工科属性，主张应加强土地科学工程技术属性的研究，提出了"土地科学与工程技术学科"的概念。其后，较有代表性的是尤文郁于2000年提出的"土地科学与技术"[②]概念；2013年9月，在中国地质大学（北京）召开的"土地工程学科建设与土地工程卓越人才培养研讨会"提出，土地行业发展需要土地工程学科与土地工程专业人才的支撑；而吴次芳2014年则进一步主张将土地科学学科的名称确定为"土地科学与工

---

① 卞正富：《土地科学与工程技术学科及其在国民经济中的作用》，《中国土地科学》1999年第1期。
② 徐玉婷、黄贤金：《中国土地科学学科建设理论研究综述及展望》，《中国土地科学》2015年第5期。

程",定位于工程门类下的独立学科①。

另一种观点是以王万茂2011年发表《中国土地科学学科建设：历史与未来》为代表，认为"要使土地科学成为一门独立学科，最重要的是其特定的研究领域（主体域）和不可替代性"②，主张应加强土地科学的科学学研究。但是由于多种原因，这一重要观点并没有得到广泛重视，之后有关土地科学科学学的研究开展不足，研究也未取得实质进展。

2013年11月22日，为进一步推进土地科学学科建设研究，特别是土地科学学科的科学学研究，笔者在"2013年《中国土地科学》外审工作研讨会"上提议组织开展新一轮土地科学学科建设研究，得到了与会专家、学者的积极响应；经过征求意见，成立了由国内20多所高校、研究单位30多位核心专家、学者和近百名师生参加的研究项目组，于2014年1月18日在北京召开了"土地科学学科体系研究与建设公益性研究项目启动会"，开展了为期一年半的新一轮土地科学学科建设研究工作，重点推动土地科学学科建设的科学学研究。经过一年半的研究，在土地科学学科独立性③、土地科学核心理论及不可替代核心理论④、土地科学三维空间研究域⑤、土地科学空间研究域的内生性扩张⑥、土地科学的本质属性⑦、土地科学与相关学科交叉的本质⑧、土地科学研究范式⑨、土地科学与相关学科关系⑩、土地科学演进与发展趋势⑪⑫、土地科

---

① 徐玉婷、黄贤金：《中国土地科学学科建设理论研究综述及展望》，《中国土地科学》2015年第5期。
② 王万茂：《中国土地科学学科建设：历史与未来》，《南京农业大学学报（社会科学性版）》2011年第2期。
③ 冯广京：《土地科学学科独立性研究——兼论土地科学学科体系研究思路与框架》，《中国土地科学》2015年第1期。
④ 同上。
⑤ 同上。
⑥ 同上。
⑦ 同上。
⑧ 同上。
⑨ 严金明、夏方舟：《中国土地科学学科范式框架构建研究》，《中国土地科学》2015年第2期。
⑩ 朱道林、谢保鹏：《论土地科学与相关学科的关系》，《中国土地科学》2015年第3期。
⑪ 冯广京：《土地科学学科独立性研究——兼论土地科学学科体系研究思路与框架》，《中国土地科学》2015年第1期。
⑫ 冯广京等：《中国土地科学学科建设研究》，中国社会科学出版社2015年版，第33—46页。

学与社会经济发展关系①、土地科学学科国际比较②、土地科学体系基本问题③等多个方面，都取得了重要进展，为开展下一轮土地科学学科升级工作奠定了战略和技术基础。2015年1月24日，项目组在北京召开了项目成果汇报会，国土资源部人教司张绍杰副司长听取了研究成果的汇报。这项研究工作，被王万茂先生和众多专家誉为土地科学学科建设史上的一项里程碑式的研究，其成果也得到了土地科学界的广泛认同。

第三节　我国现代土地科学学科早期形成基础

我国现代土地学科早期形成基础是指1900—1949年期间土地学科的形成基础。

由本章上一节的讨论可以得到三个基本判断，即我国现代土地学科早期形成的基础主要有三个方面：（1）我国特殊的土地国情、社情形成了土地学科产生的土壤。20世纪初，封建土地制度与新兴的资本主义制度之间的矛盾逐渐激化，土地所有权被少数封建地主和官僚买办高度集中而土地经营极度分散、农民生活生产困难，导致社会矛盾日益尖锐、土地生产力和土地生产关系严重失衡，产生了改良土地权籍制度、提高土地生产力、改善土地生产关系的社会潮流。与此同时，孙中山推行新三民主义，主张"耕者有其田"和"平均地权"，1924年草拟广东省都市土地登记测量及征税条例，1928年制定《佃农保护法草案》、酝酿制定土地法（1930年立法院通过），促进了土地问题的研究。（2）以美国经济学家理查德·伊利分别与夏因、魏尔万于1922年合著出版的《土地经济学大纲》，与莫尔豪斯于1924年合著出版的《土地经济学原理》（*Elements of*

---

① 彭毅、鲍海君、耿槟等：《土地科学学科在中国的兴起及其与社会经济的关系》，《中国土地科学》2015年第7期。

② 冯广京等：《中国土地科学学科建设研究》，中国社会科学出版社2015年版，第九章（杨庆媛、涂建军）。

③ 同上书，第四章（林坚、刘文、李婧怡等）、第五章（欧名豪、刘琼）、第六章（严金明、夏方舟）、第七章（吴次芳、李冠、赵嵩年）、第八章（鲍海君、耿槟）、第九章（杨庆媛、涂建军）。

Land Economics）为代表的西方土地经济学的引进①，使得我国土地经济学得以兴起②③。很多土地学家认为伊利的西方经济学对我国这一时期土地学科的产生和发展影响很大。（3）学习和引进以德国模式为代表的地政理论和技术，促成了我国地政学科的建立。这三个方面的原因共同奠定了我国早期现代土地学科产生和发展的基础，使得我国的土地经济学和地政学在这一时期得到了长足发展。

伊利的土地经济学对我国早期现代土地学科的兴起和发展影响很大，主要有两个原因，一个是当时"中国异乎寻常的严重的土地问题底诸社会现象所促成"④；另一个或许和"伊利的学生、学生的学生，如被称为伊利教授高足的李庆麐，曾经在威斯康星大学跟从伊利学习经济学的赵迺抟，以及伊利的学生魏尔万教授的学生李树清等，学成归国后在我国大学课堂上开设土地经济学课程，翻译土地经济学著作，进行土地经济学研究等，把伊利的土地经济学说更直接地向国内学生、学者做了传播"⑤ 有关，当时国内大学大部分都开设了土地经济学课程并普遍使用了伊利的原版著作⑥。

其后，我国土地经济学研究工作及其文章和著作开始结合中国社会经济实际陆续出现。较早的是 1927 年 11 月，中国经济社第四届年会编印了《中国经济问题》，不仅开设了"土地经济"栏目而且置首，发表了刘大钧的《中国农田统计》和马寅初的《平均地权》论文。尔后，1928 年开始，陆续开展了土地经济调查⑦。

第四节　我国现代土地科学学科形成基础

我国现代土地学科形成的基础，是指 1949 年中华人民共和国成立后

---

① 张清勇：《中国土地经济学的兴起（1925—1949 年）》，商务印书馆 2014 年版，第 32 页。
② 同上书，第 38—48 页。
③ 李春泉：《评章植土地经济学》，《政治经济月刊》1937 年第 3 期。
④ 同上。
⑤ 张清勇：《中国土地经济学的兴起（1925—1949 年）》，商务印书馆 2014 年版，第 16 页。
⑥ 同上书，第 24、50 页。
⑦ 同上书，第 43—48 页。

逐步发展起来的土地科学学科的形成基础。

由本章第三节的讨论，我们也可以得出三个基本判断，即我国现代土地科学学科形成的基础也主要包括三个方面：

（1）新中国成立以后，社会主义土地公有制的建立和社会经济发展以及经济体制改革引起的特殊国情和社情，是我国现代土地科学产生和发展的社会、政治和经济基础。经过最初的土地改革和资本主义工商业改造，确立了社会主义的土地公有制，一方面极大地促进了土地生产力的提高，改善了土地生产关系，但是另一方面也逐渐出现了计划经济下土地无偿使用导致土地资源利用效率下降和浪费严重、城乡土地多头管理导致工农业生产和城乡发展"剪刀差"趋大等多种弊端，急需改革土地使用制度和土地管理体制，但是这种改革面临许多经济理论、社会治理方法、土地利用技术的制约，亟待有关土地学科在理论和技术方法上的突破，以支撑我国的社会经济发展和改革。这使我国土地科学学科的建立和发展成为一种必然。但是这也同时使我国土地科学学科具有了比较浓重的社会实践导向和问题导向的特征。

（2）在主要学习、引进苏联及德国有关地籍和土地整理（规划）理论与技术和继承发展我国传统地籍学理论和技术的基础上，结合我国社会经济发展实践的需求和我国历史上的有关土地利用和管理的思想和技术，逐步形成了具有我国特色的土地利用与管理（包括地籍、规划、利用、保护、开发等）的理论及技术。

（3）在学习、借鉴西方土地经济学、马克思地租理论和继承发展我国早期土地经济学的基础上，结合我国社会主义土地公有制的实际和土地管理体制的特点，逐步形成并发展起来的符合我国国情的现代土地经济学。

总体而言，上面三个原因导致了我国土地科学学科由"隐学"向"显学"的转化（见图7-2），其中我国特殊的土地国情和人地矛盾是土地科学学科由"后台"走向"前台"的"加速器"。

综合上面的分析，笔者用图7-3对我国现代土地科学学科的演进做出描述。

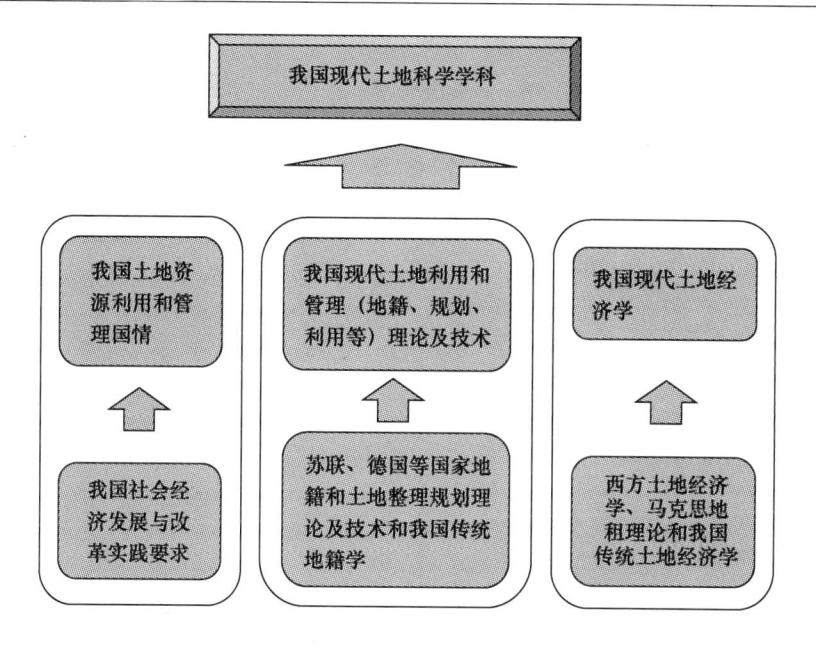

图 7-2 我国现代土地科学学科形成的基础

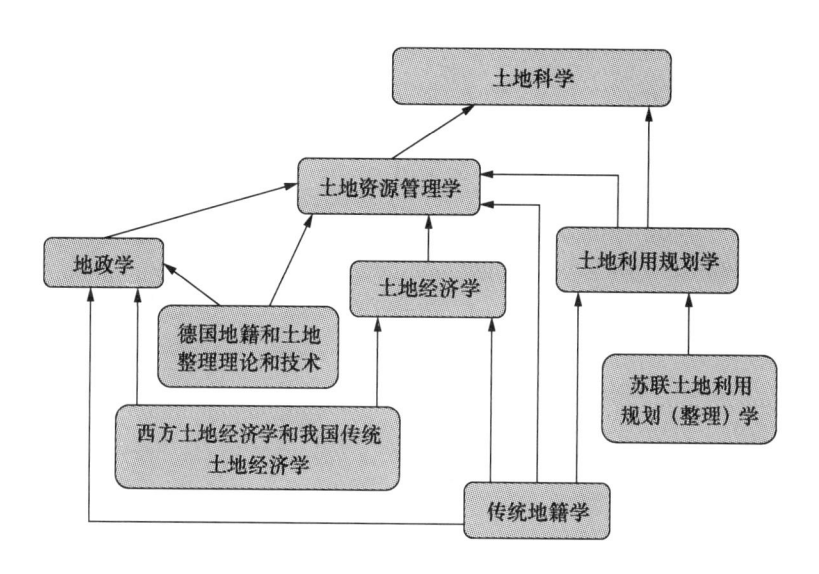

图 7-3 我国现代土地科学学科的演进

第八章 土地科学学科体系研究框架及思路

第一节 土地科学学科建设的社会需求

一 系统研究解决土地问题是促进社会经济可持续发展的必然选择

土地问题本质上是一个有关人类生存和发展的核心问题，人类的发展进化史实际上也是一部人类通过利用土地等自然资源发展自我的历史。人类因为土地而出现，因为土地而发展；同时土地也一直在约束着人类的适度合理发展，而且这种约束伴随人类的持续发展也越来越严酷。现代科学的发展能够让我们理解，我们的地球表面虽然是无边界的，但它却是有限的①。研究适应和适度改善这种约束，已逐渐成为人类可持续发展的核心研究域。这正是土地科学学科之所以能从"后台"逐渐走向"前台"、由"隐学"逐渐成为"显学"的根本原因。

从全球尺度看，土地问题正在逐渐发展成为人类生存和发展的重要问题。但从国家尺度看，由于人口与土地的关系不同，人与土地的矛盾程度不一，土地资源对社会经济发展的影响也不相同，多数国家土地生产力可提升的空间尚大，导致土地科学的发展并不平衡，仅在我国这样人与土地矛盾十分尖锐和复杂的国家中得到了高度重视和较快的发展。相信随着全球气候与环境变化和人口变化导致土地利用难度逐渐加大的影响下，土地科学也将在全球范围内逐渐发展和变强。

在我国，由于人口一度增长较快，适宜生活、生产的"富饶"土地资源比例相对较低和集中，人与土地的矛盾非常突出，人均耕地大大低于世界平均水平，局部地区人均可利用土地资源十分紧张，同时土地利用水平较低、土地资源利用和土地资产价值浪费也较为严重。直到1986年，之前采取的世界其他国家通用的分散研究和管理土地的方法已经不能合理有效地解决我国的土地问题，迫使我国政府开始将分散研究和分散管理土地的方式向集中统一研究和管理土地的方式转变。土地问题最终成为我国

---

① 史蒂芬·霍金：《时间简史》（插图版），许明贤、吴忠超译，湖南科学技术出版社2002年版，第173—181页。

社会经济发展和改革的主要突破口和重要领域，持续推动我国社会经济的发展和转型。

土地问题之所以重要并被推向我国社会经济改革的主要舞台，主要原因就在于土地问题是一个涉及自然科学、社会科学和技术科学，事关国家和社会经济健康、协调、可持续发展的重大的系统问题，具有多元性、独特性和系统性的特点，必须采用专门的系统方法研究和解决（图8-1）。

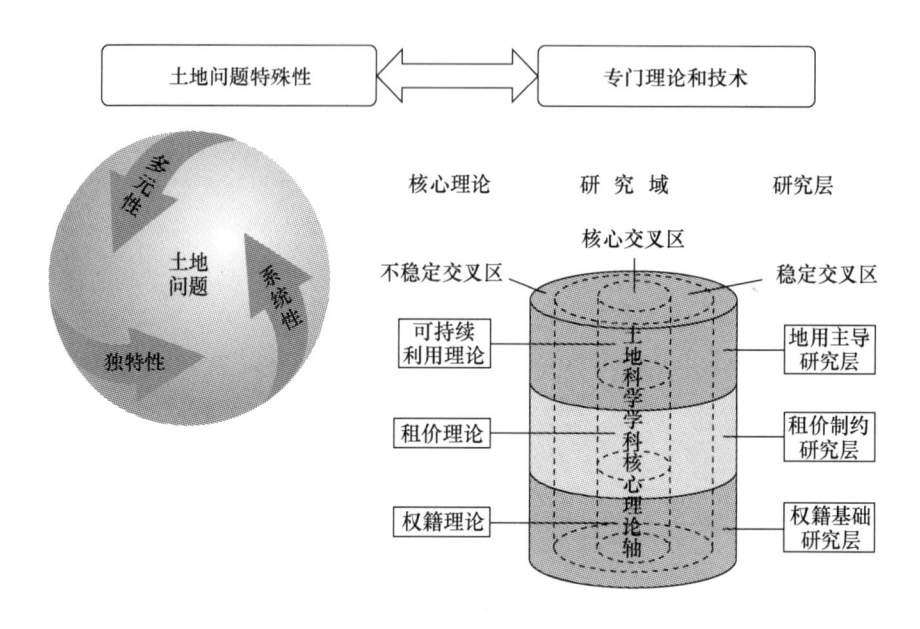

图 8-1　土地科学学科发展的社会需求

二　系统研究解决土地问题迫切需要推进土地科学学科建设

研究和解决多元性、独特性和系统性的土地问题，保证并促进社会经济稳定、协调、可持续的发展，不仅需要决心和勇气，而且更需要建立并完善系统的土地科学理论和技术方法。无论是理论研究还是社会实践，都已形成社会共识，即用过去相关多学科不同角度的分散研究的方法，已不能满足并支撑土地资源的统一管理和合理利用的需要，急需加快推进土地科学学科体系建设、完善土地科学学科理论和技术方法，以其系统的专门理论和技术方法支撑土地利用和管理的实践。这正是 1980 年中国土地学会成立至今、原国家土地局 1986 年建立后和国土资源部 1998 年成立至今，一直在推动我国各类高校建立和发展土地科学学科专业，并与土地科学科教单位持续推动土地科学学科建设和升级的根本原因。

土地问题是一个涉及自然科学、社会科学和技术科学多个领域的复杂的系统问题，这是一个无法回避和改变的客观现实。理论和实践都表明，研究和解决任何一种复杂的系统问题，都需要有一套与之相对应的有效的专门理论体系和技术方法。研究和解决土地问题也是如此。如果只用某种单一的理论和方法研究解决土地这一复杂的系统问题，结果只能完成研究、解决土地这一复杂系统问题的某一部分或某一方面的问题，很难全面科学地研究、解决土地这一复杂的系统问题。这好比一个医生治病，不论患者什么病因，医生都只开一种药，结果对症的病人也许治好了，而不对症的病人就会面临大小不同的风险，轻则可能贻误了治疗时机，重则也许会影响病人的生命。同样的道理，如果没有系统的土地科学学科专用理论体系和技术方法，来系统研究和解决土地系统的问题，各从各的"知识体系"，按照各自的专业角度，采用各自的理论和技术方法，研究解决复杂的土地系统问题，又犹如盲人摸象。用这样的思想和方法，研究和解决关系人类生存和发展的土地问题，相对正确的决策和相对不当的决策的概率如何？答案可想而知。而有关土地这种具有特殊性的自然资源，"杯子"打碎了的结果不可逆①，对社会经济健康、协调、持续发展的影响更不可估量，当代人不仅要承担由此带来的不确定的风险，后代人也不得不承担更大的风险。

因此，推进我国社会经济稳定、协调、可持续的发展，需要着力加快建设土地科学学科体系建设和研究，以土地科学学科系统、全面的理论和技术方法，研究解决土地系统的问题，支撑我国社会经济的可持续发展。

第二节 土地科学学科体系建构原则

一 建构土地科学学科体系，须体现土地科学学科的本质特征和核心内容

（1）建构土地科学学科体系，须体现其土地权籍、土地租价和土地

---

① 史蒂芬·霍金：《时间简史》（插图版），许明贤、吴忠超译，湖南科学技术出版社2002年版，第184—185页。

可持续利用三个核心理论的主导性与土地权籍理论的不可替代性。

（2）建构土地科学学科体系，须体现其三维空间研究域的系统性与其属于自然科学、社会科学和技术科学交叉学科的整体性。

（3）建构土地科学学科体系，须体现其"人、地、权"三位一体系统研究土地问题的独特性与其独立学科理论的特殊性。

（4）建构土地科学学科体系，须体现其学科交叉的本质性，即加快由以解决土地问题为主要导向的交叉向以建构土地科学学科体系的专用理论和技术方法为主要导向的系统转化。

二 建构土地科学学科体系，须建立学科体系基本问题的逻辑关系

按照《中华人民共和国学科分类与代码国家标准（GB/T 13745 - 2009）》的规定性，土地科学学科作为一门独立学科，必须从能够反映"相对"于其他学科"具有不同的角度和侧面"的学科体系基本问题入手，从科学学基础上系统研究土地科学学科体系的科学性、特殊性以及与其他学科的异同，构建具有合理逻辑关系的完整学科体系，才能清楚认识土地科学学科"不可被其他学科所替代"的"独立"性，使其"立"于学科之林。

土地科学学科体系包括两个方面，一个是土地科学学科的专有理论框架，一个是土地科学学科具有与一般独立学科所共有的基本规定性问题。这些基本问题主要包括：学科研究对象、学科逻辑起点、学科内涵、学科特点、学科属性、学科核心理论、学科支撑理论和技术、学科体系、学科研究范式、学科名称等。长期以来，由于缺乏对土地科学学科不可替代的核心理论、特殊的研究域和独特的研究角度等有关学科独立性本质特征的系统研究，使得我们在很长时间里难以意识到系统研究梳理上述土地科学学科体系基本问题的必要性和重要性，导致对上述土地科学学科体系基本问题采取了独立和割裂式的研究；而当我们意识到系统研究梳理上述土地科学学科体系基本问题的重要性时，又苦于没有找到一条系统研究梳理上述土地科学学科体系基本问题的逻辑主线，使得上述土地科学学科体系基本问题的研究缺少内在联系的逻辑性，难以形成完整、系统并符合逻辑关系的土地科学学科体系框架，这些又使得人们既难以清晰描述土地科学学科"相对"于其他学科"具有不同的角度和侧面"，也难以理清土地科学学科"不可被其他学科所替代"的"独立"性，导致在土地科学学科体系构建和学科建设方面难以达成共识，影响了土地科学学科的进一步完善和发展。

笔者从2013年底至2015年上半年组织开展的"土地科学学科体系研究与建设"研究工作，正是基于以上的分析，从研究梳理土地科学学科体系基本问题入手，自系统、全面研究土地科学学科体系基本问题开始，寻找土地科学学科共同体的共识；从求取共识出发，寻找土地科学学科体系研究的逻辑主线；以土地科学学科体系研究的逻辑主线为纲，重新研究认识土地科学学科体系研究的基本问题；以纲举目张的思维，构建土地科学学科体系框架。

提出土地科学学科体系建设研究的14个基本问题，既反映了土地科学学科的本质属性，又体现了土地科学学科的特殊规定性，是研究土地科学学科体系和建构土地科学学科体系的重要内容。能够准确规范这些基本问题，实际上也就能够清晰建构土地科学学科体系了。

第三节 土地科学学科体系基本问题的讨论[①]

一 学科研究对象

1. 基本概念

学科研究对象是指某一学科将其研究领域内所特有的且能反映学科主要矛盾运动规律的某一现象或事物作为研究的标的，这一标的就构成了某一门学科的特殊的研究对象，并区别于其他学科。

对于土地科学学科而言，其学科研究对象则是指土地科学学科研究领域中所特有的能反映土地科学学科主要矛盾运动规律、且能区别于其他学科研究对象的现象或事物，作为其研究的标的。

2. 研究原则

（1）独特性。作为一门独立学科，土地科学学科的研究对象一定具

---

① 本小节有关土地科学学科体系基本问题的讨论，是基于笔者组织开展的"土地科学学科体系研究与建设"项目成果的基础上进一步研究分析做出的，一些内容已体现在《中国土地科学学科建设研究》一书的第三章，但是笔者对其中的一些问题有不同的思考，考虑团队研究的求同性以及笔者认识的逐步深化，还考虑到讨论土地科学学科体系问题的整体性，笔者将有关的若干个基本问题的梳理特别是笔者对有关基本问题的独立思考放到了本小节中，以供读者研究讨论。本小节的部分内容也包含了林坚、欧名豪、严金明、吴次芳、鲍海君、杨庆媛、涂建军多位教授及其团队和"土地科学学科体系研究与建设"项目组其他成员所做的部分研究工作，特此说明，并表示感谢。

有其独特性，有别于其他学科。

（2）确定性。确定性有两个含义，第一个是指土地科学学科研究对象具有本质对象和现象对象，两者应当是一个对立统一体，应当具有本质研究的一致性。第二个是指土地科学学科的本质研究对象是确定不变的，但是现象对象可能是变化的。这样使得土地科学学科的研究能够透过对变化的土地问题的研究深及土地科学学科的本质规律研究。因此，土地科学学科的本质研究对象才是我们讨论的研究对象。

（3）概括性或本质性。研究对象的概括性源于其确定性。土地科学学科本质研究对象是确定的，而现象对象是可变化的，这就决定了土地科学学科研究对象必须能全面、准确地概括土地科学学科研究的所有问题或主要问题。因此，土地科学学科研究对象一定要能体现土地科学学科的本质属性和特殊性。

（4）系统性。这是由于土地本身就是一个系统构成所决定的。土地科学学科研究对象的系统性也体现在两个方面，第一个是研究对象内部各要素之间是有联系的，对研究对象的认识不能依靠单纯的分解，不能忽视内部各个要素之间的关系。第二个是研究对象与外部环境之间和其他系统之间是相互作用的。土地科学学科研究对象所具有的各种属性是在外部环境和系统的作用下获得的。

3. 研究观点

根据本书前几章的讨论，我们认识到，土地科学学科视角下的土地是一个特殊的系统，即它是一个人类能够设立并行使土地权籍的地球表层空间，简称为人地关系权籍时空系统。土地科学学科主要研究的是这一时空系统及其中发生的一切土地问题。而这些问题都源于并决定于一个最根本的矛盾运动规律——能够调整人地关系及其之上的人与人开展土地利用活动关系的土地权籍，由此形成了一个决定人类土地利用活动的人地关系权籍时空系统。

结合上面对研究对象概念和研究原则的讨论，笔者认为并提出，这一人地关系权籍时空系统及其中发生的一切土地现象都是土地科学学科的研究对象。这一研究对象的核心是由土地科学学科视角下对土地系统的定义，即它是一个由土地权籍制度决定的土地利用系统，所有人类土地利用问题都无法脱离这一系统的约束，这是一个完全不同于其他学科视角下的特殊系统。

这一系统包含了土地利用的主体和客体以及利用过程中二者之间的联系，不仅涵盖了研究本底——土地资源和资产，也涵盖了独特的研究领域——土地权籍，即包含了"土地"、"人"、"人与人开展土地利用活动的关系"。

第一，土地科学从开发、利用、整治、保护等对人地关系权籍时空系统进行全面的、多角度的、专门的研究，从而全面调整人地关系及其之上的人与人开展土地利用活动的关系，其他学科虽然也有涉及，但都只是从某个角度来研究。符合独特性原则。第二，人地关系权籍时空系统不仅能反映土地科学学科的表象，还能揭示土地科学的本质（矛盾），即人类开展土地利用活动中的主要矛盾。符合确定性。第三，土地科学发展史实际上就是土地利用史，人地关系权籍时空系统是对人类开展土地利用活动的全面概括，既能自上而下地推出具体问题，又能自下而上地总结出研究对象。符合概括性或本质性原则。第四，人地关系权籍时空系统符合系统性原则。

二 学科逻辑起点

1. 基本概念

学科逻辑起点是指某一学科理论体系的起始范畴，是整个学科理论体系研究对象的最简单、最抽象、最一般的本质规定。

对于土地科学学科逻辑起点而言，是指其整个学科理论体系的起始概念和对土地科学学科研究对象最简单、最抽象、最一般的本质规定。

2. 研究原则

（1）规定性。土地科学学科逻辑起点应当符合逻辑起点研究的一般规定性，即：①是整个理论体系对象的最简单、最抽象、最一般的本质规定；②与其所反映的研究对象在历史上的起点相符合；③揭示对象的最本质规定，是以"胚芽"的形式包含着体系对象整个发展中的一切矛盾和可能。

（2）本质性。土地科学学科逻辑起点应当反映其学科的本质性，应当是土地科学学科研究的核心问题，围绕这一核心问题能够全面展开土地科学学科研究。

（3）差异性。这是土地科学学科逻辑起点应当反映其学科本质性所引起的。土地科学学科逻辑起点应当能够明显区别于其他相关学科，具有一定的差异性。

3. 研究观点

根据本书前几章的讨论，我们知道，人类因土地而生，依土地而存，用土地而发展，虽然人与土地交集初始从土地利用开始，但人类所有的土地利用活动都根本受制于土地权籍（地籍）的规范和约束，并由此促生了以调整人地关系及其之上的人与人开展土地利用活动为主要内容的土地科学的"知识体系"。因此，土地权籍（地籍）既是土地科学研究对象最简单、最抽象、最一般的本质规定性，也是土地科学区别于其他学科的根本所在；既是调整人类与土地关系的基础，也是土地科学学科研究和理论体系的起始；既是人类利用土地资源的前提和开展土地利用活动引出所有矛盾的根源，也是土地科学研究问题的核心所在。

结合本节提出的土地科学学科逻辑起点的概念和研究原则，笔者认为并提出土地权籍（地籍）是土地科学学科的逻辑起点。

将土地权籍（地籍）作为土地科学学科逻辑起点，首先符合逻辑起点的一般规定性，即土地科学学科是由协调和规范人地关系及其之上的人与人开展土地利用活动的关系而引起的，是土地科学学科理论体系的起始；第二，土地权籍（地籍）是土地科学区别于其他学科的最重要的领域，由此产生了土地科学的独立核心理论——土地权籍核心理论，形成了土地科学学科独立性的基础；第三，土地科学的研究域是基于土地权籍（地籍）而展开的，研究的所有问题的起点和终点都要落脚于土地权籍（地籍）上。

三 学科内涵

1. 基本概念

学科内涵是指某一学科理论体系中能够反映其学科本质属性的内容总和，是对某一学科学术内容的阐述和定位。

对于土地科学学科内涵而言，是指能够反映土地科学学科理论体系中本质属性的内容总和。

2. 研究原则

（1）完整性。土地科学学科是一门涉及自然科学、社会科学和技术科学的综合性交叉科学，其内涵应充分体现土地科学学科的全面性和完整性，既不能忽略自然科学、社会科学和技术科学的任何部分，也不能拆分、肢解自然科学、社会科学和技术科学的任何部分。

（2）系统性。土地科学学科内涵不仅要反映学科的全面性和完整性，而且还要体现土地科学学科内涵的独特性、系统性、有机一体性和核心主导性。

（3）规定性。土地科学学科内涵应符合学科研究对象的规定性。学科内涵应以土地科学学科研究对象为起点，总结相关研究内容、梳理研究方向、进而得到学科内涵的完整表达。

3. 研究观点

根据本书前几章的讨论，我们已经理解了人地关系权籍时空系统的复杂性、土地科学学科构成的复杂性和特殊性，即由土地权籍为学科独立核心理论、土地租价和土地可持续利用为学科核心理论，与土地权籍、土地租价、土地利用三个研究层共同构成的综合性交叉学科，也是一个由土地权籍制度规定的地球表层时空系统，所以其学科内涵也就由这些特殊性所决定了。

结合本节提出的基本概念和研究原则，笔者认为并提出，土地科学学科的内涵应该包括人地关系权籍时空系统的形成及演化、土地利用及管理、土地利用的工程技术。

（1）人地关系权籍时空系统的形成及演化，是关于土地及人地关系的产生及演变、土地属性和现状等土地本身一般特性和土地科学学科特殊特性认知的科学，主要包括土地的自然、社会、经济、权籍等属性，土地资源、资产、权籍的调查和评价等。

（2）土地利用及管理，是针对人类开展土地利用活动产生的各种问题、关系进行管理的科学，主要包括地籍管理、土地资源和资产管理、土地行政管理、土地规划管理、土地法律规制等。

（3）土地利用的工程技术，是关于土地利用过程中的各种工程技术开发及应用的科学，包括土地开发、复垦、整理和保护工程，土地信息技术，土地监测技术等。

四 学科特点

1. 基本概念

学科特点是指某一学科所具有的独特方面，由此形成与其他学科的区别特征。

对于土地科学学科特点而言，是指土地科学学科所具有的区别于其他学科的特殊方面。

2. 研究原则

（1）本质性。土地科学学科特点应当反映土地科学学科的本质属性，即应能反映土地科学学科是一门横跨自然科学、社会科学和技术科学，以"人、地、权"三位一体的特殊角度研究土地，具有内生性扩张要求的系统综合性交叉学科。

（2）逻辑性。土地科学学科特点应当反映学科发生、发展的逻辑主线。土地科学学科特点应当与土地科学学科的研究对象、学科属性、学科逻辑起点和学科内涵等基本问题，形成有机一致的逻辑关系。

（3）特殊性。土地科学的学科特点应当重点反映其区别于其他学科的特殊性。研究土地科学的学科特点，重点在于研究指出其具有区别于其他学科的独特的学科特点。这是土地科学学科存在和发展的基础。

3. 研究观点

根据本书前些章的讨论，我们知道，土地科学学科是一门具有非常鲜明特点的学科，第一，它的研究对象是特殊的，是一个由土地权籍制度决定的人地关系权籍时空系统及其中发生的一切土地现象，即人类可以设置并行使土地权籍的地球表层空间，明显区别于其他学科视角下的土地系统。第二，它的核心理论是特殊的，即有土地权籍理论、土地租价理论、土地可持续利用理论三个核心理论，其中土地权籍理论是它的独立核心理论。第三，它的研究域是特殊的，即是由土地权籍、土地租价、土地利用三个研究层和核心交叉区、稳定交叉区、不稳定交叉区三个研究区共构形成的三维空间研究域。第四，它的研究角度是特殊的，即它是以"人、地、权"三位一体的独有角度研究人与土地的关系及其之上的人与人开展土地利用活动的关系。第五，它的研究内容是特殊的，即它是以其独特的视角研究土地生产力、土地生产关系和土地权籍制度，从而追求和实现土地的可持续利用目标。第六，它的产生和演进是特殊的，即它是一门原生的学科，但又是一门综合性交叉学科，而且它的演进发展带有明显的由人类自身可持续发展要求引起的内生扩张性，导致了它与其他相关学科的交叉交融，并在这一过程中壮大了自身。这些特点共同构成了土地科学学科的特点。

结合本节提出的有关土地科学学科特点的概念和原则，笔者认为并提出土地科学的学科特点，应当是以土地权籍为基础，以"人、地、权"三位一体的特殊角度，借助自然科学、社会科学和技术科学的理论与方法，全面、系统、综合研究人地关系权籍时空系统及其演进，服务人类和社会经济的可持续发展。

五 学科属性

1. 基本概念

事物的属性有本质属性和非本质属性之分。学科属性是指某一学科所具有的本质属性。它是学科研究对象的本质特性以及这一学科与其研究对象之间关系的统称。

对于土地科学学科属性而言，也是指土地科学学科研究对象所具有的特殊的本质特性以及土地科学学科与其学科研究对象的关系。

2. 研究原则

（1）本质性。土地科学学科属性应反映土地科学学科视角下人地关系权籍时空系统的本质特性。它决定了土地科学学科的特殊性和独立性，决定了它之所以是土地科学学科而不是其他学科，也决定了其他学科替代不了土地科学学科。

（2）逻辑性。土地科学学科属性应反映土地科学学科与其研究对象的逻辑关系。这种关系具体体现为土地科学学科与其视角下的人地关系权籍时空系统的关系，并由这种关系决定了土地科学学科体系的理论框架和逻辑主线，决定了土地科学学科研究人地关系权籍时空系统的视角和方法，并由此确定了土地科学学科的合理定位和归属。

这种关系不仅要体现出土地科学学科视角下的人地关系权籍时空系统的特殊性质，还要与土地科学学科属性与其学科研究对象、研究域、学科体系、核心理论、研究方法、研究目的、学科发展演进和未来发展方向具有统一的逻辑主线，是它们的系统反映和体现。

3. 研究观点

根据本书前几章的讨论，我们知道，土地科学学科研究对象是一个特殊的人地关系权籍时空系统及其中发生的一切土地现象，其本质特性是一个由土地权籍制度决定的人类所利用的地球表层空间系统。而土地科学学科则是针对这一人地关系权籍时空系统，通过自然科学、社会科学和技术科学理论与技术系统研究和解决人在这一系统中受到的有关土地生产力、土地生产关系和土地权籍制度共构的时空约束，从而追求和实现可持续发展的目标。

结合本节提出的土地科学学科属性的概念和研究原则，笔者认为并提出土地科学学科的属性应当是，它是一门针对人类能够设置并实施土地权籍的地球表层空间（包括内陆水域、海岛和沿海滩涂）构成的人地关系权籍时空系统，采用自然科学、社会科学和技术科学理论及技术，系统地研究与解决人与土地的关系及其之上的人与人开展土地利用活动关系的综合交叉性的应用学科。

土地科学学科的综合交叉性主要体现在三个方面：①从研究对象的角度看，土地科学学科视角下的人地关系权籍时空系统，具有自然、社会、工程技术等多方面的属性，土地科学研究内容涉及自然科学领域、社会科学领域和技术科学领域以及三者交叉的领域。②从研究视角的角度看，土地科学学科是从"人、地、权"三位一体的角度系统研究人与土地的关系及其之上的人与人开展土地利用活动的关系，而人与土地及其之上的人与人开展土地利用活动的关系也都涉及自然科学、社会科学和技术科学多领域的关系和内容。③从学科体系和研究方法的角度看，土地科学较为成熟的分支学科中不仅有侧重自然科学的学科，例如土地资源学；也有侧重社会科学的学科，例如土地经济学；还有侧重技术科学的学科，例如土地整治工程学；同时还有介于三者之间的学科，例如土地利用规划学。另外，土地科学不仅可以通过分析历史与现实的情况进行预测，也可以通过运用技术手段对现状进行评价并加以改进。④从学科形成过程和未来发展的角度看，土地科学是由原生的地籍学，在自然科学、社会科学和技术科学大交叉的社会背景下逐渐扩张形成并发展壮大的，由于土地利用问题涉及面广，而且是涉及人类生存和发展的根本问题，未来仍会借助其他学科的相关知识技术。

土地科学学科的应用性也主要体现在三个方面：①土地科学产生于社会实践，其概念的提出源于土地利用实践中解决人地矛盾的迫切需要。②土地科学的发展依赖于社会实践，具有较为明显的"实践推动型"的学科发展特征。③土地科学的学科任务是不断发现土地利用过程中出现的问题，研究这些问题，并最终解决这些问题，是一门典型的"问题导向型"学科。

六　学科核心理论

1. 基本概念

学科核心理论是指某一学科发生、发展并形成支撑学科体系的基础性、支柱性的关键理论。学科核心理论可以是一个理论，也可以是多个理论的集，但其中一定有不少于一个的核心理论是不能被其他学科的理论所替代的。某一学科中不能被其他学科理论所替代的核心理论，构成了这一学科体系的理论和技术内核，既是这一学科存在的必要前提，也是其能否发展成为独立学科的必要基础。

对于土地科学学科核心理论而言，是指土地科学学科发生、发展并形成支撑学科体系的基础性、支柱性的关键理论，特别是其中不能被其他学科理论所替代的土地科学学科独有的核心理论。

2. 研究原则

（1）规定性。土地科学学科核心理论应具有理论规律的一般规定性。即，土地科学学科核心理论应当具有客观真理性、领域普遍性、知识系统性、推理逻辑性。

（2）主导性。土地科学学科核心理论一定是支撑土地科学学科发生、发展的基础性、支柱性的关键理论。土地科学学科核心理论构成了其学科体系的主导框架，组织、黏结土地科学学科支撑理论，形成土地科学学科的完整体系。

（3）独特性。土地科学学科不能被替代的独立核心理论，一定是能够研究、解释、解决土地科学学科研究域中最基础最核心问题的独有理论。即，土地科学学科不能替代的独立核心理论需充分体现学科特色，并且具备学科根源性、独特性和标志性等特点。同时，还应为土地科学界内外学术共同体所普遍认同，

3. 研究观点

根据本书前几章的讨论，我们能够认识到，土地科学学科视角下的人地关系权籍时空系统是一个由土地权籍制度决定的地球表层空间系统，而土地科学学科研究域也是一个由土地权籍、土地租价、土地利用共构的三维空间系统，人类从土地利用的起点开始便受到土地权籍制度的约束，使其成为这一土地利用系统中的基础和决定因素，既是土地科学学科产生的基础，也是土地科学学科的独特性所在，使得土地科学学科具有了极强的生命力，构成了土地科学学科的独立核心理论。而土地租价理论反映了在一定土地权籍制度下有关影响土地生产关系的根源性因素，反映了土地利用引起土地利用经济性提高的特征，解释了土地利用经济性约束的本质，指出了改善土地生产关系约束的方向。土地可持续利用理论反映了人类开展土地利用及其研究的本质，成为一直指引和鼓励人类提高土地生产力、改善人类生活环境和生产条件的方向。人类意识到有关土地利用的活动不

仅影响当代人的福祉，也影响到后代人的生存和发展，所以人类将提高土地生产力作为最重要的发展方向，通过各种科学、工程、技术的手段努力提高土地生产力和改善土地生产关系，造福当代人和后代人。这些又使得土地可持续利用理论成为推动土地科学学科研究的主导因素和方向，不断推动土地科学学科的发展。

结合本小节讨论提出的土地科学学科核心理论的概念和研究原则，笔者认为并提出土地科学学科的核心理论包括土地权籍理论、土地租价理论和土地可持续利用理论，其中土地权籍理论是不可被其他学科理论所替代的土地科学学科独有的核心理论。

人地关系权籍时空系统研究的核心问题是围绕如何处理好人与土地之间及其之上的人与人开展土地利用活动的相互关系而展开的。土地科学学科核心理论是支撑研究、解决人与土地及社会系统关系的基础性、关键性理论，这体现在两个方面：①土地权籍理论能够准确和全面揭示、解释和解决土地科学诸多问题形成的根源性问题，从而指导人们能够采取合理的措施和方法解决现实问题。②土地科学学科的核心理论能够从学科的逻辑起点出发，围绕土地利用系统核心问题，支撑并优化由土地生产力、土地生产关系和土地权籍制度构成的土地科学研究域，服务人类不断提高土地生产力并追求和实现土地可持续利用的要求。

七 学科支撑理论和支撑技术

1. 基本概念

学科支撑理论和支撑技术是指某一学科为有效研究解决本领域问题，在其学科核心理论的基础上，产生或拓展形成的能够有效研究解决其领域问题的主要的专用性理论和技术，是学科核心理论的进一步拓展和深化。某一学科的支撑理论和支撑技术与该学科的核心理论，共同构成了这一学科系统有机的学科体系。

对于土地科学学科支撑理论和支撑技术而言，是指在土地科学学科核心理论基础上，形成的能够有效研究解决土地科学研究域中问题的主要的专用性理论和技术，是构成并支撑土地科学学科体系的重要部分。

2. 研究原则

（1）支撑性。土地科学学科支撑理论和支撑技术应当以土地科学学科核心理论为基础，能够拓展、深化并支撑土地科学学科核心理论。

（2）专用性。土地科学学科支撑理论和支撑技术应当能有效支撑土地科学领域主要问题的研究解决，具有明显的土地科学学科属性和学科专用性。

（3）系统性。土地科学学科支撑理论和支撑技术是一个系统理论和技术集，构成了土地科学学科的理论和技术体系。它们应当反映土地科学是自然科学、社会科学和技术科学综合交叉性的学科内涵，并能全面解决人地关系权籍时空系统的各个方面的问题。

3. 研究观点

根据本书前些章的讨论，我们能够认识到，土地科学学科视角下的人地关系权籍时空和土地科学学科研究域，是一个包含自然科学、社会科学和技术科学领域众多方面耦合而成的复杂系统，这就决定了土地科学学科需要多方面的理论和技术的支撑，同时由于人地关系权籍时空系统具有土地权籍制度制约的特殊性，因此它又给研究解决人地关系权籍时空系统中的问题带来特殊规定性，要求土地科学学科的理论和技术也要具有适应研究和解决这些土地问题的特殊适应性，形成具有土地科学学科特色的专用理论和技术集，因此也就构成了土地科学学科的特殊理论和技术体系，这一专用理论和技术集就是土地科学学科的支撑理论和支撑技术。

结合本节提出的基本概念和研究原则，笔者认为并提出，构成土地科学学科的支撑理论主要包括人地关系理论、土地经济学理论、土地利用规划理论、土地集约利用理论、土地利用空间（区位）理论、土地时空系统理论、土地生态学理论、土地产权理论、地价理论、土地生产力理论、土地承载力理论、土地分类理论、土地资源和资产评价理论、土地资源和资产管理理论、土地市场交易和管理理论等；土地科学学科支撑技术主要包括地籍测量技术、土地调查技术、土地登记技术、土地统计技术、土地遥感技术、土地规划技术、土地利用技术、土地开发技术、土地复垦技术、土地整理技术、土地信息技术、土地评价技术、土地监测技术等。

八 学科体系

1. 基本概念

学科体系有两个概念，一个是指在科学学基础上讨论某一学科的内在逻辑结构及其理论框架，另一个是指在教学科目的基础上讨论某一学科的范围和各个分支学科构成的一个有机联系的整体。前者是后者的基础，后者是前者在教学领域下的具体反映。

对于土地科学学科体系而言，是指土地科学学科知识体系的逻辑关系和理论框架，以及在教学科目上的反映和体现。

2. 研究原则

（1）本质性。土地科学学科体系应当体现土地科学学科的本质属性，即应能反映土地科学学科是一个有关研究土地生产力、土地生产关系和土地权籍制度的系统交叉科学，突出从"人、地、权"三位一体角度研究人地关系的本质，围绕土地科学学科的权籍理论、租价理论和可持续利用理论，按照土地科学学科体系的内在逻辑结构，构架土地科学学科的理论框架。

（2）明确性。土地科学学科体系应当按照研究对象（领域）划分学科体系。土地科学学科是一个具有非常明确的研究对象、研究内容、研究范围和研究角度的应用学科，学科体系内在的逻辑结构十分明晰，学科体系的理论框架也较为清晰，完全没有必要采用按照研究层次的模糊化方法，舍近求远地研究学科体系。因此，土地科学学科体系的表现形式，应当是依其理论知识体系的内在逻辑关系构建而成的有机联系的具体理论框架。

3. 研究观点

根据本书前些章的讨论，我们能够明确的是，首先需要通过土地科学学科内在逻辑结构的分析，讨论提出土地科学学科的理论框架；然后在学科理论框架的基础上讨论教学科目的构成。本书用了较多篇幅讨论了土地科学学科的逻辑结构和理论框架问题，讨论到这里已经不需要再过多赘述。而教学科目的构成，一方面我国土地科学学科高校教学已开展30多年，已有的学科布局也较为成熟；另一方面，参与"土地科学学科体系研究与建设"项目研究的教师也有较好的考虑和建议，所以也无需过多讨论。

土地科学学科体系的逻辑结构和理论框架是构成土地科学学科体系的骨架和基础。综合本书的研究讨论，笔者认为并提出，土地科学学科体系的逻辑结构和理论框架由其三大核心理论构成，即土地权籍理论、土地租价理论和土地可持续利用理论构成了土地科学学科的逻辑结构和理论框架，它们在时空关系上构成了一个由下向上的理论轴线。围绕三大核心理论组成的轴线，与土地科学学科支撑理论和支撑技术共同构成了土地科学学科的完整体系，即土地科学学科"相对独立的知识体系"。如果从空间形态上描述土地科学学科体系，则土地科学学科体系构成了其学科研究域中由权籍基础研究层、租价制约研究层、地用主导研究层和核心交叉区、稳定交叉区共同组成的空间的骨干（图8-2）。

而土地科学学科教学科目体系，笔者在直接引用"土地科学学科体系研究和建设"项目研究的成果基础上，即"一级学科为土地科学，二级学科为土地资源学、土地管理学、土地工程学和土地信息学，三级学科包括土地类型学、土地生态学、土地调查等17个分支学科"，提出对二级学科中的"土地资源学"做出修正和完善的建议，即将"土地资源学"调整为"土地资源资产学"，其下三级学科增加"土地经济学"和"地籍学"，使二级学科"土地资源资产学"成为土地科学学科的基础学科，集中研究土地的自然、社会、经济和土地科学学科视角下的特殊性，及由此引出的人与土地的关系及其之上的人与人开展土地利用活动的关系。与此同时，将"土地经济学"和"地籍学"从二级学科"土地管理学"中移出，使"土地管理学"成为针对土地特性，应用管理学理论，开展土地资源资产管理的二级学科。具体见表8-1。

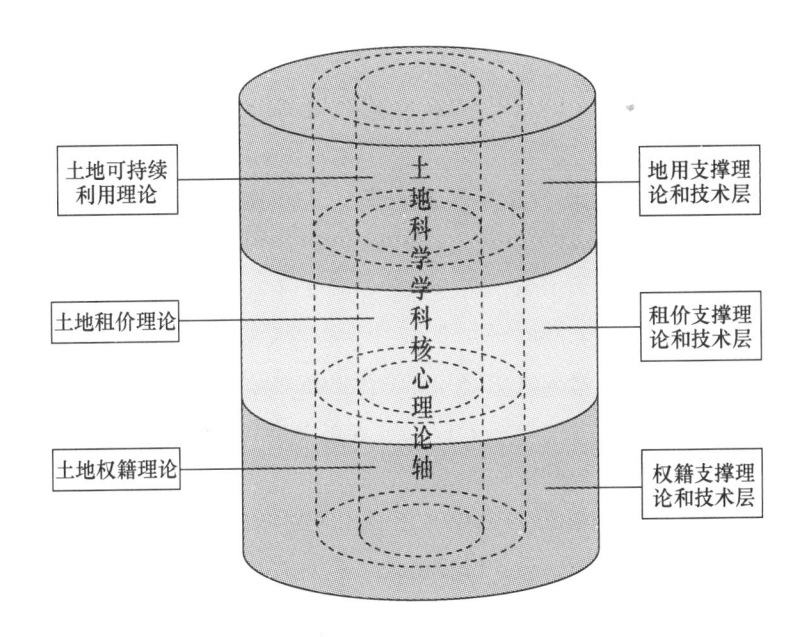

图8-2 土地科学学科体系理论框架的空间形态

表 8-1　　　　　　　　　土地科学学科教学科目体系

一级学科	二级学科	三级学科
土地科学	土地资源资产学	土地类型学、土地生态学、土地经济学、地籍学、土地调查、土地评价等
	土地管理学	土地行政管理、土地法学、土地规划学、土地史学、土地社会学、土地利用学等
	土地工程学	土地利用工程、土地保护工程、土地整治工程等
	土地信息学	土地测量学、土地信息技术等

九　学科研究范式

1. 基本概念

学科研究范式是指某一学科的科学家所共有的基本世界观，它是由其特有的观察角度、基本假设、概念体系和研究方式构成的，它表示科学家看待和解释世界的基本方式[1]。

对于土地科学学科研究范式而言，土地科学学科研究范式是土地科学学术群体所认可和接受的关于土地科学的基本认知、研究思维和研究方法的体系，是土地科学本体论、认识论和方法论的集成，是土地科学学科研究者开展土地科学研究时认可和接受的共同的学术语言。

2. 研究原则

（1）规定性。土地科学学科研究范式应当符合范式的规定性。即，土地科学学科研究范式应当是使土地科学学科"成为科学的标志"并引导土地科学界规模性地思考学科发展的基质。土地科学学科研究范式应当是土地科学界共同体的共同研究观和"学术语言"，是土地科学界共同体对土地科学研究本体论、认识论和方法论的基本承诺，是土地科学界共同体所共同接受的有关土地科学的假说、理论、准则和方法的总和与概括，从而构成土地科学界共同体的理想和信念。

（2）特殊性。土地科学学科研究范式应当体现土地科学学科的特殊性，并能满足这种特殊性对开展土地科学研究的基本要求，即土地科学学科研究范式应当能反映并满足土地科学是一门以"人、地、权"三位一体的特殊角度，研究土地生产力、土地生产关系和土地权籍制度的自然科

---

[1] 袁方:《社会研究方法教程》，北京大学出版社 2011 年版，第 64—66 页。

学、社会科学和技术科学的系统综合交叉科学科的要求。具体而言，就是应当体现和满足土地科学是以人地关系权籍时空系统及其中发生的一切土地现象作为学科研究对象，以土地权籍作为学科的逻辑起点，以土地权籍管理作为学科的发展基础，以土地资源、土地资产、土地管理、土地经济和土地工程作为学科的主要内涵的学科属性及要求，从而形成土地科学学科的有机一致的逻辑关系。

3. 研究观点

土地科学学科构建区别于其他学科的理论体系，本质上蕴含着土地科学学科共同体应当拥有一种研究土地问题的共同的世界观、认识论和方法论，即土地科学学科的研究范式。

土地科学学科有没有自己的研究范式？长期以来少有研究①，目前我国土地科学学科界大部分研究人员认为土地科学学科尚未形成自己的范式，一部分研究人员认为土地科学学科研究范式尚处于前范式阶段②。

笔者并不赞同上面的观点。主要有两个认识，集中反映在2015年1月1日笔者发给中国人民大学严金明教授的电子邮件中：第一个是，"从我国土地科学学科的研究和发展角度看，土地科学学科存在着一种基本的范式，只是这种范式是一种隐藏于这个学科群体的潜意识中的，以一种隐性的潜意识方式存在并指引着大多数人的研究和实践工作，否则我们（土地科学）学科在很多方面的研究和实践也不会有多数人的共识。这既是土地学科发展很快的原因，也是土地科学学科发展不完善、不成熟的原因。只是我们或者是对这种范式的价值和意义太忽略了，以为根本不需要范式；或者是我们大多数人还处在学科从业者的阶段，没有进入学科研究者的较高阶段导致的，因而没有去认真思考、分析、研究并升华，……"第二个是，"有关范式的研究不是关于我们（土地科学学科研究范式）处在什么阶段的问题，而是我们应该发现土地（科学）学科的隐性研究范式并使其显性的问题，从而使我们（土地科学）学科的研究和建设跨上一个台阶，不要停留在原来的台阶上。其实，任何一种范式都是一种实践的经验积累和升华而形成的，它是总结升华而成，肯定不是先有了严谨的

---

① 严金明、夏方舟：《中国土地科学学科范式框架构建研究》，《中国土地科学》2015年第2期。

② 徐玉婷、黄贤金：《中国土地科学学科建设理论研究综述及展望》，《中国土地科学》2015年第5期。

范式规则才有了研究领域的发展。……科学研究的本质是扩展人的认知边界、提升人的能力边界。如果不是这样,就不是我们所说的科学研究的本意了。因此,我更希望能把研究土地科学范式的重点放在把隐性的范式升华为显性的范式,并且能通过理论和具体案例的分析为大多数人认同"①,从而指引土地科学学科的发展。

笔者的这一思想已经较好地体现在了严金明和夏方舟有关土地科学学科范式的研究中②。他们提出,"土地科学学科研究范式是以土地资源、土地管理、土地工程为本体论,以着眼于土地利用系统功能辨识的发展观、系统观和时空观为认识论,以质性与量化研究法、时空分析法、模型分析法、工程技术法等为方法论的复杂性科学研究范式"(见图8-3)③。

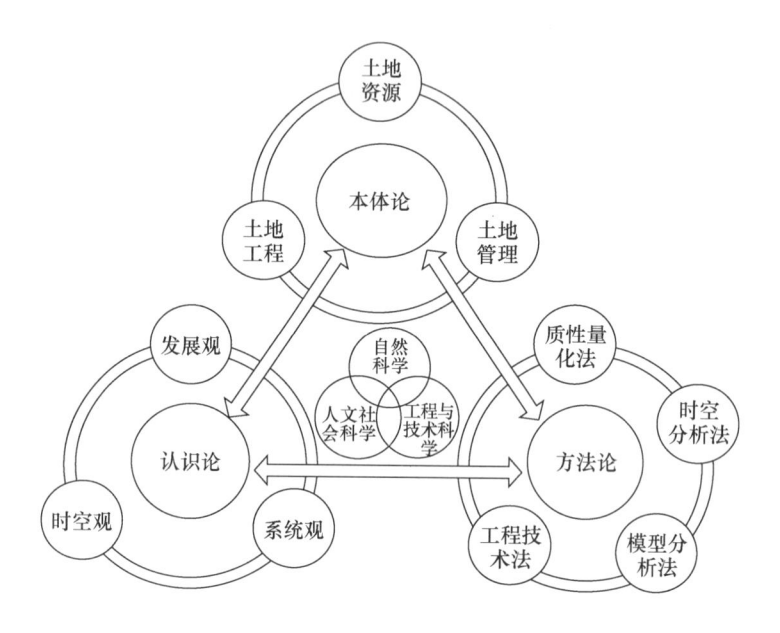

图 8-3 严金明和夏方舟提出的中国土地科学学科范式框架构想

但是,笔者不能完全认同他们提出的土地科学学科范式框架,特别是他们有关本体论和认识论的构想还有较大的讨论空间。

---

① 冯广京 2015 年 1 月 1 日致严金明教授的电子邮件,详见本书附录。
② 严金明、夏方舟:《中国土地科学学科范式框架构建研究》,《中国土地科学》2015 年第 2 期。
③ 同上。

某一学科的本体论，限定了这一学科能够研究和认识什么范围的事物，即限定了其研究域，由此决定了这一学科的宏观方向，并形成这一学科认识论和方法论的基础。某一学科的认识论，反映了人们如何认识这一学科研究域中各种现象的研究视角和逻辑框架，形成了这一学科方法论的理论基础。某一学科的方法论，概括并指导人们如何开展这一学科研究的方法，既是这一学科本体论和认识论指引下的研究分析框架，也是认识这一学科本体论的工具。

（1）本体论（Ontology）不是关于世界本源或本体的学问（Ontology系西方哲学的一个特有范畴，"本体论"是一个译名，不同于中国"本体"一词所指）①。本体论是关于"是"以及"所是"的一个哲学范畴，"是"强调的"是什么"，比如他"是"学生（He is a student）；"所是"强调的是"存在"，比如他"存在"（He is）②。

最早为本体论下定义的是德国哲学家沃尔夫，他指出本体论有三个主要的特征，首先它是先验的；其次它是逻辑的，不是以特定事物为研究对象，因此它是概念与概念之间的逻辑联系；最后它是关于"是"的哲学③。

由此可知，土地科学学科的本体论也应该是回答土地科学学科"是"的一系列问题，包括土地科学学科中的"是"与"所是"。所以，土地科学学科本体论要回答土地科学的学科概念及其自身逻辑体系。

本书的讨论已经指出，土地科学学科是一门关于土地生产力、土地生产关系和土地权籍制度的系统综合性交叉学科，其研究对象是人地关系权籍时空系统中的土地及其与人的关系，研究的核心是"人、地、权"的关系。而其学科体系的理论框架和逻辑体系是土地权籍、土地租价和土地可持续利用。因此，笔者认为土地科学学科的本体论理应包括人地关系权籍时空系统中的特定土地和由其特性引起的特殊的人地关系，及其之上的人与人开展土地利用活动的关系。具体而言，应该包括土地资源（自然特性和土地生产力特性）、土地资产（经济特性和社会特性）、土地权籍（社会特性、土地生产关系特性）。它们共同规定了人与地及人与人开展

---

① 俞吾金：《本体论研究的复兴和趋势》，《浙江学刊》2002年第1期。
② 姚苑平、叶昌东：《地理学本体论、认识论与方法论》，《研究生学刊》（自然科学、医学版）2006年第4期。
③ 俞吾金：《本体论研究》，上海人民出版社1999年版，第27页。

土地利用活动的关系，而土地科学又是基于它们的约束，通过科学的认识论和方法论研究和调整人地关系及其之上的人与人开展土地利用活动的关系。

（2）认识论（Epistemology）是关于如何认识世界的理论，是关于认知主张的预设前提①。

土地科学的认识论是关于如何认识土地科学世界的理论，即如何认识人地关系权籍时空系统所确定的世界的理论。很显然，认识土地科学世界的方法，与大多数研究人地关系的学科和以研究自然与人的关系的学科一样，具有一般观察、分析、研究、解释现象的特点，比如较多地依赖于实践经验、实证分析，形成土地科学学科的一般知识与学问，但是这并不能形成土地科学学科的科学体系。笔者认为，土地科学学科首先是科学，坚持科学主义是其根本所在；土地科学是一门研究人地关系及其之上的人与人开展土地利用活动关系的学科，核心是在坚持生态平衡的基础上，服务于人类的发展，因此应当坚持以人为本；土地科学学科的研究对象是人地关系权籍时空系统及其中发生的一切土地现象，人地关系在其时空系统中呈现动态变化，应当具有时空观；土地科学学科人地关系权籍时空系统是一个整体的时空系统，需要坚持系统均衡和协调发展；土地科学学科的主导理论和主导发展方向是坚持土地可持续利用，因此也必然是贯穿土地科学学科发展的主导思想。所以，土地科学学科的认识论应该包括科学观（科学主义）、人本观（以人为本）、时空观（动态性）、系统观（整体与协调）和可持续发展观（代际公平和可持续发展）。针对人地关系权籍时空系统中的人地关系，由这些认识论出发，借助科学的方法论，能够很好地研究回答土地科学"是"和"所是"的一系列问题。

（3）方法论（Methodology）是一组具有一致性的规则与程序，是指导人们如何获取知识的理论，它不是具体的方法，而是制定方法的方法②。它从"认识论的角度总结人类世界和改造世界的经验，探讨各种方法的性质和作用以及方法之间的相关联系，概括出关于方法的规律性的知识"③。

---

① 俞吾金：《本体论研究的复兴和趋势》，《浙江学刊》2002年第1期。
② 同上。
③ 潘玉君、陈颖、杨家娣：《地理学元研究：地理环境的整体性原理》，《云南师范大学学报》2002年第2期。

土地科学学科的方法论，是基于土地科学学科本体论和认识论的基础上，总结、概括并指导人们开展土地科学学科研究的方法和分析框架，主要包括质性量化法、时空分析法、模型分析法、科学管理法、工程技术法。

综上所述，笔者提出一个新的土地科学学科范式框架，供读者研究参考："土地科学学科研究范式是以土地资源、土地资产和土地权籍为本体论，以科学观、人本观、时空观、系统观和可持续发展观为认识论，以质性量化法、时空分析法、模型分析法、科学管理法和工程技术法为方法论的复杂性科学研究范式"（见图8-4）。

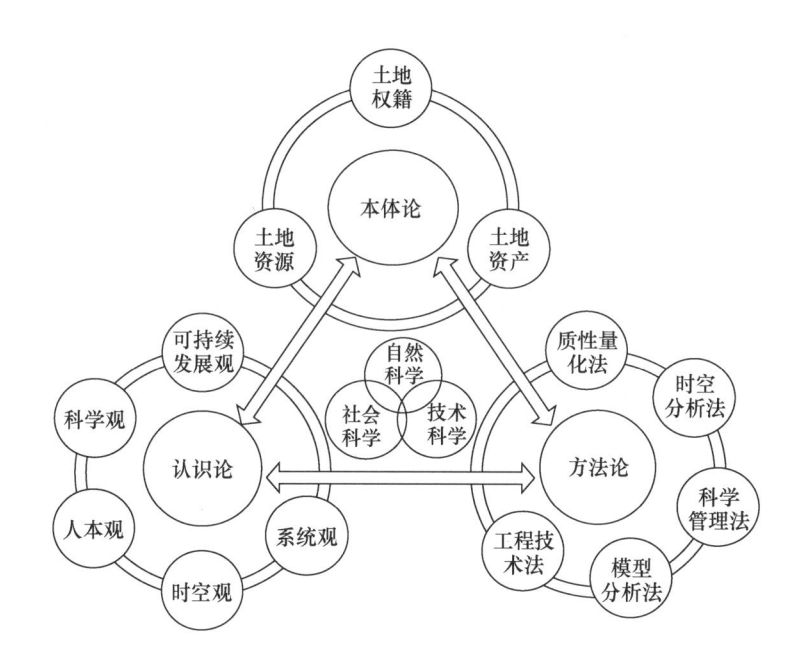

图8-4 土地科学学科范式框架

第四节 一个不得不讨论的问题

——土地科学学科的名称

一 问题的提出

土地科学是一个已经形成了三十多年的较为成熟的学科，1980年中国土地学会成立伊始，在总结中国土地学科发展和土地利用管理实践的基础上，经过研究提出并通过了建立土地科学学科和土地科学学科体系的决议，指出土地科学是一个自然科学和人文社会科学交叉的综合性学科。从那时起，土地科学就成为土地科学学科的名称，一直持续至今。

学科名称是学科话语系统的重要组成部分，不同的学科命名可以体现出学者们对学科核心范畴的不同理解及变迁，在学科的建构与发展过程中扮演着重要的角色①。近年来，我国学科分类体系对于科研和高教体系下各学科的发展和科研项目及经费的影响越来越大，而土地科学学科升级一级学科的要求也越来越迫切，但多次升级的努力遇挫后，越来越多的研究者，将土地科学学科升级一级学科受挫的原因，归咎于土地科学这一名称和他们认为由于这一名称只能体现人文社会学科的属性的原因方面，加之近年来土地科学工程技术得到长足发展的现实，很多研究者提出了土地科学学科更名为土地科学与工程的建议②。土地科学的名称是否已不能反映土地科学学科的自然科学、社会科学和技术科学综合交叉学科的属性？土地科学学科更名为土地科学与工程，选择工科路径开展学科升级是否更有利于土地科学学科升级工作？土地科学和土地科学与工程哪个名称更能反映土地学科的本质属性？这些问题意外地成为缠绕土地科学学科建设研究和土地科学学科进一步完善和发展的重大问题。

"学科名称实际上涉及到学科定义的问题，而这是一个事关学科方向与发展的重大问题"，"对学科名称的命名，也是最直接最有效的对某一相关学科的定义。……定义一门学科，赋予其名称，通常也就意味着一门学科的起始"，"一门学科具有确定的命名是一个重要的标志"③。因此，开展土地科学学科名称的研究也成为土地科学学科体系研究的一项重要内容。

但是，需要特别指出的是，土地科学学科界目前有关学科名称的讨论是在混淆科学门类和教学科目门类的前提下展开的，因此产生了很多的矛盾性。由于长期以来，土地科学学科界并没有注意研究和区别科学门类与

---

① 单凌寒：《关于中国女性社会学学科名称的几点思考》，《妇女研究论丛》2013年第6期。
② 徐玉婷、黄贤金：《中国土地科学学科建设理论研究综述及展望》，《中国土地科学》2015年第5期。
③ 谭君强：《学术史研究及其在学科发展的意义——以叙事学与比较叙事学为例》，《贵州社会科学》2011年第1期。

教学科目门类间的关系和差别,加之大部分研究人员开展学科研究的初始动机源自于土地科学学科在教育部教学科目升级的需求,所以很多讨论涉及的仍然属于教学科目门类。

很多研究者关心学科升级工作的心情过于迫切,急于加快土地科学学科在教学科目目录中升级的步伐,却忽略了两个问题:

第一,忽略了我国学科分类与代码国家标准是我国学科分类的基础性和关键性标准。仔细研究就能发现,教育部教学科目目录中的一级学科都有国家学科分类与代码标准中一级学科门类归属的依托,要么本身就是国家学科分类与代码标准中的一级学科门类,要么就是国家学科分类与代码标准中一级学科门类下的某个二级学科(比如公共管理)。在很多科学门类中的一级学科,具体到教学科目目录中也常常会分解为多个一级学科。但应当注意的是,我国教学科目目录中的一级学科都能在我国学科分类与代码国家标准中找到其学科门类归属,比如教育部《普通高等学校本科专业目录(2012年)》中的"1204 公共管理类"是以《中华人民共和国学科分类与代码国家标准(GB/T 13745-2009)》中"630 管理学"门类为支撑的,同样的《普通高等学校本科专业目录(2012年)》中的"0811 水利类"是以《中华人民共和国学科分类与代码国家标准(GB/T 13745-2009)》中"570 水利工程"门类为支撑的,《普通高等学校本科专业目录(2012年)》中的"0825 环境科学与工程类"是以《中华人民共和国学科分类与代码国家标准(GB/T 13745-2009)》中"610 环境科学技术"门类为支撑的。其他学科也是如此。

然而,土地科学学科现在并不是《中华人民共和国学科分类与代码国家标准(GB/T 13745-2009)》中的一级学科,甚至都不是三级学科,也找不到其学科归属。这意味着什么呢?笔者认为这反映了人们并没有认为土地科学是一门独立学科的事实。其根本原因就是还没有从科学学意义上完成土地科学学科独立性的研究和学科体系的构建。由此,我们就能理解为什么历经几代人的努力,土地科学学科却始终无法跨越教学学科目录一级学科门槛的原因了。

第二,长期忽略土地科学学科独立性的研究。土地科学学科必须开展并回答它是不是一门"相对独立的知识体系"的问题。在"假学科"一度泛滥的背景下,有关土地科学学科独立性的研究是一项十分重要和关键的工作。国家学科分类与代码标准是我国有关学科真伪的最重要的"度量衡",必须以能够构成"相对独立的知识体系"为准绳。如果土地科学不具备学科独立性,它就不应该成为一门独立学科。而土地科学界长期忽略学科独立性的研究,一直不能证明学科的独立性,学科外部就更难以判断土地科学是不是一门科学学意义上的独立学科了。如果不能研究证明土地科学的学科独立性,土地科学学科在教学科目目录中的升级就缺乏了科学学科门类的依托,只能依附于其他某一学科门类之下的升级(目前的情况就是如此)。这样的话,排除非科学的手段,土地科学学科将很难成为我国学科分类与代码国家标准中的学科,因此也就难以成为教育部教学科目目录中的一级学科了。这正是笔者开展土地科学学科独立性研究和撰写本书的原因。

二 "土地科学"名称的讨论

一个学科的名称实际上反映了一个学科的本质内涵和本质属性,或者换句话说,一个学科的名称实际上是由这个学科的本质内涵和本质属性决定的,而学科的本质内涵和本质属性又是一个学科能够独立的基础和前提。一个独立的学科之所以能够独立,正在于这个学科具有能够区别于其他学科的独特的本质内涵和本质属性。

一个学科的本质内涵和本质属性实际上还隐含着一个基本的规定性,即这种内涵和属性是相对长期稳定不变的。如果某一个学科的本质内涵和本质属性是多变的,则意味着,要么是这个学科还没有找到能够区别于其他学科的本质内涵和本质属性,还处在发现的前夜;要么是它根本就不是一个科学学意义上的学科,只是一种阶段性的行业、社会治理等某方面的需要而已。这也是少见成熟的独立学科更名和反复开展更名讨论的原因。

由本书前几章的分析讨论,能够清楚地看到,土地科学学科的本质内涵和本质属性是非常稳定的,即土地科学学科是一个关于土地生产力、土地生产关系和土地权籍制度,涉及自然科学、社会科学和技术科学的系统综合性交叉学科。这一本质内涵和本质属性,充分体现出了土地科学学科独立性的基础。这也正是土地科学学科在过去三十多年的发展历史中,从学科命名到讨论学科更名的问题上,始终都没有更名的原因。

上面对于学科名称问题的讨论,实际上提出了有关学科命名的两个基本问题:第一,这个学科有没有能够区别于其他学科的本质内涵和本质属性?第二,这个学科的命名方法及名称能不能体现出这个学科的本质内涵和本质属性?第一个问题涉及的是学科名称如何命名的原则,第二个问题涉及的是学科命名的名称是否准确的原则。

三 学科门类下的"土地科学"和教学科目下的"土地科学"应加以区别

近些年来,由于我国土地科学学科在学科门类和教学科目中的地位提升问题始终没有取得进展,而土地科学学科地位提升的问题又与很多问题相联系,所以很多研究者越来越关注有关土地科学学科地位难以提升原因的研究,这本是一件很有意义的研究工作,对于发展、完善土地科学学科意义重大,但是由于研究深度和研究难度的原因,很多研究者逐渐将研究的主要注意力和重点放到了相对直接和表层的问题上,并逐渐收敛形成了土地科学学科名称不利于土地科学学科地位提升的观点[①]。仔细分析,就会发现这一观点与笔者的讨论是有很大区别的。

由于研究土地科学学科更名问题的研究者大多数来自于高校教师,自觉和不自觉地将有关学科体系的研究定位于教育部的教学科目目录上,因此有关土地科学学科名称对于学科升级的关系和影响,也自然被定位于教育部教学科目目录中的学科名称上,而目前土地科学学科在教育部教学科目目录中的名称为土地资源管理,尽管在《普通高等学校本科专业目录(2012年)》中已经注意到土地科学学科是交叉学科的特征,做出了"土地资源管理"专业"可授管理学或工学学士学位"的规定,但是严格说,这一名称还是与土地科学学科相差甚远,不足以反映土地科学学科的本质内涵和本质属性,由此提出学科更名的问题也在情理之中,也是必然的结论。这点是需要特别指出的。

本书在最初的讨论中就已指出,本书所研究讨论的主要是学科门类而不是教学科目,因此本书所说的土地科学学科名称是学科门类意义上的名称,需要读者注意并加以区别。但是,由于始终没有人研究梳理并指出这种区别,所以这些研究者提出更名的观点导致了上述两种研究的混淆和矛盾。对于上面所说的两种研究不加区别的结果,引致很多人的误读和误解,甚至引起了不必要的观点对立,偏离了土地科学学科体系研究的科学轨道。

四 土地科学不是更名的问题,而是应当准确定位的问题

对于上面提出的矛盾现象,笔者认为根源在于,土地科学学科本来是

---

① 吴次芳:《土地科学学科建设若干基本问题的反思与探讨》,《中国土地科学》2014年第2期。

一门独立的学科门类，只是过去一直没有被学科研究者以及学科门类和教学科目分类标准的研制者与决策者所认识，结果导致了这种矛盾和混乱。

混淆学科门类下的土地科学学科名称和教学科目下的土地科学学科名称的做法，导致了很大的矛盾性，一方面从科学学层面上提出土地科学学科更名的观点缺乏合理性和科学性；另一方面从教育部教学科目目录的角度提出土地资源管理专业的更名似乎又是非常现实的考虑，但教学科目下土地科学学科更名的问题，本质上也不是通过改变学科属性的更名来实现学科的升级，而是通过如何构建土地科学学科体系下的二级学科来实现学科升级的问题。

这种矛盾性不仅导致了土地科学学科内部研究者对土地科学学科本质属性认知的困惑和分歧，也加重了土地科学学科外部研究者和决策者对土地科学学科独立性的质疑。

不经过深入分析和严谨的讨论，以为了实现学科升级为目标而轻率提出通过改变土地科学学科本质属性而更名的观点，实在像"慌不择路"的样子，要"削土地科学学科之履"，颠倒了学科升级的本末。因此，笔者要特别强调，有关土地科学学科地位升级的问题，并不是一个试图通过改变土地科学学科本质属性的方式而更名那样简单的问题，而是一个如何让研究者和有关行政主管部门通过正确认识土地科学学科本质属性和作用，从而正确定位土地科学学科地位的问题。

解决这一矛盾的方法应该是争取在学科分类与代码国家标准中将土地科学列为交叉学科中的独立学科门类（现在土地资源管理被归于管理学科之下，并规定可以授管理学或工学学士，实际上已经将其视为交叉科学了），这样在教育部教学科目目录中也就可以做出相应的调整了；在学科分类与代码国家标准修改前，争取在教育部教学科目目录中先行调整土地资源管理专业，扩展其内涵。笔者认为，现在已经到了应该改变对土地科学学科的认识并做出正确决策的时候了。

五 有关学科升级更名的两个案例的讨论

有关教学科目中土地资源管理应当更名的讨论中，常有研究者不加分析地提出两个案例以证明土地科学学科更名的必要性和可行性，一个是"水利工程"，一个是"环境科学与工程"。其实，这是两个伪证。

首先看"水利工程"。一种观点提出，水利工程能够成为一级学科，原因是水利工程选择了工科路径。因此，土地科学学科也应选择按照工科路径争取学科地位升级。还有一种观点认为，土地科学学科与水利工程具有资源相似性，一个是土地，一个是水利，所以可以比照命名。

笔者不知道第一种观点中提出的"水利工程"是指《中华人民共和国学科分类与代码国家标准（GB/T 13745-2009）》的"570 水利工程"一级学科门类，还是指教育部教学科目目录中比如《普通高等学校本科专业目录（2012年）》中"0811 水利类"一级学科，还是其下的三个二级学科"081101 水利水电工程、081102 水文与水资源工程、081103 港口航道与海岸工程"。但可以肯定的是，无论指其中的哪一个，都和提出这一观点的本意相悖，因此并不能支持他们提出的观点。

（1）土地科学学科的本质内涵和本质属性是什么？本书主要讨论的内容就是土地科学学科的本质内涵和本质属性，已经指出了土地科学学科是一门涉及自然科学、社会科学和技术科学的交叉学科，并不是一门单独的工科属性的学科。将土地科学学科中的工科属性部分强化，选择工科门类申报学科升级的路径，如果针对的是教学科目目录，以土地科学学科二级学科（比如土地工程学）的地位升级，虽然很难但还是可以理解的；如果针对的是学科分类国家标准的话，则就违背了土地科学学科的本质属性，也是站不住脚的。如果将土地科学学科的工科属性强化突出出来，甚至只讲工科属性，那么它实际上也就不再是土地科学学科了。而且，选择土地科学学科中的工科属性开展学科升级，也并不会得到科学界的认可，因为但凡了解土地科学学科的科学家们，都不会认同土地科学学科的主要属性是工科属性，更不会认同土地科学学科仅有工科属性。

一些研究者认为土地科学学科视角下的"土地"系统应该是一个有关工程技术的"土地"系统，认为工程技术属性才是土地科学学科的本质属性。这样的问题是，有关工程技术的"土地"系统是一种什么样的"土地"系统？这样的"土地"系统具有什么样的特殊性？这一"土地"系统与本书讨论的"土地"系统有什么区别？

工程技术是包括劳动工具、劳动对象等一切劳动的物质手段（硬技术）和体现为工艺、方法、程序、信息、经验、技巧和管理能力的非物质手段（软技术）。假如按照认为土地科学学科视角下的"土地"系统是有关工程技术的"土地"系统的观点，这一"土地"系统就不应该是本书讨论的"土地"系统了，即不应该是有关人类可以设置和行使土地权籍的地球表层空间了，应该更强调工程技术的特点，但是这样的话，它还是不是土地科学学科呢？

（2）土地科学学科中的"土地"和水利工程中的"水利"并不完全是一个层面的概念，不能简单比较。1980年中国土地学会成立伊始，提出了建设中国土地科学学科及其体系的主张，明确指出土地科学学科是一门自然科学和人文社会科学交叉的综合学科。从一开始就确认了"土地"是一个自然和社会系统的概念。而1933年，中国水利学会的前身——中国水利工程学会第三届年会通过的水利的定义为："水利为兴利除患事业，凡利用水以生利者为兴利事业，如灌溉、航运、发展水力等工程；凡防止水之为害者为除患事业，如排水、防洪、护岸等工程是"[1]。中国科学技术协会主编、中国科学技术出版社出版的《水利学科发展报告（2007—2008）》中则进一步指出："1933年，中国水利工程学会第三届年会的决议中就曾明确指出：'水利范围应包括防洪、排水、灌溉、水力、水道、给水、污渠、港工八种工程在内。'其中的'水力'指水能利用，'污渠'指城镇排水。"[2] 非常明显地将"水利"定义为工程技术范畴，重点放在对水利工程领域的研究。因此，很长时期以来，水利工程学科和其他学科都将其定义为工程技术学科了。近些年来，虽然水利的概念逐渐扩大，但很长时间以来，人们已经形成了"水利"是一种工程技术范畴的内容概念。而"水利类"成为教育部教学科目目录中的一级学科，我们并没有看到"水利+工程"的情况，至于"水利类"下的二级学科有无"工程"都是其"家务事"，与学科升级没有什么关系。实际上，"水利工程"早在1992年我国首次编制的第一版学科分类代码国家标准中就已被列为工学门类下的一级学科（编码为570）了，顺理成章，很自然就使"水利类"成为教育部教学科目目录中的一级学科了。不知上面第一种观点提出的有关"水利工程能够成为一级学科，原因是水利工程选择了工科路径"的结论是如何得出的？相反，近些年来水利工程学科开始扩大其内涵，逐步向交叉学科转变，但最新的学科分类与代码国家标准仍然将水利工程归为单学科的工学门类（编码仍为570）。这和土地科

---

[1] 中国水利学会：《中国水利学会历史沿革》，http：//www.ches.org.cn/zgslxh/gyxh/lsyg/A060104index_1.htm，2015-7-24。

[2] 详见中国科学技术协会主编，中国科学技术出版社2008年出版的《水利学科发展报告（2007-2008）》中有关水利学科的定义部分。

学学科形成之初的定位形成了鲜明的对比。因此，现在即使采用"土地科学+工程"的命名方式，也不可能马上改变各界特别是科学界对土地科学学科的定位，更不能改变其学科的本质属性。

上面提到的还有一个观点，即"土地科学学科与水利工程具有资源相似性，一个是土地，一个是水利，所以可以比照命名。"这种观点也是存在问题的，土地和水利并不是一个层次的概念，两者相比，土地是资源，水利则"为兴利除患事业"，两者哪有可比性？但是如果说土地和"水"可比倒更贴切，按照经济学的观点，水本来就是土地①。实际上，土地工程技术是土地科学学科中不可或缺的重要组成部分，但只是其中的一个部分。

以上才是水利工程学科一级学科的"故事"。

其次，再来讨论环境科学技术。有关的讨论基本类似于有关水利工程的讨论，一些研究者认为环境科学与工程也是因为采用了"环境+工程"的命名方式，才能升为一级学科。因此，也可以借鉴这种命名方式。

环境科学技术不同于水利工程。环境科学技术一开始就被明确定义为综合性交叉学科，在我国1992年制定的第一个学科分类与代码国家标准中的编码是610，与安全科学技术、管理学共列为交叉学科。

环境科学技术很早以前就被认定为独立学科了，而且是以综合性交叉学科的身份进入我国第一版学科分类代码国家标准的。这说明，第一，科学界很早以前就已确认环境科学技术是一门独立学科了，这使得环境科学与工程进入教育部教学科目目录也是顺理成章之事，与是否采用"环境+工程"的命名方式没有什么关系。第二，环境科学技术是以综合性交叉学科的身份进入学科分类与代码国家标准的，表明与环境科学技术类似的综合性交叉学科一样能够进入学科分类与代码国家标准。实现学科升级，根本没有必要把研究的注意力放到用什么名称更便于开展学科升级的问题上，关键还在于人们对这类综合性交叉学科独立性的认知，而这种认知又是建立在对这些学科本质属性的研究基础之上的。

环境科学技术就是一门形成和发展相对早于现代土地科学学科的综合性交叉学科，但是由于环境问题在世界各国工业化过程中都曾十分尖锐，因此对环境问题和环境科学的研究开展较早、重视程度较高，学科成熟度也较高，这是环境科学能够较早成为我国学科分类与代码国家标准中一级

---

① 伊利、莫尔豪斯：《土地经济学原理》，滕维藻译，商务印书馆1982年版，第13页。

学科的主要原因，与其是否采用"环境+科学"的方式并无多大关系。

这两个例证说明，第一，土地科学学科地位升级和学科更不更名并无多大关系，只和其学科独立性和学科成熟度有关。第二，土地科学学科综合性交叉学科的学科属性并不是其多次升级受挫的原因，也不会成为今后土地科学学科升级的障碍。土地科学学科地位升级的关键，还是与土地科学学科独立性和学科成熟度有关。第三，土地科学学科升级的核心是土地科学学科体系建设的升级。

笔者原本并不想在本书中讨论土地科学学科名称的问题，因为作为一门发展了三十多年的逐渐成熟完善起来的学科，因为学科地位升级的原因而开展更名的讨论有些令笔者匪夷所思。鉴于目前有关土地科学学科建设的讨论，每次都被聚焦于土地科学学科名称的问题，笔者考虑再三最终还是补上了这一小节，希望能够终结研究者们对有关土地科学学科更名讨论中的误读和误解，更希望有关行政部门做出合乎科学的决策。

应该肯定的是，实际上教育部在《普通高等学校本科专业目录（2012年）》中将土地资源管理放到管理学门类下并做出"可授管理学或工学学士学位"的规定，笔者认为已经是目前情况下较为"科学合理"的安排了。第一，土地科学学科是一门交叉学科，必须重视其包括自然科学、社会科学和技术科学学科的重要特性，不能把它放到单学科分类的学科门类下。把它放在我国学科分类与代码国家标准中的交叉学科门类之中，且"可授管理学或工学学士学位"，既充分考虑了土地科学学科的特殊性，也符合学科分类的科学学方法和标准，不仅不应受到质疑，而且还应当给予充分肯定。第二，在还没有完成研究论证清楚土地科学学科是不是一门独立学科的前提下，谁能违背学科分类的科学方法和标准而把土地科学列入我国科学学科分类与代码国家标准？如果学科分类与代码国家标准都不能确认土地科学是独立学科的话，教育部有关教学科目目录能够无视国家标准而专门为土地科学学科设立一级学科吗？考虑到当前我国学科分类与代码国家标准中的交叉学科只有环境科学技术、安全科学技术和管理学三个门类的情况下，将土地科学学科放到哪里更合适呢？在笔者看来，教育部在《普通高等学校本科专业目录（2012年）》中的选择，实际上已经是一种"不科学的科学"和"不合理的合理"选择了。如果我们想改变这种情况，就应当开展土地科学学科独立性的研究，拿出土地科学学科独立性的"证据"，来说服科学界和科学管理界的人们。

第五节 土地科学学科建设研究的方向和路径

一 当前土地科学学科建设研究中的三个突出矛盾

1. 土地科学学科发展与国家社会经济改革发展需求不相协调

当前，我国社会经济改革发展对土地科学理论和技术方法创新及人才培养的需求非常强烈。我国土地问题的复杂性和系统性从来没有达到当前这样的程度，研究解决当前和未来土地问题所需要的理论和技术方法也从来没有这么多这么高，因此中央政府在社会经济发展和改革的实践中始终将土地利用和管理问题放在重要国策的位置，不断强化土地管理工作。

从我国社会经济发展和改革的实践分析，土地科学学科理论及技术方法研究和人才队伍建设也为我国社会经济发展和改革发挥了重要的服务和支撑作用，因此中央政府从各个方面大力支持土地科学学科教学、科研机构开展土地科学理论研究、技术创新和学科建设、人才培养、专业队伍建设，设立了大量社会经济发展和改革急需的土地科学研究重大项目、积极建设地方改革实验基地、大力开展国内外学术交流活动等，促进了土地科学学科的繁荣发展和学科队伍的壮大。据不完全统计，至2014年，中国已有65所高校招收土地资源管理本科生，90所高校具有土地资源管理硕士授权点，17所高校具有土地资源管理博士授权点。而全国有关土地科学研究院所等科研机构数百家，各类科研、教学研究基地和重点实验室数以百计，科研人员数十万人；社会各类土地科学相关单位和机构数万家，从业人员数十万人；全国从中央到村镇各级政府都设有土地资源管理行政管理部门。土地科学学科事实上已形成了一个包括理论研究、技术创新、人才队伍建设、社会治理和行政管理等在内的系统完善、规模较为合理的科学学科。

但遗憾的是，由于各种原因，土地科学学科却长期没有被有关学科分类与代码国家标准、教育部教学科目目录列为独立学科，最新的学科分类与代码国标中仅有"土地经济学"一个三级学科；教育部教学科目目录中仅有"土地资源管理"一个二级学科，这不仅抑制了土地科学学科的建设和发展，而且也与我国社会经济发展和改革的实践需求不相适应。

2. 土地科学学科建设研究与土地科学学科升级要求不相协调

土地科学学科在我国已经完成了由"隐学"向"显学"的转变，教学、科研、生产、行业管理队伍规模庞大，科技、教育、社会和政府重视程度史无前例，社会和国家需求强烈，由此又促进了土地科学学科进一步发展的需求。在我国现有的社会经济治理、科研体系管理、教育发展导向的框架下，有关土地科学学科升级的要求十分强烈。

与此形成鲜明对照的是，土地科学学科存在三个先天不足：（1）土地科学学科的产生和发展带有强烈而明显的社会经济发展实践推动和问题导向的特征，服务并支撑社会经济发展实践是其核心宗旨。因此，长期以来，土地科学学科的研究重点更多集中于解决社会经济发展和改革实践中的特殊问题和困难，学科建设基础理论研究相对滞后和薄弱。（2）土地科学学科与传统优势学科相比，是一门涉及自然科学、社会科学和技术科学的综合交叉学科，学科具有很强的交叉性和复杂性，因而对其学科本质属性和独立性的认知较为困难。（3）土地科学学科作为一门交叉学科，涉及相关学科众多、领域广泛、问题复杂多样，加之学科形成时间短，又无国际经验借鉴，使得学科研究队伍背景广泛多样，研究土地科学学科的出发点和角度纷杂，难以在较短时间内形成超越研究者原有学科背景的系统性学科理论，在科学学层面至今仍未全面完成土地科学学科体系的构建。

这在很长时间里，不仅使土地科学学科内部难以形成有关土地科学学科独立核心理论、学科研究域、关键问题和学科体系的共识，而且也使学科外部的科学界难以认识和认同土地科学学科的独立性。

3. 土地科学学科理论和技术创新与土地利用和管理创新需求不相适应

在我国，土地问题不仅是社会经济发展中的一个重要而复杂的基础性问题，大量社会经济发展问题都与土地问题紧密相关；而且也是社会经济发展中的一个存在因果转化的引致性和连锁性的复杂系统性问题，土地问题很易引致其他问题变得更加复杂，也很容易因其他问题引致土地问题变得更加复杂。土地问题的这种特殊性，使得土地科学理论和技术创新不仅要满足解决社会经济发展实践已出现的土地问题的需要，而且也需要注意研究由解决土地实践问题而引致的其他社会经济发展问题，更需要研究社会经济发展趋势性问题并由此可能引出的其他土地问题。

同前面讨论的两个矛盾中的原因相同，由于土地科学是一门社会经济发展实践推动和问题导向的学科，学科发展历史又比较短，土地科学学科理论和技术创新重点仍然主要是以满足解决当前实践中的问题为主，对于研究解决社会经济发展趋势性问题的研究创新相对薄弱。通过土地科学学科理论和技术创新，特别是土地科学专用理论和技术的创新，指导并拓展土地利用和管理新局面新形势的研究尤显不足，使得土地科学学科理论和技术创新很容易落后于社会经济发展和改革的实践，土地科学学科理论和技术创新难以指导土地利用和管理实践的创新。这种理论落后于实践、实践倒逼理论创新的状况，很容易使人们感到土地利用和管理实践创新对理论和技术创新的依赖度不高，导致产生土地科学学科理论和技术以及土地利用和管理的"科学门槛"较低的假象，长期来看不仅影响了土地利用和管理实践创新的发展，也影响了土地科学学科的发展。

二　土地科学学科建设的三个关键问题

导致土地科学学科建设三个矛盾的关键问题是，有关土地科学学科的本质属性、学科独立性和有关土地科学学科体系中的关键问题研究不足，难以形成学科内外的广泛共识，从而影响了土地科学学科建设的深化。

1. 土地科学学科是一门什么性质的学科的研究还没有形成广泛共识

土地科学学科创立伊始，大多数研究者赞成并提出土地科学是一门涉及自然学科和社会学科的综合学科，之后有人提出了土地科学是一门横断学科的观点。

自1999年开始，一些研究人员研究提出应当重视土地科学学科具备的工学学科属性后，近些年来越来越多的研究人员将注意力转向土地科学学科工学属性的研究，甚至更有观点主张土地科学学科升级应选择工学学科路径。目前，土地科学学科界有关土地科学学科是一门什么性质的学科研究仍然处于"百家争鸣"的阶段。

由于对于土地科学学科性质的研究不深入，导致对土地科学学科本质属性的认知不准确、不科学，引致土地科学学科建设目标和路径混乱、学科体系构建失范。

2. 土地科学学科独立性的研究长期没有取得进展

土地科学学科能否成为科学学意义上的独立学科和我国科技、教育体系下的一级学科，关键需要研究土地科学学科是否具备科学学意义上独立学科的特殊性。独立学科的独立性有多种规定性，其中核心的规定性是须具有不能被替代的学科核心理论及在其基础上构建的相对独立的学科理论体系，须具有不可替代的独特研究域。

长期以来，有关土地科学学科的研究主要集中于学科体系构建方面，忽视学科独立性的研究，缺乏土地科学学科核心理论的研究，而土地科学学科研究域长期受制于认识论和方法论的制约而无法突破。

土地科学学科独立性研究长期难以取得实质进展，使得土地科学学科缺乏成为独立学科及一级学科的基础，既难以形成学科内部研究人员的信心和凝聚力，也难以取得学科外部科学界的认同。

3. 土地科学学科关键问题的研究没有系统研究梳理

土地科学学科能够成为科学学意义上独立学科及教学科目中的一级学科，也需要从科学学基础上系统研究梳理包括学科研究对象、学科逻辑起点、学科内涵、学科特点、学科属性、学科核心理论、学科支撑理论和技术、学科体系、学科研究范式、学科名称等多项关键问题，构建具有合理逻辑关系的完整学科体系。

然而，有关这些关键问题的研究长期没有开展系统性、逻辑性的研究梳理，无法形成符合学科构建理论逻辑关系的土地科学学科体系框架，无法形成土地科学学科内部的共识和认同，使得土地科学学科体系构建和学科建设方面存在很多分歧，学科内部的认同感和凝聚力不足，土地科学学科建设难以形成合力。

三 土地科学学科建设研究的两个问题

1. 土地科学学科建设和学科升级的关系

土地科学学科建设研究包括学科内在逻辑关系和理论体系的建构研究，也包括学科升级路径的研究，而且前者是后者的基础和前提，因此，当前应当尤其重视和加强对土地科学学科内在逻辑关系和理论体系建构的研究。

2. 土地科学学科进入学科分类与代码国家标准和进入教育部教学科目目录的关系

学科分类与代码国家标准是我国学科科学学分类的标准和基础，而教育部教学科目是学科分类国家标准在教育系统的具体体现，是依据国家标准结合社会需求和培养学生要求而制定的行业标准。没有国家标准，教育部教学科目目录就缺乏了基础和依据。因此，当前应当积极推进土地科学学科的科学学研究，并使土地科学学科进入我国学科分类与代码国家标准，在此基础上推进土地科学学科进入教育部的学科目录。

四 土地科学学科建设研究的方向和路径

土地科学学科建设研究的方向，应当是积极推进土地科学学科的建设研究，建设独立的土地科学学科体系，使其能够成为我国学科分类与代码国家标准和教育部教学目录中的独立学科。

土地科学学科的研究路径，应当是开展土地科学学科的科学性研究，重点是开展土地科学学科的独立性研究、学科体系研究和学科演进研究；同时，开展土地科学学科的需求性研究，重点是土地科学学科的特殊性研究、重要性研究和专用性研究，从而从科学学和社会需求方面完成土地科学学科体系的构建（图8-5）。

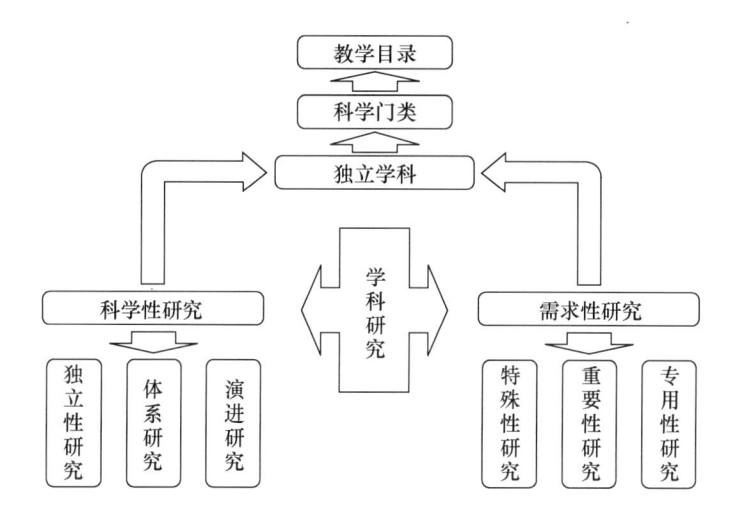

图8-5 土地科学学科建设研究方向和路径

第九章　结语

第一节 土地科学学科独立性研究方法总结

学科独立性研究是学科建设研究的核心内容，也是学科建设研究的难点问题。根据《中华人民共和国学科分类与代码国家标准（GB/T 13745—2009）》中有关学科独立性的规定性，本书从四个方面讨论了土地科学学科独立性的问题：

第一个方面是，土地科学学科有没有不能被替代的学科核心理论（见第三章），这是独立学科规定性最为重要的内容。独立学科的概念是相对于其他学科能够独立存在的知识体系，而其相对独立的知识体系的核心正是其有无不能被替代的学科核心理论，这是能够构成相对独立知识体系的内核。如果没有这样的一个内核，则既无法形成相对独立的知识体系，也无构建相对独立的知识体系的必要性。

学科核心理论的意义，实际上是指某一学科存在并提供了一种专门有效的认识、研究、解释、解决并利用某一领域问题本质规律的独特理论和技术方法的理论内核，并能够使得这一问题得到当前最为科学、合理、有效的解释和解决。这也意味着，如果不存在某种专门有效的认识、研究、解释、解决并利用某一领域问题本质规律的独特理论和技术方法的理论内核，也就不能提供科学、合理、有效的认识、研究、解释、解决并利用某一领域问题本质规律的系统理论和技术方法，即相对独立的知识体系，既没有构建学科的意义，也没有构建学科的基础。

第二个方面是，土地科学学科有没有不能被替代的学科研究域（见第四章），这是独立学科存在的前提和基础。为什么会出现科学意义上的学科概念呢？笔者认为主要就在于自然界已被人们认识和未被认识的问题都客观存在着一种相互联系和区别的关系，这种关系构成了自然界中各种问题的时空位置（距离）差异（见图4-4），人们在认识这种自然界中各种问题时空位置（距离）差异的过程中，不仅借助这种时空位置（距离）可以更好地认识这些问题的本质规律，而且还能采用某类专门的认识方法，提高认识、研究、解释、解决并利用某类问题的本质规律的能力和效率，而这种分类就是学科产生和存在的基础。

这样有关学科研究域的问题，实际上已经转化为在四维时空空间中是不是存在着某一类有着相同或相近空间位置（距离）物体或事物的问题，并进一步转化为有没有和需不需要有一种更好的认识论和方法论来认识、研究、解释、解决并利用这些物体或事物本质规律的问题。而科学学意义上的独立学科正是人们对上述问题的一种回答的客观结果。这样的分析，也就使笔者从本质上揭示了学科的规定性。

学科研究域从本质上反映了学科的规定性。学科研究域是因为存在着一种对于人类而言具有特殊和重要意义的研究对象，影响甚至决定着人类生存和发展的质量，需要给予这种研究对象集中和系统的研究。由这一研究对象展开，认识、研究、解释、解决并利用其本质规律性，从而形成了由这一研究对象和其存在的本质规律性规定的学科研究域，而前述学科核心理论及其相对独立的知识体系，正是基于认识这一研究对象及其规律性的需要，提供了当前最为科学、合理、有效的理论和技术方法，共同构成了某一独立学科完整的学科体系，也使得某一学科成为科学学意义上的独立学科。这也是笔者在最初提出土地科学学科独立性假说时，指出学科独立核心理论和学科独立研究域共同构成了独立学科规定性的理由。

第三个方面是，土地科学学科有没有独特的研究角度（见第五章），这是独立学科核心理论和特殊研究域的耦合点，也是形成独立学科的基础。独立学科是特殊研究域与独特核心理论在特殊研究角度上耦合的结果。学科特殊的研究角度是特殊研究域能够产生独特核心理论的原因。三者的结合，又导致了独立学科体系的特殊逻辑结构和理论框架。如果一个学科不需要自身特殊的研究角度，也就意味着无须借助特殊的学科核心理论和相对独立的知识体系来研究了，实际上也就不存在特殊的学科研究域了，这样的话它也就不是科学学意义上的独立学科了。

第四个方面是，土地科学学科是如何产生和发展的（见第六章、第七章），这也是独立学科的一种规定性。前三个方面的讨论反映了一个事实，独立学科的出现和存在是由于人们认识、研究、解释、解决并利用自然界某类问题本质规律性的要求，不这样就难以科学、合理、有效地认识、研究、解释、解决并利用这些问题的本质规律，因此独立学科是一种自然和必然的过程和结果，有其发生、发展的特殊规律性，不是人为随意规定的，也不能是一种由其上级学科派生或只由其他学科推演而成的。

独立学科发生的基础和必要性以及发展空间,是学科研究中的重要方面,能够从学科演进的角度,帮助人们验证某一学科为什么是独立学科、是如何形成的以及主要研究什么的基本问题,有助于人们清晰学科发展的脉络,有助于构建学科发展的逻辑主线。

以上四个方面的讨论,能够基本清晰地回答学科独立性的问题,是学科独立性研究的重点方向和主要标准。

第二节 土地科学学科独立性四个维度的研究结果

一 土地科学具有不可替代的学科核心理论

1. 土地科学学科具有三个学科核心理论:土地权籍理论、土地租价理论和土地可持续利用理论。三个核心理论密不可分,共同构成了具有时空关系方向向上的学科核心理论轴,形成了土地科学学科体系的逻辑主线和理论框架(图8-2)。

2. 土地科学学科具有一个不能被替代的独立核心理论:土地权籍理论。土地权籍问题是由人类研究土地科学的主要内容(土地利用)和研究对象(人地关系权籍时空系统)引出的关键性和根源性的矛盾,当代人类所有的土地利用活动都是建立在土地权籍清晰的基础之上,各种个人、民族、国家涉及土地权利、资源、资产、场所等方面的矛盾和争夺都根源于土地权籍的空间位置及权能边界的具体化之中。因而,土地权籍理论提供了土地科学学科发生和发展的基础和前提,也提供了建立人类认识、研究、解释、解决并利用人地关系,改善并提高人类生存、生活、生产环境和条件的系统理论和技术方法的理论基础。

3. 围绕土地科学学科不可替代的核心理论及其核心理论轴,能够并已经构建起了相对完善的认识、研究、解释、解决人地关系及其之上人与人开展土地利用活动关系的系统理论框架,即相对独立的知识体系。

二 土地科学具有不可替代的学科研究域

1. 土地科学学科具有一个特殊的三维空间研究域:由土地生产力、土地生产关系和土地权籍制度决定的三维空间研究域。这也决定了土地科学是一个有关土地生产力、土地生产关系和土地权籍制度的系统科学

(见图4-9)。

2. 土地科学学科三维空间研究域的内部结构较为复杂：在时空关系上，纵向上（土地生产力方向），它由底部的权籍基础研究层、中间的土地租价制约研究层和上部的土地利用主导研究层构成密不可分的有机整体，并存在着向上的方向性；在横向上（土地生产关系和土地权籍制度方向），它由外围的不稳定交叉区、中间的稳定交叉区和中心的核心交叉区三个环状区域构成密不可分的有机整体，并存在由外向内逐渐转化的方向性；土地科学学科核心理论轴位于研究域中的各层、各环的中心，纵向上形成了土地科学学科研究域的主轴线，横向上土地科学学科各种支撑理论和各种支撑技术，围绕核心理论轴展开，共同构成了土地科学完整的学科理论框架和学科体系框架（见图4-14），支撑土地科学学科的发展。

3. 土地科学学科研究域具有一个显著特征：研究域的内生性扩张。土地科学学科研究域随着人地矛盾的逐渐复杂化、尖锐化和人类提高土地生产力的制约因素逐渐增多与复杂，以及人们认识、研究、解释、解决并利用土地问题本质规律的能力的不断提高，土地科学学科研究域在人类不断提升土地生产力并追求可持续利用目标的要求牵引和带动下，相应地存在一种适应性和跟随性的内生性扩张要求，使得其学科研究域随之主动扩张，或者通过产生新的理论和技术方法，或者通过吸引、转化相关学科的理论和技术方法，以协调和解决土地生产力提升引起的土地生产关系和土地权籍制度的矛盾，实现不断提高土地生产力条件下的新平衡，从而使得土地科学学科得以不断发展和壮大（见图6-2、图6-7）。

4. 土地科学学科研究域的不可替代性主要体现在两个方面，一个是其存在一个土地利用基础性、关键性的权籍基础研究层，而这一权籍基础研究层只存在于土地科学学科所特有的学科研究域之中，构成了土地科学学科研究域的独一性。另一个是土地问题的复杂性、多元性和系统性引起的土地科学学科研究域的系统性和复杂性。土地科学学科研究的人地关系权籍时空系统涉及人地关系的各个方面，土地科学学科的任务是通过调整人地关系权籍时空系统中的各种关系从而实现人地关系权籍时空系统的最优化，而这一任务又是一个复杂的系统工程，使得土地科学学科研究域的空间范围大大超越了一般研究人地关系的其他学科，也使得土地科学学科研究域的系统性和复杂性大大超越了一般研究人地关系的其他学科，这一特征集中表现在土地科学学科研究域的层次性和分区性上，即土地科学学科研究域是一个系统研究土地问题的整体研究域,而很多研究土地问题的相关学科的研究内容仅仅是土地科学学科研究域中的一部分内容,都无法替代土地科学学科研究域的内容和作用(见图4-14)。

三 土地科学具有独特的学科研究角度

1. 土地科学学科具有独特的学科研究视角:以"人、地、权"三位一体的独有角度研究土地和土地利用问题(见图5-1)。土地科学的发生、土地科学的存在基础、土地科学的功能和作用虽然起于人类的土地利用活动,但决定于土地权籍制度。人类当代各种土地利用活动,都是建立在土地权籍之上。人与土地的关系表象上是人与土地的直接关系,实际上则是以地上之"权"为桥梁的人与土地的关系,并借助于地上之"权"协调了人与人之间的关系,从而通过地上之"权"进而规范了人类社会的土地利用活动。这既是土地科学学科的独特性所在,也是现代人类土地利用活动的前提所在,更是土地科学学科产生和不断壮大的原因所在。

2. 土地科学学科"人、地、权"三位一体的独特研究角度,是土地科学学科核心理论产生的基础和前提。它与土地科学研究域、土地科学学核心理论的结合,形成了土地科学学科体系的逻辑结构和理论框架。

3. "人、地、权"三位一体的独特研究角度,是土地科学学科所特有的研究角度,从而形成了土地科学学科视角下的土地系统是有关人类能够设置并能实施土地权籍的地球表层空间系统(包括内陆水域、海岛和沿海滩涂)的定义,即人地关系权籍时空系统。没有其他学科同时具有这样的研究角度,这本身就构成了土地科学学科独立性的一种规定性。从一定意义上而言,"人、地、权"三位一体的独特角度是土地科学学科存在独立性的基础。

四 土地科学是一门原生科学发展起来的交叉学科

1. 土地科学学科的雏形是古典土地学科意义上的地籍学,而地籍则是因为人与土地的矛盾及其之上的人与人开展土地利用活动的矛盾集中于土地利用活动初始秩序和最终成果的分配制度上而产生的。地籍制度的形成带动了地籍学的产生和发展。伴随地籍学的发展和土地利用活动的逐渐复杂化,土地问题由解决土地利用活动初始秩序和最终成果的分配方面逐渐扩大到土地利用活动的整个过程,从而使得有关研究地籍的知识体系逐渐扩展到研究整个土地利用活动的系统知识体系,并由此形成了有关土地科学学科的完整知识体系(由于特殊国家、特殊阶段、特殊矛盾,有关土地问题的科学会表现出不同的侧重面，但本质上土地科学学科的知识体系是一门有关土地生产力、土地生产关系和土地权籍制度的知识体系）。

2. 土地科学学科的形成，与人类内生的不断提高土地生产力并追求实现土地可持续利用目标的要求引出的土地利用活动的逐渐多元化、系统化、复杂化和专业化有关，不断牵引土地科学学科研究域跟随性和适应性扩大。人地关系和土地利用系统矛盾性因人的存在而出现并逐渐尖锐化、复杂化，人地关系的尖锐化和土地利用系统矛盾性的复杂化又影响了人类自身的发展，引起人类继续通过提高土地生产力的方式改善人地关系和土地利用活动，从而推动了土地科学学科的发展和壮大。

第三节 土地科学学科体系研究框架总结

一 建构土地科学学科体系的原则

建构土地科学学科体系，应该：（1）体现土地科学学科的本质特征和核心内容。具体要体现土地权籍、土地租价和土地可持续利用三个核心理论的主导性与土地权籍理论的不可替代性。（2）体现三维空间研究域的系统性与其属于自然科学、社会科学和技术科学交叉学科的整体性。（3）体现"人、地、权"三位一体系统研究土地问题的独特性与其独立学科理论的特殊性。（4）体现学科交叉的本质性，即加快由以解决土地问题为主要导向的交叉向以建构土地科学学科体系的专用理论和技术方法为主要导向的系统转化。

二 推进土地科学进入学科分类国标和教学科目目录的工作

开展土地科学学科体系研究和学科建设，应分为一个核心、两个方面。一个核心是积极推进土地科学学科体系和学科建设的理论研究，构建科学学科意义上的独立学科，为土地科学学科申请进入国家学科分类与代码国家标准和教育部教学科目目录做好理论和技术的准备。两个方面是，第一，抓紧开展土地科学学科申请进入下一版国家学科分类与代码国家标准的工作；第二，积极开展土地科学学科申请进入下一版教学科目目录的工作，重点是申请进入国家学科分类与代码国家标准的工作。

三 学科体系研究框架

开展土地科学学科体系研究主要包括三个方面，第一是土地科学学科理论体系的研究，包括逻辑结构和理论框架的研究；第二是土地科学学科教学体系的研究，包括教学专业方向和教学课程布局的研究；第三是土地科学学科体系基本问题的研究。

1. 土地科学学科理论体系研究

土地科学学科理论体系的逻辑结构和理论框架由土地科学学科的三个核心理论构成，即土地权籍理论、土地租价理论和土地可持续利用理论。三个核心理论在时空关系上构成了一个由下向上的理论轴线。围绕三大核心理论组成的轴线，与土地科学学科支撑理论和支撑技术共同构成了土地科学学科的完整体系，即土地科学学科"相对独立的知识体系"。图 8-2 从空间方式上表达了土地科学学科体系的逻辑结构和理论框架。

2. 土地科学学科教学体系研究

从教学专业方向和教学课程布局上研究土地科学学科教学体系，笔者倾向于根据社会经济发展和人才培养的需求做三种方案选择，首选是按照表 8-1 的方案组织教学体系；其次是按照土地资源资产管理的方向组织教学体系和按照土地工程技术的方向组织教学体系。

3. 土地科学学科体系基本问题研究

土地科学学科体系基本问题主要包括学科研究对象、学科逻辑起点、学科内涵、学科特点、学科属性、学科核心理论、学科支撑理论和支撑技术、学科体系、学科研究范式等基本问题。研究这些基本问题需要注意的是，要以土地科学学科核心理论为核心的逻辑主线做指导，注意各个问题之间的逻辑关系。

第四节 土地科学学科独立性研究结论

综合本书的研究讨论，我们非常容易得出下面的研究结论：土地科学学科是一门具有科学学意义和社会经济发展实践意义上的独立学科。这一结论并不会受到其是否被列入我国学科分类与代码国家标准和教育部等有关部门制定的教学科目的结果而改变。

本书得出的这一结论主要得到了四个方面的支撑（见图 9-1）：（1）土地科学学科具有不能被替代的独立核心理论并依此构建的相对独立的知识体系；（2）土地科学学科具有不能被替代的独立研究域；（3）土地科学

学科具有独特的研究角度;(4) 土地科学学科是一门原生的学科,并因其研究域的内生扩张性而逐渐发展壮大。这四个方面的原因,使土地科学学科具备了成为独立学科的规定性,形成了与其他学科明显的区别,构成了人类研究并开展土地利用活动不可或缺的独特视角和特殊的"知识体系"。

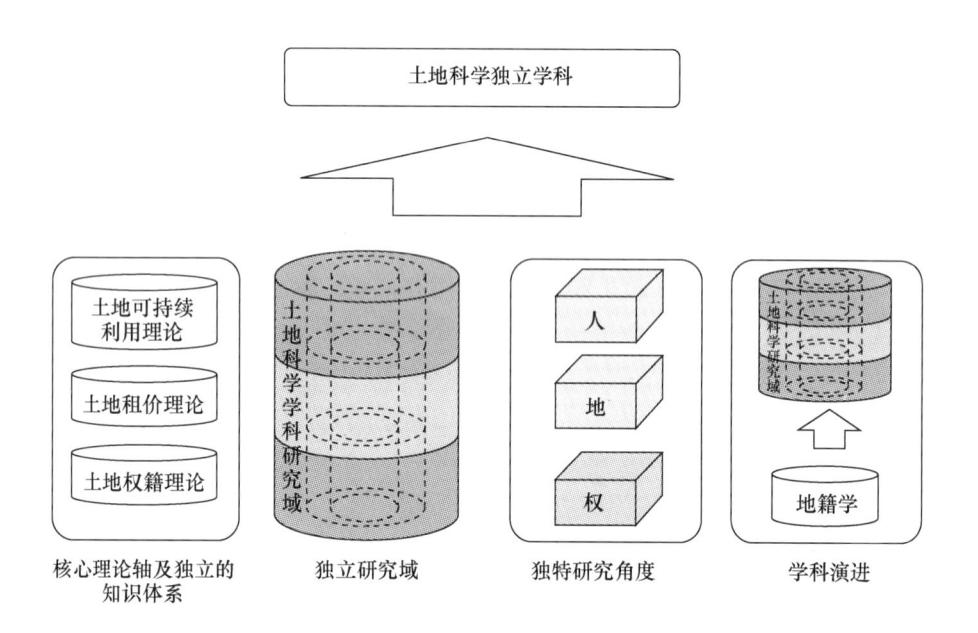

图 9-1 土地科学学科独立性

附 录

第一节 写给严金明教授关于研究学科范式的电子邮件

发件人：冯广京
收件人：严金明
时　间：2015-01-02　00：20：26

金明：
　　……
　　我认为，从我国土地科学学科的研究和发展角度看，土地科学学科存在着一种基本的范式，只是这种范式是一种隐藏于这个学科群体的潜意识中的，以一种隐性的潜意识方式存在并指引着大多数人的研究和实践工作，否则我们学科在很多方面的研究和实践也不会有多数人的共识。这既是土地学科发展很快的原因，也是土地科学学科发展不完善、不成熟的原因。只是我们或者是对这种范式的价值和意义太忽略了，以为根本不需要范式；或者是我们大多数人还处在学科从业者的阶段，没有进入学科研究者的较高阶段导致的，因而没有去认真思考、分析、研究并升华，我们太缺乏有关学科发展架构的思考和实践的人才了。这也是我当初设计并提出了14个关键问题研究的初衷和基本思考的原因。顺便说一句，其实提出的每一个问题都有很深的思考，都是非常重要的学科建设大问题，可以作大文章，……
　　我在想的是，有关范式的研究不是关于我们处在什么阶段的问题，而是我们应该发现土地学科的隐性研究范式并使其显性的问题，从而使我们学科的研究和建设跨上一个台阶，不要停留在原来的台阶上。其实，任何一种范式都是一种实践的经验积累和升华而形成的，它是总结升华而成，肯定不是先有了严谨的范式规则才有了研究领域的发展。我在很多地方都提出：科学研究的本质是扩展人的认知边界、提升人的能力边界。如果不是这样，就不是我们所说的科学研究的本意了。因此，我更希望能把研究土地科学范式的重点放在把隐性的范式升华为显性的范式，并且能通过理论和具体案例的分析为大多数人认可。这是我的一点想法和建议，……

以上仅是我的一点建议，也算是对你要求太多了吧，意见仅供参考。顺祝新年快乐！

冯广京

2015年1月1日　星期四

第二节　写给林坚教授关于土地权籍核心理论研究和学科体系研究四维空间的电子邮件

Re：回复：关于请林老师在24日会上作研究汇报的建议
发件人：冯广京
收件人：林坚
时　间：2015 - 01 - 18 21：59：12

林老师：你好！

……

我一直认为如果要认识土地科学学科研究域的特殊性问题，是需要一个四维空间的问题，即：研究对象、研究内容、研究目标和研究角度。或者换句话说，土地科学研究域是一个关于研究对象、研究内容、研究目标和研究角度耦合的结果。大多数学科与土地学科（的区别可以）通过前三个因素即可区别，但是还有一些需要增加研究角度这个因素才能有所区别（我的论文第一稿用了很大的篇幅特别讨论了这个问题，以后我将把它单独整理出来），这也是我在论文中特别强调土地科学是从人、地、权角度研究人地关系的原因，这是我认为土地科学学科的最本质的特征和属性。如果不从这样的角度研究，就不会发现也无法区别土地科学与其他学科的差别。

……

顺祝教安！

冯广京

2015年1月18日星期天

参考文献

［1］冯广京：《土地科学学科独立性研究——兼论土地科学学科体系研究思路与框架》，《中国土地科学》2015年第1期。

［2］冯广京等：《中国土地科学学科建设研究》，中国社会科学出版社2015年版。

［3］史蒂芬·霍金：《时间简史（插图版）》，许明贤、吴忠超译，湖南科学技术出版社2002年版。

［4］伊利、莫尔豪斯：《土地经济学原理》，滕维藻译，商务印书馆1982年版。

［5］汤姆·泰坦伯格：《环境与自然资源经济学》（第5版），严旭阳等译，经济科学出版社2003年版。

［6］马克伟：《土地大辞典》，长春出版社1991年版。

［7］林清泉：《中国封建土地制度史》，中国社会科学出版社1990年版。

［8］岳琛：《中国农业经济史》，中国人民大学出版社1989年版。

［9］刘仲林：《现代交叉科学》，浙江教育出版社1998年版。

［10］高鸿业：《西方经济学》第二版（微观部分），中国人民大学出版社2001年版。

［11］王万茂：《中国土地科学学科建设：历史与未来》，《南京农业大学学报》（社会科学版）2011年第2期。

［12］王万茂主编：《土地利用规划学》，科学出版社2006年版。

［13］王万茂、韩桐魁：《土地利用规划学》，中国农业出版社2002年版。

［14］林增杰主编：《地籍学》，科学出版社2006年版。

［15］毕宝德主编：《土地经济学》，中国人民大学出版社2006年版。

［16］梁学庆主编：《土地资源学》，科学出版社2006年版。

［17］李元主编：《中国土地资源》，中国大地出版社2000年版。

［18］谭峻、林增杰：《地籍管理》（第五版），中国人民大学出版社2011

年版。

[19] 朱道林、谢保鹏：《论土地科学与相关学科的关系》，《中国土地科学》2015 年第 3 期。

[20] 严金明、夏方舟：《中国土地科学学科范式框架构建研究》，《中国土地科学》2015 年第 2 期。

[21] 彭毅、鲍海君、耿槟等：《土地科学学科在中国的兴起及其与社会经济的关系》，《中国土地科学》2015 年第 7 期。

[22] 冯广京：《我国农村土地整理模式初步研究》，《中国土地》1997 年第 6 期。

[23] 徐玉婷、黄贤金：《中国土地科学学科建设理论研究综述及展望》，《中国土地科学》2015 年第 5 期。

[24] 刘卫东、谭永忠、彭俊等：《土地资源学》，复旦大学出版社 2010 年版。

[25] 国务院学位委员会第六届学科评议组：《学位授予和人才培养一级学科简介》，高等教育出版社 2013 年版。

[26] 托马斯·库恩：《科学革命的结构》，金吾伦、胡新和译，北京大学出版社 2003 年版。

[27] 郭子林：《古埃及托勒密王朝专制王权研究》，中国社会科学出版社 2015 年版。

[28] 辞海编辑委员会：《辞海》（1989 年版）缩印版，上海辞书出版社 1990 年版。

[29] 中华人民共和国国家质量监督检验总局、中国国家标准化管理委员会：《学科分类与代码》，2009 年 5 月 6 日发布，2009 年 11 月 1 日实施。

[30] 叶继元：《国内外人文社会科学学科体系比较研究》，《学术界》2008 年第 5 期。

[31] 张清勇：《中国土地经济学的兴起（1925—1949 年）》，商务印书馆 2014 版。

[32] 林增杰、严星：《回望八十年》，中国人民大学出版社 2013 年版。

[33] 卞正富：《土地科学与工程技术学科及其在国民经济中的作用》，《中国土地科学》1999 年第 1 期。

[34] 李春泉：《评章植土地经济学》，《政治经济月刊》1937 年第 3 期。

[35] 中国水利学会:《中国水利学会历史沿革》,http://www.ches.org.cn/zgslxh/gyxh/lsyg/A060104index_1.htm,2015-7-24。

[36] 中国科学技术协会主编:《水利学科发展报告(2007—2008)》,中国科学技术出版社2008年版。

[37] 许燮谟:《谈谈发展我国土地科学的几个问题》,《农业工程》1981年第4期。

[38] 申元村:《土地科学研究内容的探讨》,《自然资源》1982年第3期。

[39] 过宝兴:《土地类型与土地评价——中国地理学会自然地理专业委员会土地资源综合研究学术讨论会》,《自然资源》1985年第3期。

[40] 许牧、陈瓦黎:《试论土地科学》,《中国土地科学》1990年第1期。

[41] 何永祺:《土地科学的对象、性质、体系及其发展》,《中国土地科学》1990年第2期。

[42] 王家梁:《谈土地科学的学科体系》,《中国土地科学》1990年第4期。

[43] 林增杰、阎旭东:《浅议土地科学》,中国土地学会第三次会员代表大会暨庆祝学会成立十周年学术讨论会,1990年。

[44] 高尚德、陈若凝:《浅议土地利用与管理科学体系》,中国土地学会第三次会员代表大会暨庆祝学会成立十周年学术讨论会,1990年。

[45] 胡星池:《土地科学的几个理论问题探索》,《中国土地科学》1991年第1期。

[46] 尤文郁:《对土地科学学科建设的几点认识》,《中国土地科学二十年——庆祝中国土地学会成立二十周年论文集》,2000年。

[47] 王万茂:《关于建立土地科学体系的问题》,《中国土地科学》1991年第4期。

[48] 陈常优:《土地科学的学科性质及体系》,《河南大学学报》(自然科学版)1993年第4期。

[49] 林培:《试论土地科学的形成、现状、体系及其发展》,《中国土地科学》1994年第4期。

[50] 张月蓉:《试论土地科学的主导学科》,《中国土地科学》1994年第6期。

[51] 刘书楷：《论重构土地科学学科体系的几个基本问题》，《中国土地科学》1997年第3期。

[52] 朱德举：《中国土地科学的发展现状与展望》，《科技进步与学科发展——"科学技术面向新世纪"学术年会论文集》，1998年。

[53] 段正梁：《关于土地科学中的土地概念的一些思考》，《中国土地科学》2000年第4期。

[54] 杨小雄、谭永忠：《土地科学发展与展望》，《广西师院学报》（自然科学版）2000年第12期。

[55] 张毅：《土地科学理论体系与研究内容探析》，《高等函授学报》（自然科学版）2000年第1期。

[56] 王万茂：《中国土地科学学科建设的历史回顾与展望》，《中国土地科学》2001年第5期。

[57] 冯广京：《关注学科建设》，《中国土地科学》2002年第4期。

[58] 叶艳妹、吴次芳：《土地科学的基础理论、学科结构及其技术支持体系研究》，《中国土地科学》2002年第4期。

[59] 陆红生、韩桐魁：《关于土地科学学科建设若干问题的探讨》，《中国土地科学》2002年第4期。

[60] 韩桐魁：《苏联土地规划工作发展趋势》，《农业工程》1982年第6期。

[61] 王万茂：《论土地科学学科体系》，《中国土地科学》2002年第5期。

[62] 张绍良、卞正富：《从研究现状谈土地科学学科建设》，《中国土地科学》2003年第1期。

[63] 汤惠君、于正林：《试论土地科学的研究对象和主导科学》，《广东工业大学学报》（社会科学版）2003年第4期。

[64] 谢俊奇：《未来20年土地科学与技术的发展战略问题》，《中国土地科学》2004年第2期。

[65] 谢炳庚、李晓青、谢光辉：《论土地科学学科体系的构建》，《湖南师范大学教育科学学报》2004年第3期。

[66] 黄贤金、周建春、严金明等：《论土地科学学科发展战略——王万茂教授土地科学学科建设思想研究》，《中国土地科学》2006年第4期。

［67］吴次芳、叶艳妹、岳文泽：《试论土地利用工程的学科属性、体系和发展方向》，《中国土地科学》2007 年第 3 期。

［68］郑斌、卢新海：《基于结构主义思考的土地学科体系构建设想》，《中国土地科学》2009 年第 11 期。

［69］《中国土地科学》编辑部：《土地科学学科体系研究与建设项目启动会现在北京召开》［EB/OL］，http：//www.chinalandscience.com.cn/CN/column/item177.shtm，2014 年 11 月 26 日。

［70］吴次芳：《土地科学学科建设若干基本问题的反思与探讨》，《中国土地科学》2014 年第 2 期。

［71］刘彦随、吴传钧、张建平：《中国土地科技创新体系建设的思考》，《地理研究》2003 年第 4 期。

［72］叶剑平：《土地科学导论》，中国人民大学出版社 2005 年版。

［73］吴次芳、叶艳妹：《土地科学导论》，中国建材工业出版社 1995 年版。

［74］冯广京、陈美景、曾爽：《2009 年国内土地科学重点研究评述及 2010 年展望》，《中国土地科学》2010 年第 1 期。

［75］陈美景、冯广京、薛翠翠：《2010 年国内土地科学重点研究评述及 2011 年展望》，《中国土地科学》2011 年第 1 期。

［76］戴晴、陈美景、冯广京：《2011 年国内土地科学重点研究评述及 2012 年展望》，《中国土地科学》2012 年第 2 期。

［77］冯广京、林坚、胡振琪等：《2012 年土地科学研究重点进展评述及 2013 年展望》，《中国土地科学》2013 年第 1 期。

［78］冯广京、林坚、胡振琪等：《2013 年土地科学研究重点进展评述及 2014 年展望》，《中国土地科学》2014 年第 1 期。

［79］冯广京、林坚、胡振琪等：《2014 年土地科学研究重点进展评述及 2015 年展望》，《中国土地科学》2014 年第 1 期。

［80］朱德举等：《发展中的土地科学》，山东画报出版社 2001 年版。

［81］李效顺、卞正富、杨永均等：《基于问卷调查的土地资源领域技术竞争力分析》，《中国土地科学》2014 年第 5 期。

［82］沈清基：《论城乡规划学学科生命力》，《城市规划学刊》2012 年第 4 期。

［83］蔡运龙、叶超、陈彦光等：《地理学方法论》，科学出版社 2011

年版。

［84］蔡运龙、陈彦光、阙伟民等:《地理学:科学地位与社会功能》,科学出版社 2012 年版。

［85］白光润:《地理科学导论》,高等教育出版社 2006 年版。

［86］单凌寒:《关于中国女性社会学学科名称的几点思考》,《妇女研究论丛》2013 年第 6 期。

［87］谭君强:《学术史研究及其在学科发展的意义——以叙事学与比较叙事学为例》,《贵州社会科学》2011 年第 1 期。

［88］俞吾金:《本体论研究的复兴和趋势》,《浙江学刊》2002 年第 1 期。

［89］俞吾金:《本体论研究》,上海人民出版社 1999 年版。

［90］姚苑平、叶昌东:《地理学本体论、认识论与方法论》,《研究生学刊》(自然科学、医学版) 2006 年第 4 期。

［91］潘玉君、陈颖、杨家娣:《地理学元研究:地理环境的整体性原理》,《云南师范大学学报》2002 年第 2 期。